改訂

新しいソーシャルワーク

社会福祉援助技術入門

杉本敏夫・住友雄資 ──編著

中央法規

改訂版の発行にあたって

　本書の初版である『新しいソーシャルワーク』は1998年に出版された。当時を振り返ってみると，介護保険法が制定され，本格的な実施に向けて制度創設の準備が急がれていた時期であった。また，社会福祉の基礎構造改革と呼ばれた取り組みも進められていた。これらの制度は平成12年度から実施に移されて今日に至っているが，この間においても社会福祉の分野ではさまざまな改革が進められ，平成18年度4月からは新しい介護保険制度と障害者自立支援法に基づくサービスが開始されている。

　このように，社会福祉の制度では大きな改革がすすめられたが，社会福祉の実践面を学習するための本書は一部の訂正を行ったのみで今日まで基本的には同じ内容で発売されてきた。というのも，制度変更に伴ってソーシャルワーカーが扱う社会資源が変わったり求められる援助手法が変化することこそあれ，ソーシャルワークの援助のあり方等の基本は変わるものではないし，また，変わってはならないものでもあるからである。

　しかし，本書は初版の発行から8年も経過したということもあって，今回初版を改訂することとなった。当初からの本書編集の基本方針の一つである「理解しやすい内容構成であること」に基づき，改訂版でも内容の構成はほぼ従来どおりとし，その上で，学習や実践現場を知るために新しく必要な内容を付け加えた。具体的な改訂のポイントは，以下のとおりである。

・コミュニティソーシャルワークやケアマネジャーの仕事など，昨今のソーシャルワークの動向に応じて必要と思われる内容を追加した。
・卒論執筆の際の参考として，「第14章　ソーシャルワーク研究のための質的インタビュー法」を新設した。
・「第13章　社会福祉援助活動の実際」において，今日的問題を反映した事

例へ差し替えた。

・社会福祉法や改正介護保険法,最新の統計に合わせて内容を更新した。

　初版と同様に,本書も多くのソーシャルワーカーを目指す人やソーシャルワークに関心を持っている人に読んでいただきたいと思う。

　なお,本書の編集に当たっては,前回と同様に中央法規出版と田村宏子さんにお世話になった。ここにお礼を申し上げたい。

　2006年4月

編者

改訂 新しいソーシャルワーク●目次

改訂版の発行にあたって

第1章 社会福祉と援助活動

第1節 社会福祉とは……1
1 社会制度としての社会福祉と実践としての社会福祉／1
2 社会福祉のニーズ／5

第2節 社会福祉の機関と施設……7
1 社会福祉の機関／7
2 社会福祉施設／10

第3節 社会福祉援助活動と社会福祉援助技術……12
1 社会福祉援助活動と社会福祉援助技術／12
2 社会福祉援助技術（ソーシャルワーク）の体系／13

第2章 社会福祉の担い手と専門職制度

第1節 社会福祉の担い手……19
1 専門的マンパワー／20
2 非専門的マンパワー／21

第2節 社会福祉の専門職制度……22
1 社会福祉士／22
2 精神保健福祉士／24
3 介護福祉士／25
4 社会福祉主事／26
5 児童指導員など／27
6 介護支援専門員（ケアマネジャー）／27
7 訪問介護員（ホームヘルパー）／28

        8　保育士／29
　　第3節　社会福祉の専門職団体 …………………………………… 30

第3章 社会福祉援助活動の共通基盤

　　第1節　社会福祉援助活動の価値 …………………………………… 34
　　　　1　援助活動の出発点／34
　　　　2　専門職が陥りやすい問題／35
　　　　3　社会福祉援助活動の価値の本質／37
　　第2節　社会福祉援助活動の倫理 …………………………………… 38
　　第3節　社会福祉援助活動の対象と目的 …………………………… 41

第4章 社会福祉援助技術の発展と現状

　　第1節　個別援助技術（ケースワーク）の発展 ………………… 45
　　　　1　慈善組織協会／45
　　　　2　リッチモンド／47
　　　　3　診断主義と機能主義／48
　　　　4　日本での発展／49
　　第2節　集団援助技術（グループワーク）の発展 ……………… 51
　　　　1　イギリスでの発展／51
　　　　2　アメリカでの発展／52
　　　　3　日本での発展／53
　　第3節　地域援助技術（コミュニティワーク）の発展 ………… 54
　　　　1　イギリスでの展開／54
　　　　2　アメリカでの展開／55
　　　　3　日本での展開／56
　　第4節　社会福祉援助技術の統合化 ………………………………… 57
　　　　1　統合化の背景／57

2　方法論の統合化／58
　　3　新しい援助技術による統合化／59

第5章 個別援助技術⑴

第1節　個別援助技術（ケースワーク）の定義 …………………63
　1　リッチモンドの定義／64
　2　パールマンの定義／66
　3　NASW『ソーシャルワーク辞典』の定義／66

第2節　ケースワークの構成要素 ……………………………………67
　1　人（person）／68
　2　問題（problem）／68
　3　場所（place）／69
　4　過程（process）／70

第3節　原則 ………………………………………………………………70
　1　個別化（クライエントを個人としてとらえる）／71
　2　意図的な感情の表出（クライエントの感情表現を大切にする）／72
　3　統御された情緒的関与（援助者は自分の感情を自覚して吟味する）／73
　4　受容（受け止める）／74
　5　非審判的態度（クライエントを一方的に非難しない）／76
　6　利用者の自己決定（クライエントの自己決定を促して尊重する）／76
　7　守秘義務（秘密を保持して信頼感を醸成する）／78

第6章 個別援助技術⑵

第1節　関係 ………………………………………………………………79

第2節　過程 ………………………………………………………………83
　1　インテーク／84
　2　情報収集／86

　　　　3　アセスメント／87
　　　　4　援助計画／88
　　　　5　介入／89
　　　　6　評価／91
　　　　7　終結／92
　　第3節　活用と留意点 …………………………………………92

第7章 集団援助技術(1)

　　第1節　集団援助技術の概要 ……………………………………97
　　　　1　集団援助技術の定義／97
　　　　2　集団援助技術の構造／100
　　第2節　集団援助技術の援助者 …………………………………100
　　　　1　援助者の機能と役割／100
　　　　2　援助者の実践原則／103
　　第3節　集団援助技術の援助媒体 ………………………………107
　　　　1　援助者と利用者とのソーシャルワーク関係／107
　　　　2　グループと利用者の相互関係／108
　　　　3　プログラム活動／109
　　　　4　社会資源／111

第8章 集団援助技術(2)

　　第1節　集団援助技術の展開過程 ………………………………115
　　　　1　準備期／115
　　　　2　開始期／117
　　　　3　作業期／119
　　　　4　終結期／122
　　第2節　集団援助技術の記録 ……………………………………125

- 1 記録の意義／125
- 2 記録の種類と内容／126
- 3 記録の方法／126

第9章 地域援助技術

第1節 地域援助技術（コミュニティワーク）とは……129
- 1 コミュニティワークとコミュニティ・オーガニゼーション／130
- 2 コミュニティワークと方法論統合化／131

第2節 今日の福祉観とコミュニティワークの意義……132
- 1 ノーマライゼーションと地域自立生活支援／132
- 2 地方分権の推進／134
- 3 規制緩和の推進／135
- 4 地域福祉計画の策定／136

第3節 コミュニティワークの展開……137
- 1 コミュニティワークの構成要件／137
- 2 コミュニティワークの視点／138
- 3 コミュニティワーク援助者の立場・心得／139
- 4 コミュニティワーク展開過程と評価の視点／141
- 5 コミュニティワーク援助者に求められる力／142

第10章 ケアマネジメント

第1節 ケアマネジメントとは……145
- 1 ケアマネジメントの定義／146
- 2 ケアマネジメントの特徴／148

第2節 ケアマネジメントの援助過程……149
- 1 ケース発見／149
- 2 アセスメント／151
- 3 ケアプランの作成／155

        4　ケアプランの実施／156
        5　モニタリングと再アセスメント／157
    第3節　ケアマネジメントの機能とケアマネジャーの役割……158
        1　ケアマネジメントの機能／158
        2　ケアマネジャーとその役割／160

第11章　社会福祉調査法

    第1節　社会福祉調査の意義と類型　………………………………163
        1　社会福祉調査の意義／163
        2　社会福祉調査の類型／164
    第2節　社会福祉調査の計画　………………………………………165
        1　社会福祉調査の過程／165
        2　調査方法による分類／166
        3　対象範囲による分類／169
        4　調査票の作成／171
    第3節　社会福祉調査の実施と整理　………………………………175
        1　実施における注意点／175
        2　集計までの準備作業／176
        3　調査データの集計・分析／177
        4　調査報告書の作成／179

第12章　スーパービジョン

    第1節　スーパービジョンとは　……………………………………183
        1　スーパービジョンの意義と目的／184
        2　スーパービジョンの機能／185
        3　わが国におけるスーパービジョンの課題／187
    第2節　スーパービジョンの実際　…………………………………188

　　　　1　事例の概要／188
　　　　2　スーパービジョンの始動から分析まで／189
　　第3節　ソーシャルワーク実習におけるスーパービジョン……193
　　　　1　対人援助職にとっての実習／193
　　　　2　実習でスーパービジョンを役立てる／194

第13章 社会福祉援助活動の実際

第1節　医療ソーシャルワーク……197
　　1　施設・機関の概要／197
　　2　事例／198
　　3　考察と課題／203

第2節　精神科ソーシャルワーク……205
　　1　施設・機関の概要／205
　　2　ソーシャルワーカーの業務／205
　　3　事例／206
　　4　考察と課題／209

第3節　子どもへのソーシャルワーク……211
　　1　施設・機関の概要／211
　　2　ソーシャルワーカーの業務／211
　　3　事例／213
　　4　考察と課題／218

第4節　障害児へのソーシャルワーク……219
　　1　施設・機関の概要／219
　　2　ソーシャルワーカーの業務／220
　　3　事例／220
　　4　考察と課題／224

第5節　ケアマネジメント……226
　　1　施設・機関の概要／226
　　2　ケアマネジャーの業務／227

3　事例／228
 第6節　特別養護老人ホームにおけるソーシャルワーク………233
    1　重度認知症における対応困難な事例／234
    2　ユニットケア導入事例－利用者の生活への効果的影響／238
 第7節　社会福祉協議会におけるソーシャルワーク……………243
    1　機関の概要／243
    2　コミュニティソーシャルワーカーの業務／244
    3　コミュニティワークとしての活動計画づくり／244
    4　ひらかた福祉のまちづくり計画2005／245
    5　考察と課題／248

第14章
ソーシャルワーク研究のための質的インタビュー法

 第1節　ソーシャルワークを研究し，卒論にまとめる…………252
    1　卒業論文とは／252
    2　研究計画書の作成／253
    3　研究テーマの絞り込み方／254
    4　研究テーマにふさわしい研究デザインを考える／256
    5　研究方法を定める－量的研究と質的研究／257
 第2節　質的研究としての質的インタビュー ……………………258
    1　リサーチクエスチョンを立ててみる／259
    2　質的インタビューの種類／260
    3　インタビューガイドの作成と活用／260
    4　インタビュー実施にあたっての倫理的配慮／261
    5　インタビュー対象者への選定と依頼／262
    6　インタビュー前日と当日／262
 第3節　まとめ ………………………………………………………263

終章 社会福祉援助技術の課題

1 社会福祉をめぐる状況／265
2 社会福祉援助技術の課題／267

資　料：ソーシャルワーカーの倫理綱領／271
索　引／276
編者略歴・執筆者一覧

第1章
社会福祉と援助活動

第①節 社会福祉とは

1───社会制度としての社会福祉と実践としての社会福祉

　本書のなかで解説する社会福祉援助技術（ソーシャルワーク）は，ケースワーク，グループワーク，コミュニティワークなどのかたちで社会福祉（かつては慈善事業，社会事業）の分野で発展してきた援助技術である。今日においては，医療や看護，教育などの分野でも活用されているが，やはり主として社会福祉の分野の中心的な援助技術として活用されている。したがって，ソーシャルワークを理解し，実際にそれらを活用して解決困難な問題を抱えている人々を援助するためには，まず社会福祉という本体の理解が不可

第1章　社会福祉と援助活動

欠である。

　ところで，さまざまな側面が複雑に入り交じっている現代の社会福祉というものを理解するためには，それを二つの側面に分解して理解するとわかりやすい。すなわち，①制度としての社会福祉と，②実践としての社会福祉である。つまり，社会福祉といった場合には，法律などによって構築されている社会の制度を指す場合と，問題を抱えている人々を実際に援助するというさまざまな取り組みや活動を指す場合がある。そして，実際の社会福祉はこの両者によって構成されているものである。例えば，社会福祉の制度がよく整えられていても，社会福祉の担い手の資質が低ければ，サービスはよくならない。反対に，担い手が優秀であっても，制度が貧弱であれば，やはりサービスはよくならない。社会福祉をよくしていくためには，制度と実践，両方の充実と向上が必要なのである。

制度としての社会福祉

　現代日本の社会福祉制度は日本国憲法第25条に規定されている国民の生存権と国の保障義務を具体化する制度として整備されている。すなわち，いわゆる福祉六法，つまり児童福祉法，身体障害者福祉法，生活保護法，知的障害者福祉法，老人福祉法，母子及び寡婦福祉法を中心として，またそのほかの法律にも基づいて制度化されているのである。さらに，これらの法律による社会福祉事業に共通する基盤や理念を示す法律として社会福祉法が制定されている。

　これらの法律は，社会的に弱い立場に立ちやすい児童や障害者，高齢者などを援助するために，入所施設における専門家による生活援助の提供や，ホームヘルパーやデイサービスなどの在宅サービスを提供して彼らの在宅生活の継続を支援しようとしている。しかし，これらの問題を抱える人々は一般的にはどちらかといえば少数の人々であり，またそれらの問題には個別的な対応が重要になるのである。このような問題を扱う領域として社会福祉，あるいは社会福祉事業が制度化されているのである。

一方，福祉国家においては一般の勤労者国民に対しても生活保障のしくみをつくり，生活の維持が困難になったときに備えている。特に，彼らが生活困難になるのは病気のときと，年をとったり，障害をもつようになって勤労生活から引退しなければならないとき，そして失業や労働災害にあったときなどである。特に，病気と老齢そして失業による勤労所得の喪失は多くの人々に関係する問題である。そのようなときに備えるために，社会保険が制度化されている。いわば，予防的にそれらの問題に対処しているのである。病気時の医療については医療保険，老齢や障害に伴う所得の喪失に対しては年金保険，失業については雇用保険が対応するようになっている。

一方，高齢者の介護についてはかつては家族が行うのが当然とされ，例外的に家族ができない場合にのみ老人福祉制度によって老人ホームへの入所やホームヘルパーの派遣がされていた。しかし，現在のように介護ができない家族が例外ではなくなるにつれ，保健・医療領域での対応がされるようになり，さらに問題が一般化するのに対応して社会保険方式による一般施策としての対応がなされているのである。

このように，福祉国家を標榜するわが国では社会保険と公的扶助を含む社会保障の制度によって，国民の生活問題に対処するようなしくみがつくり上げられている。このような社会保障の制度の体系を示しているのが図1－1である。

なお，社会福祉制度の具体的な解説は社会福祉概論ないしは制度論で行うことであり，ソーシャルワークの解説を行う本書では詳しくはふれない。しかし，社会福祉制度に基づく各種サービスは援助活動における社会資源ということになり，その理解は不可欠である。

実践としての社会福祉

社会福祉のもう一つの側面は実践である。法律によってつくられている社会福祉のサービスは，社会福祉実践と呼ばれている援助活動によってそのサービスを必要としている人々に届けられる。このような実践活動を担うの

第1章　社会福祉と援助活動

図1-1　社会保障制度の体系

医療
- 医療保険
  - 健康保険（政府管掌健康保険，各種健康保険組合）
  - 船員保険
  - 国家公務員共済組合
  - 地方公務員共済組合
  - 私立学校教職員共済
  - 国民健康保険
- 老人保健（医療給付）
- 生活保護（医療扶助）
- 労働者災害補償保険（医療給付）
- 公費負担医療（結核・精神その他）
- 公衆衛生サービス
  - 一般保健（健康増進，保健対策（母子，老人，精神など），感染症対策，疾病対策など）
  - 生活環境（生活環境施設，食品保健，化学物質など）
  - 労働衛生（事業場の衛生管理，職業病，職場環境など）
  - 環境保全（自然環境保全，大気汚染，水質汚濁，廃棄物など）
  - 学校保健（学校保健，学校給食など）

年金
- 年金保険
  - 国民年金
  - 厚生年金保険
  - 国家公務員共済組合
  - 地方公務員共済組合
  - 私立学校教職員共済
  - その他
    - 厚生年金基金
    - 国民年金基金
    - 農業者年金
    - 適格退職年金
    - 確定給付企業年金
    - 確定拠出年金
- 労働者災害補償保険（年金給付）

福祉その他
- 生活保護（医療扶助以外の各種扶助）
- 児童福祉（保育所，児童手当，児童相談所，児童養護施設など）
- 母子福祉（児童扶養手当，就業支援，母子福祉資金など）
- 障害者福祉（知的障害者，身体障害児・者，特別障害者手当など）
- 老人福祉（在宅福祉サービス，施設サービス）
- 介護保険（在宅サービス，介護保険施設）
- 雇用保険（失業給付）
- 労働者災害補償保険（休業補償給付）

出典　厚生統計協会編『国民の福祉の動向』(『厚生の指標』臨時増刊)，第52巻第12号，18頁，2005年。

がソーシャルワーカーやケアワーカーと呼ばれている人々である。そのような人々の活動がなければ，たとえサービスが制度化されていたとしても，それは絵に描いた餅にしかならないであろう。

したがって，社会福祉のサービスには彼らの実践活動が不可欠である。また，よりよい援助活動を行うためには彼ら，ワーカーのもっている資質が重要な役割を果たすことになる。

ソーシャルワークはこのような社会福祉の援助活動を効果的に行うための技術ということになる。よりよい援助活動を行うためには，より高度な援助技術を身につけることが必要なのである。

なお，現代の社会福祉実践活動の多くは法律によって制度化されたサービスの提供として，専門職化の程度は職種によってさまざまであるが，一定の専門的な知識や技術を身につけた人々であるソーシャルワーカーやケアワーカーによって行われている。しかし，社会福祉実践の担い手には，このような有給で働く専門職ワーカーのみではなく，無給，あるいはそれに近い少額の手当てのみでサービスを提供しているボランティアの人々も含まれており，彼らの活動も社会福祉において重要な役割を果たしている。したがって，社会福祉サービスを必要としている人々の福祉の向上のためにも，ボランティア活動の量と質の両面での推進が不可欠である。

2───社会福祉のニーズ

社会福祉と呼ばれる社会制度がつくられたり，実践活動が行われるのは，それを必要としている人々がいるからである。つまり，社会福祉に対するニーズが存在するからである。それでは，社会福祉に対するニーズとは何であろうか。

岡村重夫はわれわれが社会生活を営んでいくうえでの基本的な要求を次の七つに整理している。つまり，①経済的安定の要求，②職業的安定の要求，③医療の機会に対する要求，④家族的安定の要求，⑤教育の機会への要求，

⑥社会的協同への要求，⑦文化・娯楽の機会への要求，である[1]。

　われわれはこれらのニーズを充足するために，働いて収入を獲得し，それを基盤にして，その他のニーズを充足するために，そして充足しつつ日々の生活を送っているのである。安定した社会生活とはこれらの要求がそれなりに充足されている生活である。また，われわれの大多数は，各々のニーズを充足するために，それぞれのニーズ充足につながる社会制度と自力でかかわって生活をしているのである。例えば，経済的な安定を得るために就職して収入を得ているのである。また，家族のなかでそれぞれの役割を適切に果たすことで家族としての生活をしているのである。

　しかし，さまざまな理由でこれらのニーズの充足ができなくなることがある。例えば，病気のために働けなくなり，経済的な基盤が脅かされるとか，家族のなかに寝たきりの高齢者を抱えることになり，家族的な安定が脅かされるといったことである。われわれはこのような状況に直面すると，最初は何とか自力や家族の協力で問題を解決しようと努力するものである。しかし，そのような脅威が自力や家族ではもはや対応できないほど深刻な場合もある。

　そのような場合に備えるための社会的な装置が社会福祉と呼ばれる社会制度である。したがって，社会福祉ニーズというのは自力や家族では解決できない生活問題をかかえ，社会福祉の援助が必要になっている状態である。

　しかし，本人や家族に求められる生活に対する自己責任の範囲は時代とともに変化するものであり，いつでも，どこでも同じというものではない。例えば，家族に寝たきりの高齢者を抱えた場合を考えてみると，つい最近までは家族に責任の大部分がかぶせられていたが，今日では社会的な責任が大きくなっている。したがって，社会福祉ニーズもそれに対応して変化するものである。

---

[1] 岡村重夫『社会福祉原論』全国社会福祉協議会出版部，1983年。

第②節 社会福祉の機関と施設

1───社会福祉の機関

　現代の社会福祉サービスの多くは法律に基づく公的な行政サービスとして提供されており，サービスを利用するためには法律に基づいて設置されている社会福祉の相談機関と何らかのかたちでつながりをもつことになる。それらの相談機関ではケースワーカーなどの福祉専門職員が社会福祉援助技術（ソーシャルワーク）を駆使して援助活動を行っている。

　また，すべての社会福祉サービスが公的サービスではないので，民間の機関においても相談活動やそのほかの社会福祉活動が行われている。本節では代表的な社会福祉機関について概説することとする。それらの機関が社会福祉援助技術を実践する場となるのである。

公的機関
(1)　福祉事務所
　　福祉事務所はさまざまな社会福祉サービスの利用に関する相談を受けつける第一線機関である。社会福祉法に基づいて設置されており，都道府県，指定都市，市と特別区は義務設置とされ，町村は任意設置となっている（実際にはほとんどの町村には設置されていない）。

　　福祉事務所は住民にとっては福祉相談の第一線の窓口ということになるが，福祉に関する相談は何にでも対応するということにはなっておらず，社会福祉法で業務範囲が決められている。すなわち，都道府県の設置する福祉事務所は，生活保護法，児童福祉法，母子及び寡婦福祉法，そして知的障害者福祉法による援護，育成，更生の事務をつかさどることとなっている。一方，市町村の福祉事務所は上記4法のほかに，老人福祉法，身体障害者福祉法による業務も扱うこととなっている。

したがって，市に居住している住民の場合は福祉六法が扱う範囲の相談すべてについて福祉事務所に行けばよいが，福祉事務所を設置していない町村に居住している住民の場合，前者4法については福祉事務所，後者2法については町村の福祉係の窓口へ行くというしくみになっている。

福祉事務所には，所長のほかに，指導監督を行う職員，現業を行う職員，事務を行う職員を置くこととなっており，このうち現業を行う職員が社会福祉主事であり，一般にはケースワーカーと呼ばれている。また，身体障害者福祉司，知的障害者福祉司，老人福祉を扱う社会福祉主事（老人福祉指導主事）といった専門的な職員も置かれている。

しかし，同じ福祉事務所の仕事といっても，生活保護にかかわる援助とほかの5法にかかわる援助ではかなり仕事の内容に相違がある。すなわち，生活保護においては保護受給者に対して担当ケースワーカーが割り当てられ，保護を受給している間は自立に向けての生活の指導を行ったり，相談にのったりする態勢がとられているが，老人福祉や障害者の福祉については，生活保護のような綿密な個別指導態勢はとられていない。したがって，現在の福祉事務所は生活保護を除いて，サービス利用の手続きは行うが，専門的で総合的な相談体制はとられていないのが現状である。

(2) 児童相談所

児童相談所は児童福祉法によって設置されている相談機関であり，都道府県と指定都市には設置義務が課せられ，中核市など政令で定める市も設置することができる。子どもに関する家庭その他からの相談に応じ，相談援助活動を行い，必要に応じて専門的な調査や判定，また指導や一時保護，児童福祉施設への入所措置を行うことが業務である。

児童相談所には所長，児童心理司，医師，児童福祉司などが配置されている。このうち，児童福祉司がケースワーカーとして位置づけられており，児童福祉法では，「児童の保護その他児童の福祉に関する事項について，相談に応じ，専門的技術に基づいて必要な指導を行う」ことになっている。

(3) 更生相談所

更生相談所には2種類のものがあり，身体障害者更生相談所と知的障害者更生相談所である。それぞれ身体障害者福祉法と知的障害者福祉法において都道府県に設置義務が課されている。

身体障害者更生相談所の業務は，身体障害者に関する専門的知識を必要とする相談や指導，医学的・心理的・職能的判定，補装具の処方や適合判定，市町村による援護への助言や情報提供，市町村間の連絡調整，地域リハビリテーションの推進に関する業務などと定められている。

また，知的障害者更生相談所の業務は，知的障害者に関する専門的な知識を必要とする相談や指導，医学的・心理学的・職能的判定，市町村による援護への助言や情報提供，市町村間の連絡調整，地域生活の推進に関する業務等と定められている。

(4) 婦人相談所

婦人相談所は売春防止法によって設置されている相談機関で，都道府県が設置義務を負っている。その業務は，要保護女子に関する相談，調査，判定，指導・援助，一時保護などである。また，配偶者から暴力の被害者である女性の早期発見に努めるとされ，DV防止法（配偶者からの暴力の防止及び被害者の保護に関する法律）における配偶者暴力相談支援センターとしての機能ももつ。

(5) 地域包括支援センター

地域包括支援センターは，2005（平成17）年の介護保険制度改正で新しく介護保険法上に位置づけられた，地域ケアの総合的マネジメント機関である。市町村を実施主体としており（市町村から委託を受けた者が運営することも可），包括的支援事業やその他厚生労働省令で定める事業を行う。地域住民の心身の健康の保持，生活の安定のために必要な援助を展開し，地域における保健医療の向上と福祉の増進を包括的に支援することを目的としている。

人員は，保健師（または経験のある看護師）や社会福祉士，主任ケアマ

ネジャーの各1名が標準的配置である。

社会福祉協議会

　社会福祉協議会は国，都道府県，市町村に設置され，民間非営利の立場から地域福祉活動を推進するための団体である。民間とはいっても，純粋の民間団体ではなく，公的な性格も強くもった団体である。

　法律的には社会福祉法に規定され，社会福祉を目的とする事業に関する調査，総合的な企画，連絡調整，実施，住民参加の援助等を行うことになっており，社会福祉援助技術としては主としてコミュニティワークの活動を行っている。

2───社会福祉施設

社会福祉施設の種類

　今日の社会福祉施設は対象者とその問題ごとに専門分化が進んでおり，その種類は細かく分類すると約90種類にも及んでいる。これらの各施設は各種社会福祉関係法によって設置されている。

表1－1　根拠法律と施設の種類

生活保護法……………保護施設
老人福祉法……………老人福祉施設
障害者自立支援法………障害者支援施設
売春防止法……………婦人保護施設
児童福祉法……………児童福祉施設（一部を除く）
母子及び寡婦福祉法……母子福祉施設

　なお，これらの名称の施設が，例えば老人福祉施設であれば，養護老人ホーム，特別養護老人ホーム，軽費老人ホームといったようにさらに専門分化しているのである。

　また，社会福祉施設は，その目的や利用形態によっても分類することができる。

表1-2　利用形態による分類

- そこに居住し支援を受ける　　「入所施設」
- 利用登録をして自宅から通う　「通所施設」
- 自由に利用できる　　　　　　「利用施設」

表1-3　施設の目的による分類

- 家庭に代わって生活の場を提供するための施設
- 社会復帰を目指して訓練を行う施設

　このような施設のなかで，入所者や利用者の援助が行われるのであるが，その援助の手段として社会福祉援助技術（ソーシャルワーク）や介護（ケアワーク）が用いられるのである。

施設のスタッフ

　社会福祉施設には社会福祉の専門スタッフだけでなく，さまざまな職種のスタッフが働いている。社会福祉の専門スタッフとしては，ソーシャルワーク系の職種とケアワーク系の職種に区分できる。ソーシャルワーク系の職種に該当するのは，施設長，生活相談員，児童指導員，児童自立支援専門員などである。これらの職種のスタッフは入所者に対するケースワークとしての相談・指導業務を中心として，集団を用いた援助である施設内でのグループワークや地域の社会福祉機関や施設，そのほかの各種団体との連絡調整といったコミュニティワークの実施を主たる業務としている。

　また，ケアワーク系の職種としては，保育士，介護職などの職種がある。彼らは主として入所者や施設サービスの利用者の入浴，排せつ，食事などの介護や介護に関する指導をすることを業務としている。しかし，多くの施設は入所者が生活をする場であり，その援助者はソーシャルワーカーであってもケアワーカーの仕事を手伝うのは当然であり，またその反対も当然あり，実際には両者を厳格に区別することは望ましいとはいえない。

　社会福祉専門職以外の職種としては，保健師，看護師，理学療法士（PT），作業療法士（OT）のような保健医療の専門職，さらには管理栄養士，栄養

士，調理員，心理判定員，職業指導員といった人々がいる。

このように，社会福祉施設といっても社会福祉の専門職がすべてを取りしきっているのではなく，さまざまな専門職が施設に入所している人々の生活を支えているのであり，社会福祉の専門職者はそのなかで一定の専門的な役割を果たしているのである。

第③節　社会福祉援助活動と社会福祉援助技術

1───社会福祉援助活動と社会福祉援助技術

ここでは社会福祉援助活動と社会福祉援助技術（ソーシャルワーク）の関係を整理する。

先述したように，施設において入所者の生活を支えているのはソーシャルワーカーやケアワーカーといった社会福祉の専門職者だけではない。看護師や保健師といった保健医療の専門職者や管理栄養士，栄養士，調理員などもそれぞれの役割を果たして入所者の生活を支えているのである。彼らの仕事は当然に社会福祉援助活動であり，社会福祉実践と呼んでもよい。しかし，使用する技術は看護の技術であり，調理の技術である。社会福祉施設で看護や調理の仕事を行っていても，それはソーシャルワークではない。

また，現代の社会福祉援助活動は一定の教育訓練を受けた専門スタッフが公的機関や施設のなかで行うものがほとんどであるが，ボランティアが担っている部分も多い。彼らの活動も社会福祉援助活動には違いないが，例えば相談にのったり，地域活動に取り組んでいるとしても，そのような活動は専門的な教育と訓練を基盤としていなければソーシャルワークを用いているとはいえない。ボランティアの活動には専門的なソーシャルワークを用いた援助活動とは別の意義があるととらえるべきである。

このように，社会福祉援助活動は専門職者の援助活動だけでなくボランティアなどの非専門職者の活動も含むし，また保健医療などの専門職者の活動も含む幅の広い概念である。それに対して，ソーシャルワークとは社会福祉援助活動のなかでケースワーク，グループワーク，コミュニティワークといった専門的な技術を用いる活動に限定されるものである。このような区別はあいまいにされている向きも多いが，専門性を明確にし，発展を図るうえでもこのような限定と区別が必要である。

2 ——— 社会福祉援助技術（ソーシャルワーク）の体系

社会福祉援助技術という用語は1987年に制定された社会福祉の専門職資格に関する法律である「社会福祉士及び介護福祉士法」の施行に際してつくられたもので，それまではソーシャルワークと呼んでいたものを日本語化したものである。この法律は社会福祉援助技術の概念を明確にしたのと同時に，それまでは社会福祉援助活動のなかで渾然一体化していた社会福祉援助技術（ソーシャルワーク）と介護（ケアワーク）を明確に区別したという面でも重要である。つまり，ケアワークはソーシャルワークではないと宣言したようなものである。

しかし，法律制定後の高齢者介護問題の拡大とサービス提供体制の整備，特に介護保険とケアマネジメントの導入に伴ってソーシャルワーカーが介護問題にかかわることが多くなっている。そのようなこともあり，ケアワークは社会福祉援助技術にとっても無視のできない重要な仕事となっているのである。

ところで，各々の社会福祉援助技術は後章で詳しく説明をするが，ここでは援助技術の体系を示し，全体の展望を示す。社会福祉援助技術の体系は一般的に表1−4のように示される。

直接援助技術とは問題を抱えている人々を直接援助するための技術であり，間接援助技術とは社会福祉問題を生み出したり，またそれを解決するた

第1章 社会福祉と援助活動

表1-4 社会福祉援助技術の体系

(1)	直接援助技術	①	個別援助技術（ケースワーク）
		②	集団援助技術（グループワーク）
(2)	間接援助技術	①	地域援助技術（コミュニティワーク）
		②	社会福祉調査法（ソーシャルワークリサーチ）
		③	社会福祉運営管理（ソーシャルアドミニストレーション）
		④	社会活動法（ソーシャルアクション）
		⑤	社会計画法（ソーシャルプランニング）
(3)	関連する援助技術	①	ネットワーク
		②	ケアマネジメント（ケースマネージメント）
		③	スーパービジョン
		④	カウンセリング
		⑤	コンサルテーション

めの背景となる地域社会や地域住民，さらには社会福祉制度の改変や創設のための活動を行うための技術である。関連する援助技術とは社会福祉援助活動のなかで取り組まれてはいるが，独立した援助技術としては十分に成熟していなかったり，関連領域で取り組まれていることが多い援助技術である。

これらの援助技術のうち，直接援助技術のケースワーク，グループワーク，そして間接援助技術のコミュニティワークは最も重要な援助技術に位置づけられている。また，関連する援助技術に位置づけられているケアマネジメントは，介護保険制度の運営にも導入され今日では社会福祉援助技術のなかでも重要な援助技術の一つになっている。さらに，ケアマネジメントではケアサービス提供のためのネットワークづくりをかなり重視するために，ネットワークも重要性を高めている。

本書ではこれらの主要な援助技術については各章でくわしく説明をするので，それ以外の援助技術については以下に説明をしておく。

① 社会福祉運営管理（ソーシャルアドミニストレーション）

社会福祉運営管理とは社会福祉施設や機関の運営と管理の方法・技術である。社会福祉サービスは利用者にとっては個々のワーカーからの援助として提供されることになるが，それらのワーカーは，ほとんどの場合，組織から独立した存在ではなく，施設や機関の一員としてその施設や機関の

意思を代表してサービスを提供しているのである。

　したがって，施設や機関がどのような方針を立てて活動をしているかが重要である。また，ワーカーは施設や機関で働くわけであるから，どのような労働条件とどのような組織のなかで働くかも労働意欲と，ひいては福祉活動への情熱にも影響を与えることとなる。

　つまり，社会福祉サービスの効果的提供のためには施設や機関の運営方針，財政処理，職員管理，地域との関係形成といった仕事が不可欠である。しかし，このような仕事は実際には実務的な側面が非常に強いために，ほかの援助技術と比べると一つの技術体系として十分に理論化，体系化がされているとはいえないのが現状である。

② 社会活動法（ソーシャルアクション）

　ソーシャルアクションは古くから伝統的な援助技術として位置づけられている。これは社会福祉の実現や改革・充実を求めて国や地方自治体に対して行う要求運動である。もともと社会福祉というものは，自動的に制度化されたり，充実するものではなく，それを訴える要求や運動が力をもって初めて実現されるものであり，したがってソーシャルアクションが重視され，取り組まれてきた。

　今日でもソーシャルアクションの重要性は変わらないと思われるが，社会運動や労働運動の衰退とともにこのソーシャルアクションも衰退しつつあるのが現状である。また，ソーシャルアクションは技術というよりも，社会運動，政治運動的な性格を強くもっているために技術としての体系化はほとんどされていない。

③ 社会計画法（ソーシャルプランニング）

　古くから社会福祉協議会では地域福祉（活動）計画づくりが進められており，最近では国からも老人福祉行政計画として老人保健福祉計画が策定され，計画策定の技術が重要になってきている。

　特に，前者の地域福祉活動計画策定については全国社会福祉協議会からマニュアルも発行され，多くの市町村社会福祉協議会がそれに沿ったかた

ちで策定を進めている。社会福祉援助技術としての社会計画法はコミュニティワークとも関係が深く、地域福祉実践の重要な方法であり、さらなる計画技術の体系化が必要である。

④　ネットワーク

ネットワークはネットワーキングとも呼ばれ、ケアマネジメントや保健・福祉・医療の連携が重視されている現在、かなり重要性が増している援助技術である。

ネットワークとは各部分が縦横に細かく、網の目状に、しかもゆるやかにつながっている状況であるが、社会福祉においてもこのようなつながりをつくり出すことが重要になってきたのである。

社会福祉におけるネットワークには二つのレベルがある。一つは、援助を必要としている人々を支えるネットワークである。これは支援ネットワークとも呼ばれ、社会福祉や保健医療の専門機関や専門職者、ボランティア、地域住民、家族といった人々が連携して援助を提供するためのネットワークである。

もう一つは、援助提供機関・施設間のネットワークである。近年の福祉にかかわる問題は、福祉サービスだけで解決することが困難になり、地域を基盤として保健・医療・福祉の機関や施設が連携して援助活動に取り組む必要性が大きくなり、つくり上げられているネットワークである。このネットワークもコミュニティワークとの関連が強く、地域福祉実践の一環として取り組む必要性がある。

⑤　カウンセリング

カウンセリングは主として心の問題を解決する援助技術として心理学の領域で発達したものであり、カウンセラーの養成・訓練は心理学の領域で行われている。ソーシャルワーカーの扱う問題は主に生活の問題であるが、それが心の問題と深く関連していることも多く、カウンセリングの学習はソーシャルワークにも不可欠である。

しかし、生活問題を心の問題にしてしまったり、心という視点のみから

生活問題をみることは問題の本質を見失うことにもつながり，社会福祉の立場からは危険である。生活問題の発生は社会のしくみとも大きくかかわっており，その解決にも社会的な対策が必要である。そのような意味で，社会福祉とソーシャルワークには個々人をみるというミクロな視点と，地域や社会をみるというマクロな視点が不可欠である。

⑥ コンサルテーション

　一般的には「相談」「助言指導」といった意味で使われる。主に企業経営や自治体運営に関して，第三者機関などが客観的立場から，高度な専門知識や技術を駆使して経営・運営分析に関与することを指す。わが国にも「経営コンサルタント」という呼称で普及している。

　社会福祉分野では，まだコンサルテーションに対する厳密な概念規定はなされていないが，医師などによりコンサルテーションが行われることがある。隣接領域の医学分野では，一般病棟の患者の主治医および医療スタッフに対し，精神科医が相談・助言を行うことをコンサルテーションと呼んでいる。

参考文献▶杉本敏夫・宮川数君・小尾義則編著『基礎から学ぶ社会福祉学講義』西日本法規出版，1997年。

　　　　　加藤博史・杉本敏夫編『新しい社会福祉』中央法規出版，1996年。

　　　　　硯川眞旬編著『新社会福祉方法原論』ミネルヴァ書房，1996年。

第2章
社会福祉の担い手と専門職制度

第①節 社会福祉の担い手

　わが国の社会福祉実践は，専門的・非専門的な人々によって支えられ，それらの人々を福祉マンパワーと呼び，多種多様な分野に及んでいる。

　これらの福祉の担い手を，中野いく子氏の福祉マンパワーの分類に基づくと，「法令に基づき，専門職員として従事している者」「民生委員・里親などのように無給で行政サービスに協力している非専門的な人々」「ボランティア・家族・地域住民の自然かつ自発的な人々」「自発的な組織的機能をもち，有償でサービスを行っている人々やシルバーサービス企業団体の専従職員」[1]

▶1　中野いく子「非専門的マンパワーの現状と課題」仲村優一・秋山智久『福祉のマンパワー』〈明日の福祉シリーズ⑨〉，中央法規出版，172～173頁，1987年を一部修正。

第2章 社会福祉の担い手と専門職制度

などに細かく区分できる。

1────専門的マンパワー

　法令に基づき社会福祉の現場で専門職として従事している社会福祉従事者を専門的マンパワーという。わが国の社会福祉従事者は，社会福祉施設，社

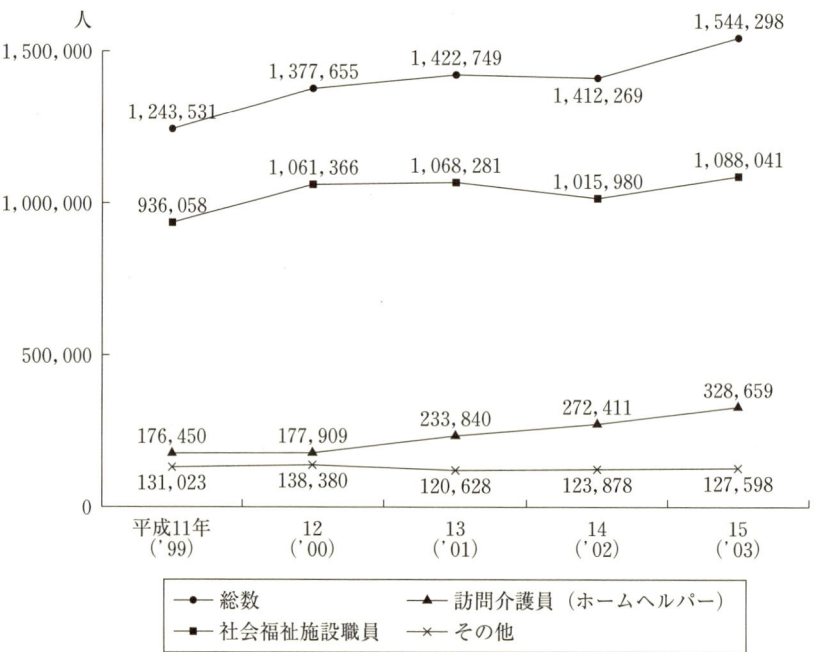

図2－1　社会福祉従事職員数の推移

凡例：●総数　▲訪問介護員（ホームヘルパー）　■社会福祉施設職員　×その他

注1）社会福祉施設職員は，厚生労働省「社会福祉施設等調査報告」（各年10月1日現在）による。
　2）訪問介護職員は，同「介護サービス施設・事業所調査」（各年10月1日現在）による。ただし，平成11年はホームヘルパー数であり，厚生省老人福祉計画課調べ（同年度末現在）。
　3）その他については，民生一般（全団体）と児童相談所などは「地方公共団体定員管理調査」（各年4月1日現在），福祉事務所は「福祉事務所現況調査」（各年10月1日現在），社会福祉協議会職員は「社会福祉協議会活動実態調査」（各年4月1日現在）による。

表2-1 社会福祉従事者の職種

①	社会福祉施設の職員 　施設長，生活指導員，生活相談員，児童指導員，児童自立支援専門員，寮母，保育士，児童生活支援員，職業指導員，心理判定員，職能判定員，医師，保健師，助産師，看護師，理学療法士，作業療法士，栄養士，調理員，事務職員など
②	訪問介護員（ホームヘルパー）
③	福祉事務所の職員 　所長，査察指導員，身体障害者福祉司，知的障害者福祉司，老人福祉指導主事，家庭児童福祉主事，現業員，面接相談員，家庭相談員，嘱託医，事務職員など
④	児童相談所，身体障害者更生相談所，婦人相談所および知的障害者更生相談所の職員 　所長，児童福祉司，身体障害者福祉司，知的障害者福祉司，相談員，児童心理司，職能判定員，児童指導員，保育士，ケースワーカー，医師，保健師，看護師，事務職員など
⑤	各種相談員 　身体障害者相談員，婦人相談員，知的障害者相談員，母子自立支援員
⑥	社会福祉協議会の職員 　企画指導員（全国），福祉活動指導員（都道府県・指定都市），福祉活動専門員（市町村），生活支援員

会福祉行政（福祉事務所・児童相談所など）および社会福祉協議会の職員ならびに各種相談機関の相談員，訪問介護員（ホームヘルパー）であり，その推移は，図2-1のとおりであり，2005（平成17）年総数は154万4298人である。このうち社会福祉施設職員は108万8041人と全体の7割を占めている。また，現在の社会福祉各分野の従事職員は，表2-1のように社会福祉を専門とする職員以外の職員も含まれ，多種多様なものとなっている。

2───非専門的マンパワー

　非専門的マンパワーは，「原則として無給で行政サービスの提供に協力することを義務づけられた民間奉仕者」であり，そのうち法令に基づくものとして「民生委員，里親，職親，養護受託者，身体障害者相談員，知的障害者

相談員，母子保健推進員，戦傷病者相談員，戦没者遺族相談員，保護司」▶2 などがある。

　一方，市民の自発的な活動として多種多様なボランティアとしての担い手とボランタリーな意識に支えられながら市民参加の在宅福祉サービスを展開する「有償福祉サービス団体の担い手」や「NPO（特定非営利組織団体）法人の従事者職員」，営利を目的とする「シルバーサービス企業団体の従事者職員」などがある。

第②節　社会福祉の専門職制度

　現在，社会福祉の専門職資格は，社会福祉士，介護福祉士，保育士，社会福祉主事，介護支援専門員（ケアマネジャー）がある。また，福祉と密接に隣接する専門職としては，精神保健福祉士がある。わが国は，1987（昭和62）年に「社会福祉士及び介護福祉士法」が制定されるまで国家資格としての資格制度は確立されず，体系的な福祉現場における資格制度は，都道府県知事が認定する「保育士」と任用資格としての「社会福祉主事」の二つであった。国家資格として確立された「社会福祉士」と「介護福祉士」は，医師や弁護士などのような「業務独占」でなく「名称独占」として位置づけられている。これは，資格保有者でなくてはその業務につくことはできないというものでなく，資格保有者のみがその名称を使えるというものである。

1───社会福祉士

　社会福祉士は，「専門的知識及び技術をもって，身体上若しくは精神上の

▶2　中野いく子，▶1に同じ，173～174頁。

第2節　社会福祉の専門職制度

障害があること又は環境上の理由により日常生活を営むのに支障がある者の福祉に関する相談に応じ，助言，指導その他の援助を行うことを業とする者」(社会福祉士及び介護福祉士法第2条第1項) と定められ，社会福祉専門の相談業務を中心とする援助者として位置づけられている。近年は，特に福祉サービス利用者がサービスを的確に利用できるよう相談に応じ，各専門職や機関との連携とネットワークを図りつつ，福祉サービス提供計画の策定とその実践や自立のための総合調整と支援ができるコミュニティソーシャルワークの実践力が求められている。

　資格取得については，厚生労働大臣が指定した「社会福祉士試験」(毎年1回実施) に合格し，登録することによって社会福祉士となる。この受験資格取得には，図2-2のとおり11のルート (方法) があり，この各ルートにより受験資格取得を経て社会福祉士国家試験を受験するのである。

　社会福祉士が従事する現場としては，施設職員の生活指導員，在宅介護支援センターのソーシャルワーカー，デイサービスセンターの指導員，社会福祉協議会の福祉活動指導員や福祉活動専門員または事務職員，地域福祉・ボ

図2-2　社会福祉士の資格取得ルート

社会福祉士資格（登録）
社会福祉士国家試験（精神保健福祉士は，一部試験科目免除）

							社会福祉士短期養成施設など（6月）	社会福祉士一般養成施設など（1年）	

| 福祉系大学など（4年）指定科目履修 | 相談援助実務1年　福祉系短大など（3年）指定科目履修 | 相談援助実務2年　福祉系短大など（2年）指定科目履修 | ・児童福祉司
・身体障害者福祉司
・査察指導員
・知的障害者福祉司
・老人福祉指導主事
（5年） | 福祉系大学など（4年）基礎科目履修 | 相談援助実務1年　福祉系短大など（3年）基礎科目履修 | 相談援助実務2年　福祉系短大など（2年）基礎科目履修 | 一般大学など（4年） | 相談援助実務1年　一般系短大など（3年） | 相談援助実務2年　一般系短大など（2年） | 相談援助実務4年 |

ランティアコーディネーター，行政機関では福祉事務所や児童相談所・各更生相談所職員や市町村従事者職員など，医療機関では病院や保健所などにおいて医療ソーシャルワーカーなどとして従事している。現在，社会福祉士資格取得者は5万9257人（2005（平成17）年2月末現在）となっている。

2───精神保健福祉士

精神保健福祉士は，1997（平成9）年「精神保健福祉士法」が制定され，国家資格として誕生した。「精神障害者の保健と福祉に関する知識及び技術をもって精神病院その他医療施設において精神障害の医療を受けている者や，精神障害者の社会復帰の促進を図ることを目的とする施設を利用している者の社会復帰に関する相談に応じ，助言，指導，日常生活への適応のために必要な訓練その他の援助を行うことを業とする者をいう」（精神保健福祉士法第2条）と定められている。資格取得は，厚生労働大臣の指定する科目を

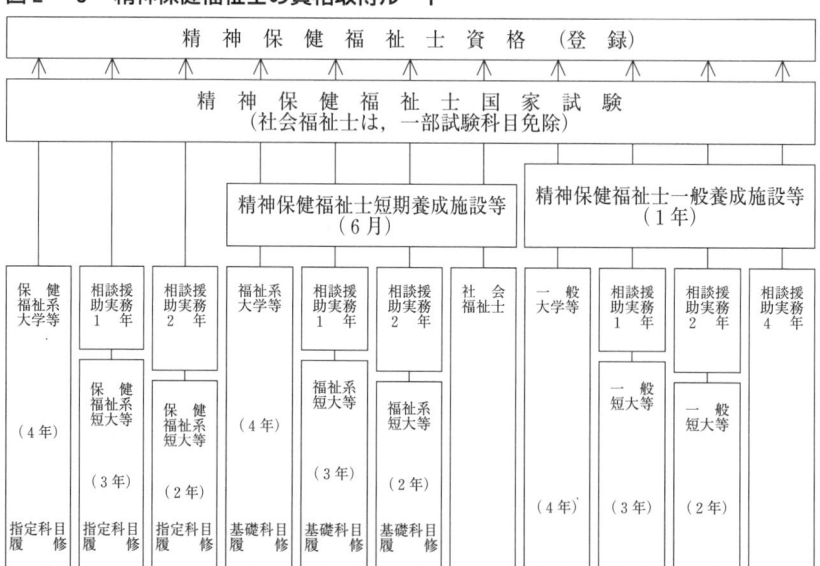

図2-3　精神保健福祉士の資格取得ルート

修めて卒業した者であって，精神保健福祉士試験に合格し，厚生労働省令で定める事項に登録したものとなっている。この資格も「名称独占」として位置づけられている。

資格取得については，図2－3のとおり11ルート（方法）があり，精神保健福祉士が従事している現場としては，施設職員の生活指導員，在宅介護支援センターのソーシャルワーカー，行政機関では福祉事務所や児童相談所・各更生相談所職員など，医療機関では精神科病院，その他医療・福祉施設，保健所などにおいてソーシャルワーカーとして従事している職員などがある。現在，精神保健福祉士資格取得者は2万1911人（2005（平成17）年3月末現在，平成17年度厚生労働省調べ）となっている。

3───介護福祉士

介護福祉士は，「専門的知識及び技術をもって，身体上又は精神上の障害があることにより日常生活を営むのに支障のある者につき入浴，排せつ，食事その他の介護を行い，並びにその者及びその介護者に対して介護に関する指導を行うことを業とする者」（社会福祉士及び介護福祉士法第2条第2項）と定められ，要援護者およびその家族に対して，身体的日常生活を支援する直接的ケアサービスを業とする者として位置づけられている。

資格取得については，図2－4のとおり6ルート（方法）がある。大別すると，①高校を卒業した者で，厚生労働大臣が指定する養成施設を卒業した者，②介護業務に3年以上従事した者で介護福祉士国家試験（毎年1回実施）に合格した者，③福祉系高校を卒業した者で，介護福祉士国家試験に合格した者となっている。

介護福祉士が従事する現場としては，特別養護老人ホームなど老人福祉施設や障害者施設の介護職など，介護老人保健施設や病院の介護職，デイサービスセンターの職員職や老人介護支援センターの職員など，その他居宅介護事業所職員などがある。現在，介護福祉士資格取得者は41万62人（2005（平

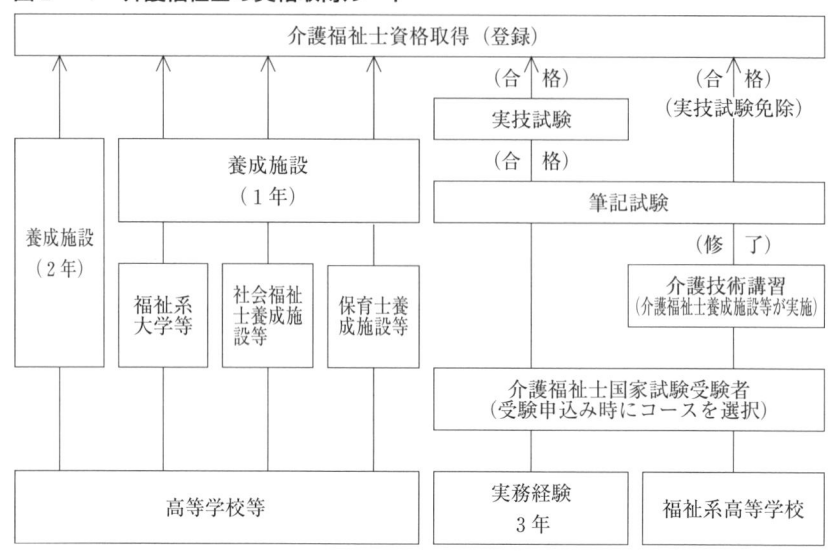

第2章 社会福祉の担い手と専門職制度

図2－4　介護福祉士の資格取得ルート

```
                    介護福祉士資格取得（登録）
    ↑       ↑       ↑       ↑       ↑
                            （合格）         （合格）
                            実技試験      （実技試験免除）
                            （合格）
    養成施設                 筆記試験
    （1年）                   （修了）
                            介護技術講習
  福祉系  社会福祉 保育士     （介護福祉士養成施設等が実施）
  大学等  士養成  養成
          施設等  施設等
                            介護福祉士国家試験受験者
  養成施設                   （受験申込み時にコースを選択）
  （2年）
          高等学校等         実務経験    福祉系高等学校
                            3年
```

成17）年2月末現在）となっている。

4───社会福祉主事

　社会福祉主事は，社会福祉法で定められた福祉事務所において現業員等の職務に従事する名称となるものであり，任用上での資格である。この社会福祉主事任用資格取得は，大学などにおいて厚生労働大臣が指定する社会福祉に関する科目（3科目以上）を修めて卒業した者，または，厚生労働大臣の指定する養成機関または講習会において，その課程を修了した者と社会福祉事業従事者試験に合格した者が取得できるものとなっている。平成16年度現在で1万4510人（2004（平成16）年10月現在，厚生労働省・社会福祉施設等調査報告）の社会福祉主事任用資格者が社会福祉行政第一線の現業機関である福祉事務所に従事している。

　なお，社会福祉主事は社会福祉施設の職員要件の最低基準のなかでも位置づけられており，体系的に社会福祉を学ぶ過程として多くの施設職員や社会

福祉協議会職員が履修している。

5────児童指導員など

　厚生労働省令最低基準に位置づけられた児童指導員は，厚生労働大臣指定の児童福祉施設職員養成校を卒業する者と大学の学部で社会学，教育学，心理学を修め卒業した者と，小中高校の教員免許取得者で厚生労働大臣もしくは都道府県知事が適当と認定した者であると定められている。また，学校教育法の規定による高等学校を卒業した者で2年以上児童福祉事業に従事した者，もしくは3年以上児童福祉事業に従事した者であって厚生労働大臣または都道府県知事が適当と認定した者となっている。

　平成16年度現在，児童福祉施設などでは，1万1255人（厚生労働省・社会福祉施設等調査報告）が生活指導員・児童指導員・児童自立支援員などに従事している。その他，児童自立支援施設では，「児童自立支援専門員・児童生活支援員」などがあり，児童福祉施設最低基準（厚生労働省令）により定められている。

6────介護支援専門員（ケアマネジャー）

　平成12年度から始まった介護保険制度により，介護支援専門員（ケアマネジャー）が誕生した。この「介護支援専門員」は，「要介護者又は要支援者（以下「要介護者等」という。）からの相談に応じ，及び要介護者等がその心身の状況等に応じ適切な居宅サービス，地域密着型サービス，施設サービス，介護予防サービス又は地域密着型介護予防サービスを利用できるよう市町村，居宅サービス事業を行う者，地域密着型サービス事業を行う者，介護保険施設，介護予防サービス事業を行う者，地域密着型介護予防サービス事業を行う者等との連絡調整等を行う者であって，要介護者等が自立した日常生活を営むのに必要な援助に関する専門的知識及び技術を有するもの」と定

められている。

　資格要件は，業務従事機関要件該当者について都道府県知事またはその指定する者が行う介護支援専門員実務研修試験に合格し，かつ，介護支援専門員実務研修を修了し，当該研修を修了した旨の証明書（修了証明書）の交付を受けた者とされている。具体的養成対象者は，要援護者の自立を支援するための相談援助業務や保健・医療・福祉サービスを含む直接対人援助業務に原則として5年以上従事した経験のある者（介護業務については社会福祉主事任用資格，訪問介護員2級相当の研修修了者でない場合は10年以上）が対象となっている。2004（平成16）年12月現在で，33万7696人の人々が取得している。

7ー訪問介護員（ホームヘルパー）

　ホームヘルパーは，要援護者の在宅生活を支えるための担い手として，老人・身体障害者・心身障害児（者）・難病患者などのそれぞれのホームヘルパーがある。1976（昭和51）年老人ホームヘルプサービス事業運営要綱（当時厚生省通知）に始まり，現在では，1996（平成8）年に老人・身体障害者・心身障害児（者）・難病患者などのそれぞれのホームヘルプサービス事業運営要綱が定められ運営されている。要件としては，「①心身ともに健全であること，②それぞれの利用者に関し，理解と熱意を有すること，③介護・家事及び相談助言を適切に実施する能力を有すること」を選考要件としている。

　2000（平成12）年には，介護保険法施行に伴い訪問介護のホームヘルパーを訪問介護員として位置づけ，訪問介護員養成研修を表2－2のように1級課程（230時間）・2級課程（130時間）・3級課程（50時間）と定め，都道府県知事・指定都市市長が指定した多くの機関や団体で養成研修が進められている。この課程は訪問介護員（ホームヘルパー）の資格取得というものではなく都道府県知事・指定都市市長からの修了証書交付と登録が行われるだけ

表2−2　訪問介護員養成研修

	1級課程	2級課程	3級課程
概要	2級課程において修得した知識および技術を深めるとともに主任訪問介護員が行う業務に関する知識および技術を修得	訪問介護員が行う業務に関する知識および技術を修得	訪問介護員が行う業務に関する基礎的な知識および技術を修得
時間	230	130	50

出典　「訪問介護員に関する省令」(平成12年3月10日厚生省令第23号)

のものであるが，介護保険制度のなかでは，2級以上の修了者が介護保険業務の介護にかかわれることとなっているため，多くの人々が修了認定を受けている。

なお，高齢者への在宅介護の現場では，この訪問介護員（ホームヘルパー）の修了認定が採用要件の一つとして考えられているが，さらに介護現場の質をいっそう高めるためには，介護福祉士の国家資格取得が強く求められている。

8───保育士

保育士とは，「専門的知識及び技術をもって，児童の保育及び児童の保護者に対する保育に関する指導を行うことを業とする者」と児童福祉法第18条の4で明記されている。資格要件は，厚生労働大臣の指定した保育士を養成する大学・短期大学・保育士養成校を卒業するか，都道府県知事の実施する保育士試験に合格した者となっており，2004（平成16）年で保育所だけでも28万4635人（厚生労働省・社会福祉施設等調査報告）の保育士が従事している。

この保育士は，平成11年度の児童福祉法改正により任用上の名称として使われていた「保母」から「保育士」に改名された。2001（平成13）年には，新たな児童福祉法改正に伴い，保育士資格は名称独占の資格として明記され

た。さらに2003（平成15）年の法改正により，信用失墜行為の禁止や秘密保持業務などが規定され，子育て支援の中核を担う重要な福祉専門職として位置づけられている。

第(3)節　社会福祉の専門職団体

　社会福祉の専門職団体としては，長い歴史をもつ「日本ソーシャルワーカー協会」がある。この組織は1960（昭和35）年に結成され，本格的な専門職制度が確立されていない時期に創設され，多種多様な社会福祉従事者職員によって構成されている。その倫理綱領は，「福祉専門職の知識・技術と価値観により社会福祉の向上とクライエントの自己実現をめざす専門職である」ことを宣言し，規定としては「原則，クライエントの関係，機関と機関，行政・社会との関係，専門職としての責務」を定め，専門職としてもつべき内在的な倫理を定めている。その後，各種専門職制度の確立とともに，1993（平成5）年に「日本社会福祉士会」，1995（平成7）年に「日本介護福祉士会」が誕生し，それぞれの倫理綱領を定め専門職としての資質向上に努めている。また，日本精神保健福祉協会は1964（昭和39）年に日本精神医学ソーシャルワーカー協会として発足し，1997（平成9）年「精神保健福祉士法」の制定により現在の名称に改称された。日本医療社会事業協会は，病院などで従事している医療ソーシャルワーカーを中心として1982（昭和57）年に発足し活動している。その他の組織としては「全国保育士会」「日本ケアマネジャー協会」「全国ホームヘルパー協議会」「全国民生委員児童委員協議会」「全国福祉施設士会」などが全国組織を構成し，業務や職業倫理をそれぞれに定め，資質の向上や専門性を高める活動を展開している。

　これらの団体は，表2-3のとおり「資格取得者のみによる組織」と「従事している職種職業等による組織」構成に区分される。また，これらの団体

表2-3　専門職団体とその構成員

日本ソーシャルワーカー協会……保健・医療・福祉等現場従事者
日本社会福祉士会………………社会福祉士
日本介護福祉士会………………介護福祉士
日本ケアマネジャー協会…………ケアマネジャー
全国保育士会……………………保育士
全国民生委員児童委員協議会……民生委員児童委員
日本精神保健福祉士会……………精神保健福祉士
日本医療社会事業協会……………保健・医療現場従事者・医療ソーシャルワーカー
全国ホームヘルパー協会…………ホームヘルパー
全国福祉施設士会………………福祉施設現場従事者

などは各都道府県の支部をもち，全国ネットで専門職課題などについて研鑽を積み組織的な活動が推進されている。

参考文献▶厚生労働省統計協会『国民の福祉の動向』〈『厚生の指標』臨時増刊〉，第53巻第12号，2005年。

仲村優一・秋山智久『福祉マンパワー』〈明日の福祉シリーズ⑨〉，中央法規出版，1987年。

社会福祉の動向編集委員会『社会福祉の動向2006』中央法規出版，2006年。

ミネルヴァ書房編集部『社会福祉六法2005』ミネルヴァ書房，2005年。

第3章
社会福祉援助活動の共通基盤

　社会福祉援助活動の場合，いろいろな分野を専門にしたり，さまざまな機関・施設に所属していても，社会福祉従事者ならばほとんどの者に共通している事柄がある。分野や所属の相違ゆえに生じる独自性は尊重されなければならないが，社会福祉従事者としての共通の事柄はより重視されなければならないだろう。それは，社会福祉従事者としての基本を示すものだからである。
　本章ではこの共通の事柄を取り上げるがゆえに，タイトルを「共通基盤」と示した。「共通基盤」を別の言葉で表すと，「価値」「倫理」「対象」「目的」となる。
　なお，利用者を援助する社会福祉従事者の活動を，本章では社会福祉援助活動（以下，「援助活動」という）と呼ぶ。

第3章　社会福祉援助活動の共通基盤

第①節　社会福祉援助活動の価値

　援助活動を基礎づけるのは，一般に専門的知識，技術，価値であるといわれる。ここでは，このうち価値を取り上げる。

　援助活動における価値というと，何か大げさに聞こえてしまう。価値がなくても，専門的知識と技術さえ習得して磨けば，おのずとよい援助活動ができると豪語する社会福祉従事者もいるだろう。それによれば，専門的知識や技術が利用者に役立つようになればそれでよいということになる。しかし，果たして価値は専門的知識や技術と比べても，吹けば飛ぶような代物なのだろうか？　この疑問に答えるためにも，援助活動における価値を専門的知識・技術との関係でとらえながら，述べていくことにしたい。

1───援助活動の出発点

　不幸な人や困った人などが近くにいたら，社会福祉従事者であろうとなかろうと，「そばに寄り添っていてあげたい」「何とかしてあげたい」と思うのが普通である。このことは，人間を含めた哺乳類全般に共通な事柄である。例えば，空腹で泣き叫ぶ乳児に授乳するという行為は決して義務感だけで行っているものではない。また，電車で座っている席の前に高齢者が来たら，席を替わってあげたいと思うのは自然に湧き起こってくる感情である。

　このように「何とかしてあげたい」という動機こそ，援助活動の価値を決める重要な指標である。どんなに幅広い専門的知識や効果的な技術を有していても，その専門的知識や技術の用い方が「何とかしてあげたい」ということと相反していたら，それはもはや援助とは呼べない。つまり援助活動とは，「何とかしてあげたい」と心から願い，それを実現するためにさまざまな専門的知識や技術を駆使して行う一連の活動であるということもできる。

　有史以来，人は人を助け続けてきた。一方，対人専門職の登場は近代以降

である。社会福祉の国家資格化が行われてから，たかが十年余の歴史しかない。つまり，人が人を助け続けてきた歴史の大部分は素人が担ってきたのである。

現在，対人援助職が行っている活動は，この素人が行ってきた種々の知識や技術をある一定の理論に基づいて整理し活用できるように体系化したものである。つまり，対人援助職による援助の出発点は素人の活動であることを忘れてはならない。

2───専門職が陥りやすい問題

専門的知識や技術を学ぶ，そのことは対人専門職にとって必須であり，推奨されることである。しかし，人が乳児から成長して大人になる過程は，膨大な学習の積み重ねを行う過程と言い換えることもできる。これらの積み重ねによって得た知識や技術によって，人は頭でっかちになってしまっていないだろうか。

例えば，先の電車の例を再びイメージしてほしい。読者は「席を譲ってあげたい」と一瞬思う。しかし次に，「相手は席を譲られたら嫌がるかもしれない」「もし断られたらどうしよう」「どうやって声をかければよいのだろう」「この電車にまだまだ乗っていかなくちゃいけないし……」などの考えも頭をかすめるだろう。そうこうしているうちに席を替わる機会を逸してしまい，極論をいえば，後は悔やみながらも寝たふりをするか知らんふりを決め込むかどちらかに陥りがちである。もしかしたら，福祉系大学などに進学したにもかかわらず，席の一つも替わることができない自分は，社会福祉従事者には向いていないのではないかと思い悩むかもしれない。こんな経験がある読者も多いだろう。

最初に「席を譲ってあげたい」と思い，その瞬間に行動に移すということは，「何とかしてあげたい」を行動に示したことである。つまり両者が直結している。次に逡巡している場合を検討してみよう。これは相手に関するさ

まざまなことや自分の都合などが頭を駆けめぐっている状態である。しかし，考えれば考えるほど容易に答えを導き出せず，結局は「席を譲ってあげたい」という気持ちを具体的に実行できなくなる。

　ここでいうさまざまな相手のことや自分の都合などが，膨大な学習の積み重ねから得た専門的知識や技術と密接に結びついていることはわかるだろう。

　例えば，まず「相手は席を譲られたら嫌がるかもしれない」は相手のニーズに合っているだろうかということと結びついている。相手を慮って，相手のニーズをつかもうとして右往左往しているのである。相手のニーズをつかむというのは，福祉関係のテキストで学ぶ知識の出発点である。

　また，「どうやって声をかければよいのだろう」は方法・技術と結びついている。相手に対して効果的に席を譲るためにはどのような声かけをすればよいのかということである。同じくテキストで学ぶ方法・技術の領域に属することである。

　さらに，「この電車にまだまだ乗っていかなくちゃいけないし……」は，援助者側が援助できるかどうかの条件を探っている過程を如実に示している。

　また別の例では，川田誉音が「あるボランティアの人が，心の病をもつ人の話は専門の知識がないので，こわくて聞けないといわれた。知識がないと一人の友になるのも難しいのだろうか[1]」と述べている。専門的知識や技術を習得すると，この「何とかしてあげたい」ががんじがらめにしてしまうのが前者の例である。また，専門的知識や技術がないと「何とかしてあげたい」も実行できないと思い込んでしまうのが後者の例である。これらを頭でっかちと呼ばずに，何と呼ぶのだろうか。

　ここで察しのよい読者なら，専門職にも「何とかしてあげたい」という気

▶1　川田誉音「ソーシャルワーク教育における『知識』」川田誉音・大野勇夫・牧野忠康ほか編『社会福祉方法論の視座』みらい，1996年。

持ちがあるというだろう。そのとおりである。ただし，その「何とかしてあげたい」は専門的知識や技術に取って代わられる可能性が高いことを先の例で示したのである。このことは後述することにして話を進めよう。

3 ──社会福祉援助活動の価値の本質

　専門職は素人と区別される。いつまでも素人同然の専門職では，専門職として一人前になれないからである。しかし両者を峻別してしまって，まるっきり異なるものだとするのは大きな間違いである。現任のベテランといわれる専門職も素人から始まったのであり，素人のときから「何とかしてあげたい」という気持ちをもっていただろう。また，専門職になってからも「何とかしてあげたい」という気持ちをずっともち続けているだろう。それゆえ，「何とかしてあげたい」は素人だけにあるものではなく，専門職にもあるということができる。

　先に，援助活動に必要な専門的知識や技術は，素人が行ってきた「人が人を助ける」ための雑多なやり方を篩にかけて精緻化したものであると述べた。篩にかけて精緻化した専門的知識や技術は，人の知恵と工夫を重ねた産物であるから，有効性を発揮して利用者に役立つものとなる。このことは専門的知識と技術の正の側面である。一方，負の側面をも抱え込むことになる。膨大な量の学習を経て頭でっかちになった人は，援助活動そのものを阻むことになりやすい（先述の電車の例を思い起こしてほしい）。その結果，利用者に役立つ専門的知識や技術が一人歩きし，逆に知識や技術によって専門職をがんじがらめにしてしまうこともありうる。学習とは相反する正負の要素をいっしょに抱え込んでしまうことでもある。

　先述のような頭でっかちにならないように援助活動を行う際の基本に立ち返るところが必要になる。専門的知識や技術を用いた援助活動を行う際に，基本に立ち返るところが，実は価値なのである。そしてその価値とは，「何とかしてあげたい」と心から願うことから出発することであり，膨大な学習

によって積み重ねた専門的知識や技術を「人を助ける」ために機能させることである。そこに価値の本領が存在するのである。

だから，価値を専門的知識や技術をコントロールする位置におくのであり，価値はそれだけ重要なポジションを占めているのである。価値が存在しない専門的知識や技術の習得や活用は，利用者にとって有害になりやすいことを，われわれは強く認識しなければならない。

しかし，価値は難しい言葉であり，そして専門的知識や技術に母屋を取られやすい傾向にもある。そのことを第5章，第6章で個別援助技術を例に述べてあるので，参考にしてもらいたい。

最後に確認しておくが，筆者は「何とかしてあげたい」だけで援助活動を行うことを認めているわけではない。これだけで行う援助は，あっという間に壁にぶち当たるだろうし，また利用者を脅かす危険性も高い。「贔屓(ひいき)の引き倒し」という言葉を思い起こしてもらいたい。だから社会福祉専門職になるための専門的知識や技術を学んだり，自己の技術や援助する能力を高めるためのトレーニングを積み重ねなくてはならないのである。

第②節　社会福祉援助活動の倫理

援助活動における倫理は前節の価値と深く結びついている。ただし，倫理というと難解な用語となってしまい，より抽象的になってしまいがちである。例えば，『広辞苑』でその意味を調べてみると，倫理とは，「①人倫のみち。実際道徳の規範となる原理。道徳。②倫理学の略」と書かれており，よけいに難しくなる。しかし，例えば「人を殺さない」とか「人に迷惑をかけない」とかいうと，倫理の意味もわかりやすくなる。「〜しない」というのが典型的な倫理のパターンであるし，より強い文句になると「〜してはならない」「〜しなければならない」となり，これは倫理綱領（例えば，日本ソー

シャルワーカー協会倫理綱領——巻末に掲載）にみられる。

　それでは，このようなわかりきったことを倫理として記述するならば，わざわざ1節を設けて説明する必要がないともいえる。つまり，倫理綱領を掲載し，それを遵守すればよいと述べれば終わることである。そこで，本節で取り上げる倫理は，わかりきった倫理の記述を行うだけでなく，別の角度から倫理をもう一度取り上げてみたい。

　「人を殺さない」とか「人に迷惑をかけない」という倫理は，ごくあたりまえに世間一般に受け入れられている。それでは，殺人事件が全く起こらないかといえば，日々の新聞紙上には必ずといってよいほど記事が掲載され，決してなくならない。しかし，この倫理が間違いだとはだれもいわない。

　転じて，援助活動における倫理を取り上げてみよう。利用者を個人として尊重するとか，人権を守るとか，などがいわれる（価値と深く結びついているのはこのことからも理解してもらえるだろう）。

　では，このような倫理が必ず守られているかといえば，そうとはいい切れない現実がある。利用者の貯金通帳から勝手にお金を引き出して逮捕された施設職員がいるとか，施設入所者に危害を加えたとか，放漫経営によって施設運営を危機に陥れるとか，そんな新聞記事も最近ではよくみられる。また，新聞記事にならなくても，例えば利用者のニーズを無視したとか，利用者の意向を頭から否定してしまったとか，利用者の秘密をつい他人にしゃべってしまったとか，そんな倫理や倫理綱領に反する例は実際に数多く存在するだろう。

　「～しない」「～してはならない」「～しなければならない」という倫理を遵守しなければならないことはいうまでもない。これは断言できる。

　しかし，もう一歩踏み込んで倫理を検討する必要がある。その際に，援助活動の原点に戻ってみよう。素人からなんらかの養成課程（学校）を経て現任の社会福祉従事者になった例を考えてみる。それなりの専門教育を受け，専門知識や技術を学び，価値や倫理についての学習を積み重ねてきた者でも，先に示した倫理に反した行為（以後，反倫理的行為とする）を全くした

ことがないという者が実際に存在するだろうか。おそらくその答えはノーだろう。倫理は養成課程での学習だけで理解するものではなく，実際に利用者と向き合うなかで実感したり理解したりするものである（このことは養成課程在籍中に実習で体感することでもある）。

　自らが反倫理的行為を実際に行ってしまったりする。多くはわざと反倫理的行為を行ったわけではないだろう。慣れからくる慢心もあろうし，身体的疲れから起こる注意散漫というのもあるだろう（もちろん犯罪であるということを認識しながら行うことは論外である）。理由はなんであれ，反倫理的行為であることには間違いがない。

　そこで失敗だと気づき，そして反省してもう二度と同じ過ちは繰り返さないと誓い，倫理という形になかなか表しにくいものを自らのなかに血肉化していく過程が大事である。したがって，これらの過程そのものが倫理だといえる。倫理観の形成とは，これらの過程を経て倫理を自らの身体の一部にしていくことにほかならない。倫理とは決して頭だけで学ぶものではない。倫理とはきわめて実践的概念なのである。

　繰り返すが，多くの現任社会福祉従事者で反倫理的行為をしたことがない者はいない。反倫理的行為を故意に行うことは別として，先ほどの例での反倫理的行為や利用者との関係性からつい利用者の問題に踏み込みすぎたために起こしてしまった反倫理行為というのもあるだろう（例えば，利用者のプライバシーにかかわることに踏み込みすぎて，余計なお世話と利用者から指摘されることもある）。

　これらの反倫理的行為は援助過程のなかで失敗ということになる。利用者からさりげなく反倫理的行為を示唆されることもあるし，同僚や上司などから指摘されることもある。社会福祉従事者は，場合によっては落ち込んだりするかもしれない。また，言い訳に終始するかもしれない。さらに，無視するかもしれない。いろいろな反応のしかたがあるにせよ，その際に反倫理的行為によって生じた事実を自らの痛みとして感じ，二度と起こさないようにしていくことが倫理であり，そこに社会福祉従事者に倫理が根づくことにな

る。そして援助活動における倫理とは，そのような繰り返しによってその社会福祉従事者にとって意味あるものになっていくのである。

第 ③ 節　社会福祉援助活動の対象と目的

　本章の最後に援助活動の対象と目的について簡単に述べる。

　人間は，人間とその環境の間に調和を保ちながら生活している。調和を保つと安定した生活を送ることができるからである。そのために人間は環境を操作し，自らが生活しやすいように環境を変えることができる。これは人間の高い能力を示す。しかし，実際の生活場面では，この高い能力を発揮して，いとも簡単に環境を操作するだろうか？　それほど多くないのが現実である。環境を操作することよりも，自らを環境に適応させていくことのほうが多い。人間の生活はこれらの連続によって成り立っているといっても過言ではないだろう。

　援助活動を必要としている利用者に引きつけて考えてみよう。生活の困難や破綻などを体験している利用者がほとんどである。このことは，利用者と環境との間の調和が保てなくなっていることを端的に示している。つまり，援助活動の対象ということになる。利用者は自らの生活を維持・展開・強化するために，まず環境に適応しようと試みるであろう。そして，環境を変えてそれとの調和を保とうと努力したはずである。およそそのような利用者自身の試みや努力を経て，利用者は社会福祉従事者の目の前に現れることになるだろう。その際には，より深刻な状況になっているかもしれない。

　援助活動を利用者と出会う援助場面に限定して考えてみよう。援助活動の目的とは，利用者がその環境との調和を保てるようにすることにほかならない。この目的が達成されれば，利用者は環境との間に調和を保つことができるからである。当然，利用者と環境の双方に働きかけるのが援助活動であ

る。その結果，調和を保てるようになれば援助活動は成功となる。反対に調和を保つことができなければ，その援助活動は失敗になる。

　しかし，上記の援助活動の対象と目的ではあまりにも抽象的である。しかも，環境との間で調和を保てない人すべてを援助活動の対象や目的とするわけではない。

　病人を例にして考えてみよう。医師は病気を治すという観点からアプローチすることはだれでも知っている。医療行為とはそのようなものである。また，看護師ならば「療養上の世話または診療の補助」(保健師助産師看護師法（保助看法））を行う。医師であれ看護師であれ，独自の守備範囲を有している。

　社会福祉従事者ならば，簡単にいえば，疾病や障害によって生じるさまざまな生活上の問題を解決したりすることが援助活動ということになる。例えば，病気によって働きたいというニーズやお金を得たいというニーズなどがかなえられないとする。病気が長引けば長引くほど医療費もかかる。普通，療養にかかる費用はこれまでの貯金などで対応する。しかし，長期間の療養生活は費用がかかる。当然のことながら身体的拘束が多い（＝病室を出て働くことは難しい）ので，貯金などが底をつきかけると，療養費そのものの支払いが困難になる。本人の焦りや不安が大きくなり，そのことが療養生活そのものを危うくしてしまう。より問題が深刻化するのである。この際，社会福祉従事者は療養費についての相談を受け，さまざまな制度や各種サービスを動員して，本人の療養生活を支えることとなる。つまり，医師や看護師とは異なった問題把握方法とアプローチを有した守備範囲があることが理解できるだろう。

　このことこそ，社会福祉が果たす重要な役割であり守備範囲である。したがって，利用者と環境との調和も，このような生活に関するさまざまなニーズとそれに対応するさまざまな制度やサービスとの結びつきを調整し，利用者が十二分に活用できるように援助したりすることである。また，ニーズに対応しないサービスがあれば代行や補完のサービスを提供したり，必要なし

第3節　社会福祉援助活動の対象と目的

くみやサービスをつくり上げていくことも，社会福祉従事者に求められているのである。

　しかし，ここでもう一度，原点に帰って検討しなければならないことがある。それは，上述してきた対人援助職の守備範囲は，人間がつくり上げてきた文化の所産にほかならないということである。制度やしくみ，国家資格などは，人間が長い年月を経て，知恵をしぼり工夫を凝らしてつくり上げてきたものである。つまり，人工的な産物である。先に医師，看護師，社会福祉従事者の守備範囲の違いを示した。しかし，その違いは対人専門職の理屈であって，援助を要している人の理屈ではない。援助を必要としている人にとっては，医療も保健も福祉も区分される必要はない。同一人物に同時に環境との不調和が起こっているのである。社会福祉従事者だから援助活動のみ行えばよいのではない。医療や保健などの他領域にも関心を寄せ，利用者の状況に応じて，ほかの対人援助職へつないだりすることも重要な援助活動の視点である。このことは援助活動の目的にもかなっているのである。先に述べた「何とかしてあげたい」ということを出発点に対人専門職のしくみが出来上がっていることを決して忘れてはならないのである。

　最後に，専門的知識も技術も，そして価値や倫理も，援助活動を行う過程でわが国の社会福祉援助活動の共通基盤になっていくことが求められている。そしてそれは，社会福祉従事者に専門的知識の向上と技術の習練，価値や倫理を自らのものとして血肉化していくという不断の努力によってのみ，共通基盤が確固たるものになっていくのである。

第4章
社会福祉援助技術の発展と現状

第①節 個別援助技術(ケースワーク)の発展

1――慈善組織協会

イギリスにおける慈善組織協会の設立

　個別援助技術の萌芽は慈善組織協会（COS：Charity Organization Society）の活動のなかに見いだすことができる。COSは，スコットランドの神学者チャルマースの行っていた教区の組織化と貧民の自助による福祉活動の影響を受け，1869年，イギリスのロンドンに設立された組織である。
　当時のイギリスには新救貧法が存在していたが，この法律では増大する貧困者の救済には対応できず，実際は慈善活動が救済の大きな役割を担ってい

た。ただし，その救済活動は組織化されておらず，濫救(らん)（救済の偏り），漏救(ろう)（救済が届かない）が多く効率的でなかったため，各地区委員会で構成されるCOSを設立し連絡・調整を行い，救済の適正化を図ったのである。

　この地区委員会は友愛訪問員（friendly visitor）を貧困家庭に派遣し，彼（彼女）のもつ人格的感化力によって困窮者の生活改善を図ろうとした。ここに個別援助技術の萌芽をみることができる。

　26歳の若さでロンドンCOSの事務局長となり，COSの発展に大きく寄与したロックは1882年，論文「困窮ケースをいかに援助するか」を発表した。同年のCOSの年報に「ケース－ワーク」という言葉が使用されている。当時，「ケースワーク」は「救済に値する家庭を直接に援助する慈善的な行為」を意味していた。

　1903年になると，COSの実際活動の摘要に「ケースワーク」の内容として，①ケース研究，②家庭訪問，③調査，④面接，⑤救済計画の立案と実施，⑥報告と助言という6項目があげられた。さらに，COSは専門教育を組織的に行うなど，個別援助技術の専門化・体系化に大きく道を拓いた。

アメリカにおける慈善組織協会

　アメリカにおいては，1837年以降の経済恐慌により，都市部に多くの失業者・貧困者が発生した。市民による活発な救済活動が繰り広げられたが，組織的でなく混乱を引き起こした。この反省からタッカーマンの意見を取り入れ，1843年にニューヨークに貧民生活状態改良協会（AICP）が誕生した。この協会は無差別の施しを反省し，訪問員は家庭を訪問し，貧民を励まし，助言した。しかし，イギリスと同じように，当時のアメリカでも健康男子の貧困原因は怠惰，無思慮，飲酒癖の故とみなされており，自助が基本であった。訪問員もケース会議を経た専門的指針に従うのではなく，個人的理念や経験に頼って活動していた。

　アメリカのCOSは既存のAICPとは別組織として，ロンドンのCOSを模してイギリス人牧師ガーティンの指導により，1877年ニューヨーク州に設立さ

れたのが最初である。

2——リッチモンド

個別援助技術の発展

　イギリスに誕生した個別援助技術は，アメリカのCOSを舞台に，リッチモンド（Mary E. Richmond）によってさらに発展した。

　リッチモンドは米国メリーランド州ボルチモアCOSに1889年，会計補佐として就職した。就職後の研修で，ボストン慈善協会の総主事スミスなどの指導を受け，その才能を発揮し，2年後の1881年には総主事に選出された。

　1897年，彼女は全米慈善矯正会議の席で，友愛訪問員の慈善事業全般にわたる知識と訓練，および慈善事業の基礎となる知識（学問）の必要性を訴えた。ニューヨークCOSは，1898年彼女の意見を汲み「応用博愛夏期学校」を開催した。これが今日のコロンビア大学社会事業大学院の前身である。

　1899年，彼女はボルチモアCOSでの経験をもとに『貧困者への友愛訪問』を著した。この書において「友愛訪問」を「貧困者の家庭の喜び，悲しみ，意見，感情，そして人生全体に対する共感をもって常に身近に知ること」と定義づけた。この書は慈善組織運動の発達に多大な貢献を成し，これをもって彼女はアメリカにおけるソーシャルワークの指導的人物と見なされるようになった。すでにニューヨークで活動していた1917年，彼女は新たに『社会診断』(Social Diagnosis) を出版した。この書で，彼女はケースワーカーが共有する知識・方法を確立することによって，ケースワークを専門的な水準に高めようとした。

　また1922年，彼女は『ソーシャル・ケース・ワークとは何か』(What Is Social Case Work ?) を著した。この書はケースワークのもつ機能，すなわち「社会診断」に加え「治療」的側面も強調し，またケースワークは貧民のみならず，困難状態にあるすべての人に適応可能であることを明確にした。

　リッチモンドは，これまでのケースワークが個人的・道徳的・経験主義的

であったのに対し，これに心理学・社会学・歴史学の視点を取り入れ，個別援助技術を合理的・科学的援助技術として確立させた。これらの業績によって，彼女は「ケースワークの母」と称される。

3────診断主義と機能主義

診断主義

　1909年に始まるフロイトのアメリカ講演，第一次世界大戦後の戦争神経症者に対する精神分析学の貢献という時代背景の下，1920年代以降，ケースワークも精神分析学を積極的に導入した。これが後に「診断主義」と呼ばれるものである。

　ハミルトンは1940年，『ケースワークの理論と実際』を著し，診断主義ケースワークの理論体系化に多大の貢献を成した。

　診断主義の特徴は，①基礎理論は主にフロイトの精神分析学，②個人パーソナリティの成長による問題解決，③治療目標は主に個人の社会適応，④長期の個人・家族面接を要し，⑤治療関係における援助者主導などである。

　1949年，診断主義を継承するホリスはケースワークを，①環境調整，②心理的支持，③明確化，④洞察，の四つの方法に分類した。さらに彼女は1964年から1981年にかけて3巻から成る『心理社会療法』を刊行した。ホリスらによる診断主義の理論は「心理社会的モデル」として体系化され，主に心理的問題，家族関係の問題に対応する個別援助技術として現在に継承され，わが国では児童相談所などで用いられている。

機能主義

　診断主義の機械的・決定論的な人間観に対する批判から，ランクの意志心理学をその基礎理論として，1930年代に機能主義ケースワークが登場してきた。ランクはフロイトから精神分析学を学びつつも，人間行動の背景にある性的エネルギー（リビドー）説に懐疑的で，個人のもつ成長力・統合力，す

第1節　個別援助技術(ケースワーク)の発展

なわち「意志」(will) が重要な意味をもつと考えた。

ランクの影響を受けたタフトは，援助技術における「援助課程」・「機関の機能」の重要性を明らかにした。さらにタフトの影響を受けたロビンソンは，「機能的アプローチ」と呼ばれる個別援助技術や「スーパービジョン」を体系化した。

機能主義の特徴は，①診断主義の「病理の心理」に対し「成長の心理」，②診断主義の「治療」に対し「援助」，③援助関係における利用者主導，④援助課程の重視，⑤ワーカーの所属機関の機能に注目する，などである。

1950年代になって，パールマンはデューイの教育理論，社会学の役割理論を援用し，「問題解決モデル」を発表した。これは診断主義・機能主義双方を折衷したものであり，援助技術の統合化の先駆的業績でもある。彼女は利用者のもつ問題解決能力であるワーカビリティの3要素と，個別援助技術の場を構成する「4つのP」を明らかにした。

1960年には行動療法を取り入れた「行動主義モデル」が登場した。1970年代に入ると「危機介入モデル」「課題中心モデル」，そして「生活モデル」が登場してくる。近年においては，これまでの診断主義を中心とした「医学モデル」から，機能主義を中心とした「生活モデル」への傾向がみられる。

4───日本での発展

欧米のCOS活動に刺激され，日本においても1908（明治41）年，渋沢栄一を会長として中央慈善協会が発足した。活動内容として調査・連絡，機関誌『慈善』(現在の『月刊福祉』の前身) の発行などを行った。

イギリスのCOS設立に影響を与えたとされる1852年設立のドイツのエルバーフェルト制度にならい，岡山県知事笠井信一は1917（大正6）年，済世顧問制度を発足させた。続いて翌年の1918（大正7）年，大阪府知事林市蔵は，福祉行政の官僚小河滋次郎とともに方面委員制度を発足させた。これら2つの制度は今日の民生委員・児童委員の先駆となった。

第4章　社会福祉援助技術の発展と現状

　日本の社会福祉が慈善事業から社会事業に変わろうとする1920年代，機関誌『社会と救済』(1917年，前述の『慈善』から改称）に「ケースワーク」という言葉が初めて登場した。その後1924（大正13）年，三好豊太郎の『「ケース・ウオーク」としての人事相談』，1928（昭和3）年，福山政一の『ケースワークの意義と方法』（1〜5）などによって，欧米のケースワークは日本に紹介された。

　実践場面への応用は1930年代からで，専門のワーカーとして，公的な制度のなかで活用しようとした。しかし，当時の社会・経済状況のなかでは困難で，方面委員にワーカーの機能を期待する程度であった。

　医療・保険分野への応用は，1929（昭和4）年以降の，浅賀ふさらによるキャボットの諸説を取り入れた聖路加病院の実践にみることができる。

　要保護児童へのより具体的な応用は，1933（昭和8）年の「児童虐待防止法」制定ごろからで，被虐待児の社会環境調整にケースワークが散見された。

　戦後は主にGHQ主導で，アメリカ人の指導・助言・研修および日本人による欧米の理論の翻訳・紹介という形で開始された。

　まず児童福祉分野では，1949（昭和24）年，GHQ公衆衛生福祉部のキャロルが児童相談所を中心に診断主義の立場から指導を行った。1952（昭和27）年から1957（昭和32）年にかけて，キャロルの指導の下，『児童福祉マニュアル』が作成され，当時の児童相談やケースワークの指針となった。

　保健・医療分野では1951（昭和26）年以降，保健所を中心に「医療ソーシャルワーク」が導入され，次第に一般病院においても展開されるようになった。1953（昭和28）年には，専門家団体である「日本医療社会事業協会」が結成されている。

　司法関係の分野ではGHQ推薦のケースワーク理論が翻訳され，保護監察官，保護司等の手引き書となった。

　1950（昭和25）年，法律によってケースワーカーとしての社会福祉主事の配置が県市町村に義務づけられた。その職務内容は厚生を要する者の調査，

面接訪問指導，措置，および援護育成であった。しかし，実態は生活保護に関する業務が中心で，援護育成，面接訪問指導などケースワーク本来の業務はほとんどなされなかった。

第②節　集団援助技術(グループワーク)の発展

1——イギリスでの発展

　グループワークの萌芽はYMCA（キリスト教青年会），およびセツルメント（settlement：隣保館）での活動に見いだすことができる。

　YMCAは1844年，ウィリアムズが中心となり，イギリスのロンドンに設立された。同じくロンドンに1855年，祈禱団と看護ホームが一つとなるかたちで，YWCA（キリスト教女子青年会）が発足した。これらの会は，農村から都市に流入し過酷な労働条件のもとで働く青少年と祈りをともにし，クラブ活動やレクリエーションを通して精神的指導・生活技術指導を行った。

　これらの会の活動は，①自発的でインフォーマルなグループ，②社会教育的な余暇活動，③人と人との交わりを通して人格の成長を促す，という点で今日のグループワーク実践に通ずるものであった。

　大学教授ラスキンの構想に深い影響を受けたトインビーは，労働者階級の人々に熱心にかかわっていた。トインビーの友人の一人が英国国教会牧師バーネットで，1884年，バーネット夫妻と学生が中心となりロンドンにセツルメントが設立された。その時すでにトインビーは死去していたが，彼のそれまでの功績を讃えて，そのセツルメントは「トインビーホール」と命名された。

　セツルメント活動の目標は，教養人が福祉に欠ける地区に定住することによって，その地区の社会改良と住民の生活ニーズを充足させることであっ

た。活動プログラムは大学を模しており，地区住民とセツラー（地区に定住し福祉活動を行う人）がともに参加する講座，レクリエーション，委員会活動などであった。これらの活動は今日のグループワークの原則，①社会的参加と協同，②民主的プロセス，③学習と成長，④背景の異なる人々との相互作用，⑤社会環境が人に与える影響の認識などの点に強い影響を及ぼした。

2 ── アメリカでの発展

グループ活動に参加することによるパーソナリティの変容・強化というグループワークの実践理念は，アメリカの教育学者デューイらの生活体験を重視する教育理論から支持された。

さらに1920年代以降，フロイトの精神分析理論によるパーソナリティ理解，モレノを中心とする集団の心理構造に関する知見，レヴィンらの個人と集団の相互関係を理解するグループダイナミクス理論などの導入が，アメリカでの集団援助技術の体系化・専門化を形成していった。

1923年にはデューイの影響を受けたコイルが，大学院でグループワークの最初のコースを開始させている。1946年，彼女は全米社会事業会議（NCSW）において，ケースワーク，グループワーク，コミュニティオーガニゼーションは共通の原理をもつと発言した。かくしてグループワークは社会福祉援助技術の一方法として確立することとなった。同年，全米グループワーカー協会も組織されている。

1960年代以降は専門分化が顕著であるが，パペルとロスマンによれば，以下の三つのモデルに分けられる。①コノプカやフィリップスらによる「社会的諸目標モデル」，②ヴィンターらによる「治療モデル」，③シュワルツに代表される「相互作用モデル」。

第2節　集団援助技術(グループワーク)の発展

3──日本での発展

　日本でのグループワークの萌芽も慈善事業やセツルメント活動のうちに見いだすことができる。そこにおいては、小集団のもつ体験が個人の人格形成、態度、行動に肯定的に作用するとの認識があり、社会福祉の一つの援助方法として用いられていた。

　石井十次によって1987（明治20）年に設立された岡山孤児院では、意図的な小集団による養護・教育が行われていた。

　シカゴのハル・ハウス（アメリカの代表的なセツルメント）設立からわずか2年後の1891（明治24）年、アメリカの婦人宣教師であったアダムスは岡山市内のスラム街に岡山博愛会を設立し、地域の不就学児・無籍児・失業者に対し医療・授産事業を展開した。

　青少年の社会活動の分野ではYMCAが1880（明治13）年、YWCAが1905（明治38）年に創立されている。ただしソーシャルワークの一つの専門分野としてグループワークが本格的に取り上げられるのは戦後になってからである。

　1949（昭和24）年、厚生省主催によりサリヴァンを講師として3週間のグループワークの研修が開催された。以後、グループワークは社会福祉従事者の必修科目に加えられるが、しばらく福祉の分野に根づくことはなかった。その理由として当時、①専門技術として理論的・実践的に体系化されていない、②社会福祉より社会教育分野に有効と判断された、③グループワークのヨコの人間関係が日本では理解されない、④衣食住の保障が先決で、個人のニーズに応じた援助活動まで手が回らない、などがあげられる。

　1960年代後半になると、日本においても実践者や研究者から論文・著書が相次いで発表されるようになった。また、アメリカの代表的な専門書、G.コノプカの『ソーシャル・グループ・ワーク』などの翻訳も出版された。

　日本のグループワークはその発展において、以下の関連分野の業績から影響を受けている。①レヴィンらによる小集団や組織の分析、グループダイナミクスの研究、②ロジャーズらのカウンセリング理論の「傾聴」「受容」「共感

的理解」の治療的意味，③デューイの集団の相互作用による人格発達の理論，④他者との「出会い」の体験による人間性の回復と主体性の確立という実存哲学の理論。

　1970年代より地域社会に在住する高齢者，障害者，要保護児童などに対するコミュニティケアが重要視されてきた。そこにおいてはデイケアの内容としてグループワークが積極的に活用されている。さらに近年，地域福祉やボランティア活動の高まり，セルフヘルプグループ（当事者や家族による自助組織）の活発化などに伴ってグループワークへの期待が高まっている。

第③節　地域援助技術（コミュニティワーク）の発展

1────イギリスでの展開

　COSにおける，①個別訪問調査に基づく個人および地域の生活実態の把握，②各援助機関間の連絡調整，③社会資源の有効活用などの点に地域援助技術の先駆的活動をみることができる。また，セツルメントにおける，①住民の組織化，②住民参加による地域にある社会問題への取り組み，③セツラーのコーディネーターとしての役割などは，現在の地域援助技術に先鞭をつけるものであった。

　COS，セツルメント以外では，1913年，知的発達障害者独自のための法律がイギリスで制定された。同法は彼らをコミュニティの外に隔離することに重点を置いていたが，在宅者に対するサービスも含まれていた。当初，在宅ケアは施設ケアの不足を補う方便であったが，徐々に在宅ケアの重要性が行政当局にも認識された。1927年成立の精神障害者法と1929年のウッド委員会の報告は施設外のケアを強調するものであった。しかし，当時の在宅ケアは「コミュニティにおける」(in the community) サービスであって，真のコ

第3節　地域援助技術(コミュニティワーク)の発展

ミュニティケアともいうべき「コミュニティによる」(by the community) サービスではなかった。

　第二次世界大戦後，コミュニティケアの理念は社会福祉分野全般へと広がりをみせるようになった。1946年，カーチス委員会は児童は施設よりも家庭や小集団で養護されるほうが望ましいと提言し，その原則は1948年の児童法に確立された。また1957年の「精神障害者および精神薄弱者に関する王立委員会勧告」は，これまで長期入院が必要とされてきた精神障害者に在宅ケアの道を拓くものであった。

　1970年に成立した「地方自治体社会サービス法」は，コミュニティケアを本格的に展開させるものとなった。さらに1990年には「国民保健サービスおよびコミュニティケア法」を制定し，イギリスの21世紀の福祉理念と実践方法を明確にした。

2───アメリカでの展開

　1929年に大恐慌が始まり，連邦政府は国民の貧困が社会制度にも起因することを認め，社会保障諸施策を確立させた。この背景のもと1935年，世界初の「社会保障法」が制定された。

　地域援助技術関係では1939年，レインを委員長とする報告が出された。ここにおいてコミュニティオーガニゼーション（CO）の古典的定義「ニーズ・資源調整説」が発表された。

　第二次世界大戦後には，ニューステッターの「インターグループワーク説」が登場した。この説は，「地域内の各種団体・機関の代表者の会合を設定，機能を調整し地域福祉を促進する」ことをコミュニティオーガニゼーションの機能とするものである。

　1955年にはロスにより「組織化説」が発表された。それは，①地域社会自らによるニーズの発見，②地域から生まれた計画，③社会資源を地域内に求める，④地域社会の能力増強，⑤改革への意欲を重要視するものであった。

第4章　社会福祉援助技術の発展と現状

この「組織化説」はやがて日本に導入され，社会福祉協議会を中心に展開されるようになる。

　1960年代に入り，公民権運動や貧困戦争が展開された。ソーシャルワーカーも社会制度や政策に関与することが迫られ，社会改革への関心が高まっていた1968年，ロスマンは「CO実践の3つのモデル」を提出した。それは，①「地域開発モデル」，②「社会計画モデル」，③「ソーシャルアクション」である。また，1987年，ロスマンらは先の三つのモデルに，④「政策モデル」，⑤「アドミニストレーションモデル」を加えた。それらは進歩的な社会政策を発展させたり，諸サービスを効果的に分配する機能を明らかにしたものである。

3———日本での展開

　日本における地域援助技術は，戦前には英米で発展したCOS，セツルメントの導入，戦後はアメリカのコミュニティオーガニゼーション，続いてイギリスのコミュニティケアの導入という順序で発展してきた。セツルメントは1897（明治30）年，片山潜らにより東京神田に「キングスレー館」が設立され，主に労働問題を中心に活動した。COSは1908（明治41）年，「中央慈善協会」（第1節4参照）の設立というかたちで導入された。戦後の1947（昭和22）年，「中央慈善協会」は「日本社会事業協会」となり，さらにGHQの指導のもと1951（昭和26）年，「全日本民生委員連盟」などと合併して，「全国社会福祉協議会」(全社協)として再編された。以後，日本における地域援助技術は全社協および都道府県市町村社協を中心に展開されていく。やがて，地区住民のニーズの把握，住民参加の必要性の認識から，1962（昭和37）年「社会福祉協議会基本要項」，1972（昭和47）年「住民福祉運動を進めるために」が成文化された。

　1990（平成2）年には，福祉関係八法の改正により社会福祉協議会の業務に「福祉活動への住民参加のための援助」が加えられた。また，同年，市町

村には「老人保健福祉計画」の策定が義務づけられ，コミュニティケアの方向が明確にされた。さらに1994（平成6）年には「高齢者保健福祉推進十か年戦略」の見直し（新ゴールドプラン）が発表され，その基本理念の一つは「地域主義」であった。

精神障害の分野でも1995（平成7）年，「精神保健及び精神障害者福祉に関する法律」(精神保健福祉法）が制定され，地域での生活と支援が方向づけられた。

2000（平成12）年には介護保険法が施行され，住み慣れたコミュニティ（地域）で福祉サービスを受けるという選択肢が拡大される。居宅サービスは，2002（平成14）年に精神障害者を対象に，2003（平成15）年には身体障害者と知的障害者を対象に拡大された。

2005（平成17）年に成立した障害者自立支援法は従来の身体・知的・児童・精神という障害別・年齢別区分を撤廃し，それらを包括する制度へと大きく改正されたものである。

このような昨今の現状をみるとき，コミュニティソーシャルワークの必要性と重要性が認識されているのに気づかされる。すなわち，地域でソーシャルサポートネットワークを形成し，障害の有無や年齢差を越えた包括サービスの体制を組み立て，地域にある福祉課題を解決するコミュニティソーシャルワークを実践することが期待されているのである。

第 4 節　社会福祉援助技術の統合化

1──統合化の背景

第二次世界大戦後，アメリカの個別援助技術の精神分析への傾倒に対し，パールマン（第1節3参照）は，「ソーシャル」な特質を取り戻すべきであ

ると訴えた。また，ソーシャルワーカーが社会的な運動に関与することなく，もっぱら個別問題のみに対応している姿勢に対し，社会より強い非難が浴びせられていた。

このような背景のもとに，全米ソーシャルワーカー協会（NASW）が設立された。これはアメリカ・ソーシャルワーカー協会，全米グループワーカー協会，医療ソーシャルワーカー協会，学校ソーシャルワーカー協会，精神科ソーシャルワーカー協会と2研究機関を統合した単一の職能団体である。このNASWが設立されたのを機会に，社会福祉援助技術の統合化論も急展開をみせるようになる。

1959年，アメリカのソーシャルワーク教育研究会は13巻に及ぶ『カリキュラム研究』を出版した。これは社会福祉従事者の教育・訓練面での統合化の研究成果をまとめたものである。ここには個別・集団・地域を包括する一つの専門職としての社会福祉援助が定義づけられていた。すなわち，「一つの専門職としての社会福祉援助は，社会的機能の回復，維持および強化に目を向ける。社会福祉援助活動はその他の専門職や学問とともに個人，集団，地域社会の機能上の諸問題の予防，治療および調整を行う」と。

今日，社会福祉援助技術は対象の多様化・複雑化に対し，その有効性・即応性を図るため，前もって対象を個人・集団・地域に分断せず，包括的に問題に対応していこうとの志向が強い。その方法論を構築すること，これが今日の「社会福祉援助技術統合化」の主な意味である。

2───方法論の統合化

方法論の統合化に三つの流れをみることができる。第一はコンビネーション・アプローチと呼ばれるもので，問題に応じて個別援助技術・集団援助技術・地域援助技術，いわゆる伝統的な3方法を組み合わせていこうとするもの。第二はマルチメソド・アプローチと呼ばれるもので，各社会福祉援助技術に共通する原理・原則を抽出し，その「共通基盤」を確認することによっ

て全体的・包括的に援助技術を理解しようとする立場である。1970年，バートレットは「社会福祉実践の共通基盤」を著し，共通する要素として「価値」「知識」「介入」をあげた。また1981年，シュワルツは社会福祉実践すべてに不可欠な技能として，「コミュニケーション・関係・問題解決にかかわる技能」をあげた。第三はジェネリック・アプローチと呼ばれるもので，これまでの伝統的な3方法にとらわれず隣接諸科学を導入し，新たな方法論を展開しようとするものである。

3──新しい援助技術による統合化

生態学の導入

マイヤーとジャーメインらは社会福祉援助技術論に生態学を援用し，「ライフ（生活）モデル」として体系化した。

「ライフ（生活）モデル」における主要な論点は，人と環境との絶え間ない交互作用（transaction）を重視する点である。交互作用においては互いが影響を受け変化する。それは相互作用（interaction）の古典的理解，すなわち一方は変化せず他方のみが影響を受けるという視点を超えるものである。

「ライフ（生活）モデル」においては利用者・生活者がより主体的に機関・制度を利用する。さらに，援助者・変革者として主体的に自己を活用し，社会に参画していく役割も可能性として視野に入れられている。これらが「ライフ（生活）モデル」で特筆される点である。

ライフ（生活）モデルへの期待と不安

このように，利用者の生活を中心に据え，それを取り巻く人，環境，両者の相互関係を有機的にとらえるジャーメインとギッターマンのライフ（生活）モデルは統合化の流れのなかで提唱された新しい理論と実践方法であり，わが国で非常に注目され評価されている。

この理論の背景には社会構造論，すなわち世界は相対的であると同時に多

元性をもつという思想がある。したがって、ライフ（生活）モデルは多様な生活様式や主観的なアメニティ（快適性）を尊重する。

　ジャーメインとギッターマンは、同性愛者の権利にソーシャルワーカーも注目する必要を述べ、そして彼らのライフスタイルを学び、彼らのコミュニティのもつ力を知るべきであると好意的に述べる。しかしながら、現在のわが国では同性愛者はやはり特殊なコミュニティの一つであり、はたしてソーシャルワーカーの倫理観、人間観としてすべてのワーカーに受け入れられるものであろうかと疑問が残る。人々の個性的なライフスタイルを尊重することは大切ではあるが、同性愛というライフスタイルは真実創造的、福祉的であろうか。特に家族のもつ機能、例えば世代をつなぐための生殖機能、信仰を次世代に伝える宗教的機能などに問題があるのではなかろうか、冷静な判断が必要と思われる。

参考文献▶ 福祉士養成講座編集委員会編『社会福祉援助技術総論』『社会福祉援助技術各論Ⅰ』『社会福祉援助技術各論Ⅱ』（各第2版）〈改訂社会福祉士養成講座⑧〜⑩〉、中央法規出版、1996年。

小松源助『ソーシャルワーク理論の歴史と展開』川島書店、1993年。

小松源助ほか編『ケースワークの基礎知識』有斐閣、1987年。

一番ヶ瀬康子・高島進編『講座社会福祉2 社会福祉の歴史』有斐閣、1981年。

仲村優一『ケースワーク第2版』誠信書房、1970年。

仲村優一編『ケースワーク教室』有斐閣、1980年。

大塚達雄・井垣章二・沢田健次郎ほか編著『ソーシャル・ケースワーク論』ミネルヴァ書房、1994年。

一番ヶ瀬康子『アメリカ社会福祉発達史』光生館、1963年。

黒川昭登『臨床ケースワークの基礎理論』誠信書房、1985年。

福田垂穂・前田ケイ・秋山智久編『グループワーク教室』有斐閣、1979年。

コノプカ，G.（前田ケイ訳）『ソーシャル・グループ・ワーク』全国社会福祉協議会出版部，1974年。

北川清一『グループワークの基礎理論』海声社，1991年。

リード，K. E.（大利一雄訳）『グループワークの歴史』勁草書房，1992年。

ロス，M. G.（岡村重夫訳）『コミュニティ・オーガニゼーション』全国社会福祉協議会出版部，1975年。

高森敬久・高田真治・加納恵子『コミュニティ・ワーク』海声社，1989年。

岡村重夫・高田真治・船曳宏保『社会福祉の方法』〈社会福祉大系3〉，勁草書房，1979年。

Germain, C.B. and Gitterman, A., *The Life Model of Social Work Practice*, 2 nd Edition, Columbia University Press, 1996.

大橋謙策ほか編『コミュニティソーシャルワークと自己実現サービス』万葉舎，2005年。

第5章
個別援助技術（1）

第①節　個別援助技術（ケースワーク）の定義

　ケースワークは社会福祉援助技術（ソーシャルワーク）のなかで最も用いられる技術である。ソーシャルワークの中心をなしているといっても過言ではない。

　ケースワークの最大の特徴は，利用者とface-to-faceの関係で行うということである。このような観点からケースワークについて述べてみたい。

　まず，今日までさまざまな人によって試みられてきたケースワークの定義のうち，代表される二人の定義と最近の定義をあげてみたい。なお，原則「利用者」という表現を用いているが，引用文中は「クライエント」をそのまま使用していることをおことわりしたい。

第5章　個別援助技術（1）

1───リッチモンドの定義

　リッチモンド（Mary E. Richmond）は，「ケースワークの母」と呼ばれ，診断主義派の代表とされている。彼女の定義をみてみよう。

>　ソーシャル・ケース・ワークは人間と社会環境との間を個別に，意識的に調整することを通してパーソナリティを発達させる諸過程からなり立っている[1]。

人と環境へのアプローチ
　リッチモンドの定義で重要な点を検討してみる。
　まず「人間と社会環境との間」である。人間は，人間とその環境の間に調和を保ちながら生きている。人間は環境を操作し，自らが生きていくために環境を変えていくことができる。
　しかしながら，実際に人間が生活していくなかで，この能力を最大限に発揮して環境を簡単に操作することができるであろうか。実はそれほど多くない。どちらかといえば，環境を操作することよりも，自らを環境に適応させていくことのほうが多い。世のサラリーマンが居酒屋などで上司の悪口をいったり愚痴をこぼしたりするのも，立派な環境への適応だろう。これをサラリーマンの悲哀とでもいうのだろうが，これによって自らの生活を成り立たせているのである。
　転じて利用者は，生活の困難や破綻を体験している人がほとんどである。このことは利用者と環境との間の調和が保てなくなっていることを示している。この場合，利用者を環境に一方的に適応させればよいのではない。利用者と環境のどちらにもアプローチしていくことが必要となる。リッチモンド

▶1　リッチモンド，M.E.（小松源助訳）『ソーシャル・ケース・ワークとは何か』中央法規出版，57頁，1991年。

の定義はこのことに着目したのである。

個別化
　次に「個別に」である。困難に陥っている生活はその人その人にとって違うものである。違うのだから，援助のやり方（＝方法）も異なるということになる（これについては本章第3節で詳述する）。

意識的な調整
　さらに「意識的に調整すること」である。行き当たりばったりで援助しても効果は上がらない。それなりの援助をするためには方法や技術を意識して用いなくてはならない。また「人間と社会環境との間」を「調整」するのであるから，どちらかに偏向したり無視したりするのではなく，両者の間にほどよい調和を保つ働きかけということになる。

パーソナリティの発達
　最後に「パーソナリティを発達させる諸過程からなり立っている」である。「人間と環境との間」を調整して，利用者の「パーソナリティを発達させる」ことがケースワークの目的である。環境への一方的な適応を図るのではない。利用者が環境と調和を保ちながら生きていくことを援助するのである。そのためには一つひとつの過程を大事にしていくのである。

　人間は，意欲や生きがいという精神的・心理的条件，生活していくための金銭・物品などの物理的条件によっても生活が左右される。それなりの生活といっても，簡単に数値化することができない。リッチモンドの定義は今日でもケースワークの本質を示している。だからといってケースワークという技術が万能ではないことも承知しておかなければならないだろう。

2───パールマンの定義

次に，機能主義派の代表者であるパールマン（Helen H. Perlman）の定義をみてみよう。

> ソーシャル・ケースワークは，人々が社会的に機能するあいだに起こる問題をより効果的に解決することを助けるために福祉機関によって用いられるある過程である[2]。

パールマンの定義で重要な点を診断主義派と比較しながら検討してみる。それは「人々が社会的に機能するあいだに起こる問題」である。このことは，人間は，人間とその環境の間に調和を保ちながら生きていることに深く関係している。詳細は第4章で述べられているが，リッチモンドの定義以後，診断主義派は精神分析との関係を深めていった経緯がある。そのことが利用者の内面に着目しすぎる傾向を生んだ。つまり「人間と社会環境との間」ではなく，人間の内面（心理）に傾斜したため環境との調和を軽視することになった。

パールマンの定義では，この環境に相当する部分，すなわち「社会的に機能するあいだに起こる問題」に再び着目し，診断主義派への批判を行ったといえる。人間は環境との間に調和を保ちながら生きていることを再認識させたのである。

3───NASW『ソーシャルワーク辞典』の定義

最近の定義から一つ取り上げてみよう。NASW（全米ソーシャルワーカー

▶2　パールマン，H.H.（松本武子訳）『ソーシャル・ケースワーク―問題解決の過程』全国社会福祉協議会出版部，5頁，1967年。

協会）発行の『ソーシャルワーク辞典』の定義である。

> 個人や家族が精神的，対人関係的，社会経済的，環境的諸問題を解決するのを直接的な対面関係を通じて，援助する目的をもって心理社会理論，行動理論，システム理論等の諸概念を技能化した専門的ソーシャルワーカーたちによって用いられる指向，価値システム，実践の類型である。[3]

　この定義は，これまでのケースワークの定義を網羅している。これは近年の動向（例えば，システム理論，生活モデル，専門職能化など）が背景にあると思われる。人間はその環境との間で調和を保って生きていくという側面を高度な理論や概念で説明されていく傾向が生まれてきている。

第２節　ケースワークの構成要素

　先に記したパールマンは，著書の副題名が示すように，ケースワークを問題解決の過程としてとらえた。そのなかで過程に共通して存在する四つの要素を取り上げた。その四つとは「人」(person)，「問題」(problem)，「場所」(place)，「過程」(process)である。これらの頭文字を取って「四つのＰ」と名づけた（後に，「専門家」(professional person)と「制度・施策」(provision)の二つのＰを加え，「六つのＰ」とした）。

　これらはケースワークだけに固有のものではない。例えば，刑事ドラマでは，犯人や刑事という「人」がおり，起こるべくして起こった犯罪にまつわる「問題」があり，犯行現場や潜伏・逃走したりする「場所」があり，犯人

---

[3] R. L. Baker, *Encyclopedia of Social Work*, NASW, 1987.

が逮捕されるまでの「過程」があるといった具合である。どれが欠けても刑事ドラマは成立しない。同様に、ケースワークにおいても「四つのP」は不可欠な構成要素なのである。また「四つのP」はそれぞれが深く関係し合って全体を構成している。このような観点から、それぞれについて説明する。

1───人（person）

「人」とは、利用者やその家族、ワーカーなどの援助者を指す。犯人と刑事がいない刑事ドラマは存在しないと同様、利用者とワーカーがいないケースワークは存在できない。そこでワーカーと利用者の関係性が重要な意味をもつ。なお、このことについては第6章で述べる。

2───問題（problem）

人間は、人間とその環境の間に調和を保ちながら生きている。人間は自らが生活しやすいように環境を操作することができるとも述べた。しかし、利用者の問題とは環境操作を自ら行ったにもかかわらず、自らの生活にしづらさや障害が生じていることであるともいえる。そのため、他者からの助け（＝援助）を必要としているのである。

援助が必要だからといっても、利用者の問題すべてがケースワークの対象となるわけではない。例えば、糖尿病にかかっている高齢者が在宅で生活したいというニーズがあり、そのために解決しなければならない問題が多くあるとする。まず、糖尿病の治療を受けなければならないだろう。どんなに生活を営むための必要な福祉サービスを取りそろえても、インスリン治療がなくてはあっという間に生活は破綻してしまう。問題解決には優先順位があるし、専門職の守備範囲もある。問題すべてにケースワークで対応するわけではない。

次に、利用者が問題を意識しているかいないかにより、ケースワークの内

容が異なってくる。利用者が問題を明確に認識しているか，ワーカーとのやりとりのなかで気づくことがある。その際，問題解決のための目標にすることが可能である。反対に利用者が問題と認識しておらずワーカーが問題であると認識している場合，援助過程のなかで問題の共有を図っていかなければならない。

　さらに，利用者の問題は一つでないことが多い。利用者はワーカーの目の前に現れるまでに，自らを環境に順応したり，その環境に働きかけて何とか調和よく生活しようと試みているものであり，もし利用者の問題が一つで簡単なものならば，多くは自らで解決しているはずである。われわれの日常生活とはこのような問題解決の連続である。ごくあたり前にこなしている。しかし，ワーカーの目の前に現れる利用者は，自らを環境に順応したり環境に働きかけたにもかかわらず，問題解決ができていない状態なのである。このことから問題が複数で，しかもその問題は複雑に絡み合っているということが推測できる。一つの問題がほかの問題の引き金になっていたりして，問題解決をより困難にしていることもある。このような場合，問題を十把一絡げにするのではなく，絡み合っている問題の要因の把握や最適な解決方法を模索することになる。ただし，利用者の意向を無視することもできないし，ワーカー自身の力量や所属機関の機能にも左右されるのである。

3———場所(place)

　ケースワークにおける場所は援助場面であり，各種の専門機関・施設ということが多い。例えば，相談に応じる場とは，福祉事務所や児童相談所，老人介護支援センターなどの相談機関・施設があげられる。これらは利用者が相談に来るということが原則となる。そこでの面接室や相談室が援助場所となる。母子生活支援施設，老人福祉施設，障害者福祉施設，病院などでは，入所（院）している援助場面が場所となる。このような場所がケースワークには不可欠な要素である。

利用者の生活場面という場所もある。入所施設などでは援助場面と利用者の生活場面が重なっているが，近年，在宅で利用者の生活を支えることが多くなっているので，援助場面と生活場面が同一でない場合が増えている（ワーカーの訪問などにより援助場面と生活場面が重なることもある）。利用者の問題も援助場面で解決するだけでなく，それが生活場面で活かされることが最も望ましい。

利用者の抱える問題が実際の生活場面でどのようなしづらさや障害として現れているか，そのために利用者の問題を把握することが求められる。これはケースワークの重要なポイントである。しかし，生活場面は利用者の守備範囲であり，そこに部外者であるワーカーが訪問していることを忘れてはならない。利用者の生活場面に「土足で上がっていく」ような行為は当然避けなければならない。ケースワークを構成する要素としての場所には援助場面と生活場面という性質の異なる場所があるので，この両場面をワーカーはうまく活用しながらよりよい援助を行っていく必要があるだろう。

4───過程（process）

過程とは，ワーカーと利用者が関係を構築しながら援助を展開する過程のことである。この過程については第6章で詳述する。

第③節　原則

ケースワークの原則は，バイステック（Felix. P. Biestek）の7原則が最も知られている。本節でもこれをベースにケースワークの原則を述べてみたい。ただ，原則には必ず例外があるので，そのことについても若干ふれておく。

第 3 節　原則

　7 原則について記した『ケースワークの原則』は，初訳本と新訳本が上梓されている。[4]その 7 原則は，①個別化（クライエントを個人としてとらえる），②意図的な感情の表出（クライエントの感情表現を大切にする），③統御された情緒的関与（援助者は自分の感情を自覚して吟味する），④受容（受け止める），⑤非審判的態度（クライエントを一方的に非難しない），⑥利用者の自己決定（クライエントの自己決定を促して尊重する），⑦守秘義務（秘密を保持して信頼感を醸成する），である（初訳本での原則を先に記し，括弧内には新訳を記した）。

　それぞれについて説明してみる。

1────個別化（クライエントを個人としてとらえる）

　　クライエントを個人として捉えることは，一人ひとりのクライエントがそれぞれに異なる独特な性質をもっていると認めて，それを理解することである。また，クライエント一人ひとりがより良く適応できるよう援助する際に，援助の原則と方法とを区別して適切に使いわけることである。このような考え方は，人は一人の個人として認められるべきであり，クライエントは『不特定多数のなかの一人』としてではなく，独自性をもつ『特定の一人の人間』として対応されるべきであるという人間の権利にもとづいた援助原則である。[5]

　この原則は，利用者を一人ひとり違う人間だと理解することである。違う人間を前提とすれば，その人の考え方や価値観，生活のしかた，問題への対処法なども一人ひとり異なるのである。このことをワーカーが認識していな

▶ 4　初訳は田代不二男・村越芳男訳『ケースワークの原則』誠信書房，1965年。新訳は尾崎新・福田俊子訳『ケースワークの原則──援助関係を形成する技法』誠信書房，1996年。
▶ 5　バイステック，F. P.（尾崎新・福田俊子訳）『ケースワークの原則──援助関係を形成する技法』誠信書房，36頁，1996年。

第5章　個別援助技術(1)

いと，ステレオタイプな援助を行ってしまう。このことへの警鐘であると理解したい。

ただし，これはワーカーが経験を経ていく過程で形成される問題把握や援助方法のパターン認識と相反するものではない。それなりに経験を積み重ねたワーカーならば，類似した過去の事例と目の前の事例とを自然に照合する。これ自体に過ちはない。利用者の問題はおよそどのようなもので，次にどのように展開していくのか，このまま放置するとどのような生活困難を迎えてしまうのかなどは，熟練したワーカーの経験知として肯定されるものである。しかし，問題は過去の類似事例と目の前の事例を同一視してしまうことである。少し経験を積んでその職場に慣れ始めてきたワーカーによく起こりがちなことである。常にかけがえのない，この世に一人しかいない人間だと理解することがこの原則である。

2────意図的な感情の表出（クライエントの感情表現を大切にする）

> クライエントの感情表現を大切にするとは，クライエントが彼の感情を，とりわけ否定的感情を自由に表現したいというニードをもっていると，きちんと認識することである。ケースワーカーは，彼らの感情表現を妨げたり，非難するのではなく，彼らの感情表現に援助という目的をもって耳を傾ける必要がある。そして，援助を進める上で有効であると判断するときには，彼らの感情表出を積極的に刺激したり，表現を励ますことが重要である。[6]

利用者は，自分自身と環境との間に調和が保たれていないため，ワーカーの目の前に現れる。そのために，利用者は自信を失っていたりする。自信を

▶6　▶5に同じ，54頁。

失うと，自己嫌悪に陥ったり卑下したりする。このような感情は総じて後ろ向きである。時によっては，混乱しているかもしれない。このような感情が利用者を支配しているときには，よりよい援助になる可能性は低いだろう。利用者がこのような感情を率直に表現できるようにすることが，この原則である。

　だからといって，ありとあらゆる利用者の感情を表現させることではない。利用者によっては，否定的感情や後ろ向きな感情を話せば話すほど，過去の嫌な記憶がよみがえり，余計に混乱したり落ち込んだりすることもある。ワーカーが面接でこのような危険を感じた際には深入りせず，精神科医や心理職などの他職種に委ねることも大切である。

3───統御された情緒的関与（援助者は自分の感情を自覚して吟味する）

　　　ケースワーカーが自分の感情を自覚して吟味するとは，まずはクライエントの感情に対する感受性をもち，クライエントの感情を理解することである。そして，ケースワーカーが援助という目的を意識しながら，クライエントの感情に，適切なかたちで反応することである。▶7

　われわれの日常生活でも，不安があったり落ち込んだりしているとき，友人や家族に相談したりする。そして，話を聞いてもらうだけで心が落ち着き，問題に立ち向かっていく勇気と力を与えられることがある。友人や家族から援助を受けたのである。このような普通に行われている援助を，専門的知識や技術をもったワーカーが行うのである。そこには違いがなければならないだろう。

　ワーカーは利用者のことをほんとうに心配し，なんとかしてあげたいと願

▶7　▶5に同じ，78頁。

う。この気持ちに偽りはない。しかし気持ちだけでは援助にならない。なんとかしたいという気持ちだけで行う援助には限界がある。利用者に「よけいなお世話」といわれるならまだしも，時には利用者を巻き込み，振り回して利用者を危機に陥れることさえある。何とかしたいという気持ちがワーカーの都合や関心を優先させた援助になってしまうのである。このようなことが起こらないようにするのが，この原則である。ワーカーはなんとかしたいという気持ちを自分自身でコントロールする。そのための専門的知識と技術の習練が不可欠なのである。

4———受容（受け止める）

　　援助における一つの原則である，クライエントを受けとめるという態度ないし行動は，ケースワーカーが，クライエントの人間としての尊厳と価値を尊重しながら，彼の健康さと弱さ，まだ好感をもてる態度ともてない態度，肯定的感情と否定的感情，あるいは建設的な態度および行動と破壊的な態度および行動などを含め，クライエントを現在のありのままの姿で感知し，クライエントの全体に係わることである。
　　しかし，それはクライエントの逸脱した態度や行動を許容あるいは容認することではない。つまり，受けとめるべき対象は，「好ましいもの」（the good）などの価値ではなく，「真なるもの」（the real）であり，ありのままの現実である。
　　受けとめるという原則の目的は，援助の遂行を助けることである。つまりこの原則は，ケースワーカーがクライエントをありのままの姿で理解し，援助の効果を高め，さらにクライエントが不健康な防衛から自由になるのを助けるものである。このような援助を通して，クライエントは安全感を確保しはじめ，彼自身を表現したり，自ら自分のありのままの姿を見つめたりできるようになる。また，いっそう現実に即したやり方で，彼の問題や彼自身に対処することができるようになる。▶8

利用者が自信を失い否定的な感情をもっているとすれば，この原則はそのような感情をありのままに受け止めていくということである。包容力があり，利用者を脅かさない態度があり，会話のなかに適度の反応（相づちも含む）があると，利用者は安心して自分自身のことを語ることができるようになる。そのことは信頼関係（ラポール）の構築にもつながる。それゆえ，この原則がケースワーク原則のなかでも特に重要だといわれている。

　ここに素朴な疑問が生まれてくる。果たして利用者のありのままの姿を受け止めることが可能なのかということである。例えば，面接時の会話をテープに録音し，後に再生してみる。そのとき，気にもかけなかった雑音が入っていたりする。面接時では，関心のある音として認知していないのである。利用者の発する声ならばキャッチできても，利用者に関係のないと思われる音は雑音として処理されるのである。人間の認知能力は選択性をもっている。学生なら講義中の教師の声は耳に入っても，上の空であれば聞いていないのと同じである。また突然気になる単語が耳に入ると，教師の話を聞こうとする。こういえば，日常生活でも納得がいくだろう。

　したがって，ワーカーが利用者のありのままの姿を受け止めるのは不可能だといわなければならない。ワーカーも自分自身の関心に沿って利用者の姿を理解しようとするのである。だからといって，この原則を全面的に否定するのは間違いである。このような関心をもつワーカーは，自分の関心の幅や奥行き，受入れ度などを技術習練によって磨きをかけ，少しでも幅や奥行きを広げたり，相手を受け入れる度量を大きくするようトレーニングを積まなくてはならない。その結果，利用者のありのままの姿を受け止めることに少しずつでも近づいていくのである。この努力をワーカーは怠ってはならないのである。

▶8　▶5に同じ，114〜115頁。

5───非審判的態度(クライエントを一方的に非難しない)

　クライエントを一方的に非難しない態度は，ケースワークにおける援助関係を形成する上で必要な一つの態度である。この態度は以下のいくつかの確信にもとづいている。すなわち，ケースワーカーは，クライエントに罪があるのかないのか，あるいはクライエントがもっている問題やニーズに対してクライエントにどのくらい責任があるのかなどを判断すべきではない。しかし，われわれはクライエントの態度や行動を，あるいは彼がもっている判断基準を，多面的に評価する必要はある。また，クライエントを一方的に非難しない態度には，ワーカーが内面で考えたり感じたりしていることが反映され，それらはクライエントに自然に伝わるものである。[9]

　「受け止める」と同様のことである。ワーカーも利用者に否定的な感情をもつ。反対に「どうして世の中にはこんな不幸な人がいるのだろうか」と同情してしまうこともある。その意味でワーカーにはこれまでの生活習慣や価値観，倫理などが影響している。ワーカーは自らの関心に沿って反応し，批判したり同情したりするのである。このとき，利用者に対してストレートに否定や同情の言動をすれば，それは素人である。専門的知識と技術をもつということは，このような否定や同情などの感情を自らコントロールし，援助という目的に即して利用者に対応していくことにほかならない。

6───利用者の自己決定(クライエントの自己決定を促して尊重する)

　クライエントの自己決定を促して尊重するという原則は，ケースワー

---

[9] 5に同じ，142頁。

カーが，クライエントの自ら選択し決定する自由と権利そしてニードを，具体的に認識することである。また，ケースワーカーはこの権利を尊重し，そのニードを認めるために，クライエントが利用することのできる適切な資源を地域社会や彼自身のなかに発見して活用するよう援助する責務をもっている。さらにケースワーカーは，クライエントが彼自身の潜在的な自己決定能力を自ら活性化するように刺激し，援助する責務ももっている。しかし，自己決定というクライエントの権利は，クライエントの積極的かつ建設的決定を行なう能力の程度によって，まだ市民法・道徳法によって，さらに社会福祉機関の機能によって，制限を加えられることがある。▶10

　通常，ワーカーは利用者に優越感をもつものである。援助する者と援助される者が規定される限り，このような感情は避けることができない。形式的に対等な関係でなければならないというのは教科書の世界ならまだしも，実際的ではない。これも先ほどから説明しているように，ワーカー自身がこの優越感などをコントロールし，援助の目的に即して言動を律していくしかない。この原則は，相撲にたとえれば，利用者の土俵で相撲をとるということである。決してワーカーの土俵に利用者を連れてきて相撲をとることではない。利用者の土俵，つまり利用者の気持ちや考え，都合などに即して援助を行うということである。

　なお，この原則にも例外がある。利用者が混乱していたり，頭のなかが真っ白でどう対処してよいかわからないといったときを考えてみよう。利用者の自己決定という原則があるから，利用者に決めてもらわないといけないという誤った原則適用は避けなければならない。利用者をより危機に陥れるだけである。そのときには，利用者に代わって対処するのが第一である。まず，危機状況の除去である。崖っぷちに立って遊んでいる乳幼児に「そこに

▶10　▶5に同じ，165頁。

いる権利はあなたの固有の権利だ」などということがないのと同様である。この場合，生命を守ることが最優先されるのである。

7 ——— 守秘義務（秘密を保持して信頼感を醸成する）

　　秘密を保持して信頼感を醸成するとは，クライエントが専門的援助関係のなかでうち明ける秘密の情報を，ケースワーカーがきちんと保全することである。そのような秘密保持は，クライエントの基本的権利にもとづくものである。つまり，それはケースワーカーの倫理的な義務でもあり，ケースワーク・サービスの効果を高める上で不可欠な要素でもある。しかし，クライエントのもつこの権利は必ずしも絶対的なものではない。なお，クライエントの秘密は同じ社会福祉機関や他機関の他の専門家にもしばしば共有されることがある。しかし，この場合でも，秘密を保持する義務はこれらすべての専門家を拘束するものである。[11]

　この原則はごくあたりまえのことを示したものである。利用者との信頼関係を構築・維持し，よりよい援助を行うためでもある。特に説明を加える必要はない。
　ただ近年，事例を提示しての現任者研修会をよく見かける。それが印刷・製本されてあちこちに配布されているが，なかには配慮が欠けた事例がみられる。最低限守らなければならない原則なので，注意が必要である。
　また，最近では病院のカルテ開示が議論されているが，今後，社会福祉現場でもケース記録などの開示という事態が起こらないとは限らない。本人や家族からの開示請求などが考えられるが，秘密保持と信頼関係の構築・維持との関連で考慮しなければならないケースも出てくると考えられる。あたりまえだからといって，軽んじてはならないのである。

▶11　▶5に同じ，191頁。

第6章
個別援助技術（2）

第①節　関係

　ケースワークにおける関係も，第5章で示したバイステックの定義を取り上げる。

　　援助関係とは，ケースワーカーとクライエントのあいだで生まれる態度と感情による力動的な相互作用である。そして，この援助関係は，クライエントが彼と環境とのあいだにより良い適応を実現してゆく過程を援助する目的をもっている。[1]

---

[1] バイステック，F. P.（尾崎新・福田俊子訳）『ケースワークの原則―援助関係を形成する技法』誠信書房，17頁，1996年。

第6章　個別援助技術（2）

この定義から，援助関係はワーカーと利用者における相互作用を前提としていること，限定された空間と時間をもつこと，援助という明確な目的をもつこと，という特徴がわかる。バイステックは，この関係を「ケースワークの魂（soul）」と呼んでいる。第5章で示した7原則も援助関係から形成されることはいうまでもない。それほど重要なものなのである。援助関係は，敵視・敵対・否定される関係より，安心・信頼される関係が望ましい。信頼関係（ラポール）が築かれることがよりよい援助につながることはいうまでもない。

感情転移と逆転移

しかし，問題もある。援助関係が力動的な関係であればあるほど，ワーカーと利用者の関係は他人が説明できにくい密接な関係になりやすいのである。言葉のやりとりだけでなく，感情のやりとりも生まれる。信頼関係の構築とはそのようなやりとりから生まれるものであるから，一概に否定するべきものではないが，感情転移や逆転移という現象も起きやすい。感情転移とは，精神分析の言葉であり，利用者がワーカーに向けて特別な感情や態度をもつことである。反対に，逆転移とは，ワーカーが利用者に向けて個人的な感情や私的な反応をもつことである。これらの現象に陥ると，援助関係の目的から外れるような方向になってしまうことが多いので注意が必要である。

例えば，ワーカーは利用者のことをほんとうに心配し，なんとかしてあげたいと願う。この「なんとかしたい」という気持ちを具体化したのが利用者に対する福祉サービスの提供であり，これが援助の目的でもある。しかし，この「なんとかしてあげたい」という気持ちが利用者にはどう映るのだろうか。卑近な感情転移の例では，ワーカーと利用者が異性同士の場合，恋愛感情にも近い感情が利用者に生まれるとしよう。自分のことを真剣に心配してくれる，しかも自分のためだけにいろいろな援助をしてくれる，そんなワーカーに恋人のような気持ちを抱くなというほうが無理な話である。このような感情にワーカーも気づきながら，その感情にまんざらでもない態度をとる

ことだって実際にはある。これが逆転移である。こうなってしまうと援助の目的からしだいに外れていってしまう。周囲は二人の関係が援助から逸脱した異様な関係にみえるようになる。スーパービジョンが必要なときでもある。

援助関係の三性質

このような関係に陥らないように，援助関係を次のような三性質に整理した坪上の援助関係論[2]が実際に役立つ。一方的関係，相互的関係，循環的関係がそれである。それぞれについて要約しながら説明してみる。

一方的関係

まず一方的関係とは，文字どおり，ワーカーの一方的な関心・都合によって判断し，利用者に働きかける関係である。利用者の危機時や混乱しているときなどに用いる関係である。

相互的関係

次に相互的関係とは，われわれの日常の人間関係を適用した関係である。それぞれの関心や都合によって動きながら，両者の共通関心事についてのみ，折合いを求めてかかわり合う関係が日常の人間関係である。それを援助関係に適用したものである。ワーカーと利用者が折合いをつける範囲で援助関係を構築し，それが実際の福祉サービス提供となっていく。折合いがつかない場合，つまりうまくいかないときなどには次の循環的関係が必要となる。

---

[2] 坪上宏「援助関係論の歩み」川田誉音・大野勇夫・牧野忠康ほか編『社会福祉方法論の視座』みらい，1996年。

第6章　個別援助技術(2)

循環的関係

　循環的関係とは，ワーカー側からみれば，ワーカーが利用者を通してワーカー自身の関心・都合を見直す関係である。ワーカー自身にも関心・都合がある。したがって，ワーカーは利用者と異なった価値観や世界をもっている。利用者の価値観や世界をよく理解する必要があるときには，ワーカー自身の価値観や世界をひとまず括弧に入れて接する。このことにより，利用者のありのままに近い姿を知ることができる。そして同時に，ワーカー自身の関心・都合の所在に気づくことができる。ワーカーのこのような変化は，利用者にも変化を促す。利用者は自分のありのままに近い姿をワーカーが理解してくれる。その姿のままでいても安心できる利用者は，利用者の価値観や世界を少し広げてみようとする余裕も生まれてくる。そして，利用者自身が抱えている問題や家族のこと，社会に対する不満などを少しずつ冷静にとらえることが可能になる。ワーカーが利用者のありのままに近い姿を理解しようとし，その克服をともに考えてくれることは，利用者にとって問題解決の契機となる。循環的関係とは，このようにワーカーと利用者の間を循環する関係なのである。

　循環的関係を成立させるためには，ワーカーに自己覚知が必要となる。自己覚知とは，ワーカー自身の無意識の意識化である。簡単な言葉でいえば，気づきである。ワーカーは，援助の目的に即し利用者の問題解決に向けて意識をコントロールしていくのである。

　つまり，援助関係は通常は相互的関係が量的に最も多く用いられ，循環的関係は質的には援助関係の主軸となる。一方的関係が援助関係の主軸となることは，その性質上あまりないといってよいだろう。利用者への強制や指導というかたちになりやすいからである。実際には，三つの性質は量の差として現れてくるし，いずれかが比較的優位を占めるかによって関係の呼び名が決まってくる。

　三性質はバイステックによる定義と重なっていることがわかるだろう。し

かも，援助関係の本質が循環的関係であるとしている点は，バイステックのいう「力動的な相互作用」を示したものである。

この三性質を用いながら，次にケースワークの過程について説明してみよう。

第 ② 節　過程

第5章で，ケースワークの構成要素（人，問題，場所，過程）を示した。本節ではそのうち過程について言及する。

ケースワークの過程は利用者との出会いから始まる。そして，利用者の問題が解決されることにより，ケースワークは終結となる。しかし，ケースワークの過程は必ずしも最後の終結に到達せず終わることもある。例えば，利用者の死亡や他機関への入院（入所）によって中途で終わることもある。また，ワーカーの異動などによっても同様のことが生じる。

ケースワークの過程は，これまで診断主義派と機能主義派の考え方によって，異なった呼び名や進め方があった。例えば，第5章で示したリッチモンドを代表とする診断主義派では，インテーク→社会診断→社会治療→終結という流れが一般的には受け入れられてきた。また機能主義派では，初期の局面→中間の局面→終結の局面という流れを示している。利用者がケースワーク関係を問題解決のために活用するのに援助する過程を重要視しているので，このような時系列的な過程となっている。

診断主義派や機能主義派の過程はもちろん重要であるが，ここでは最近の動向を踏まえたうえで，図6-1によってケースワークの過程について言及する。

図6-1　ケースワークの過程

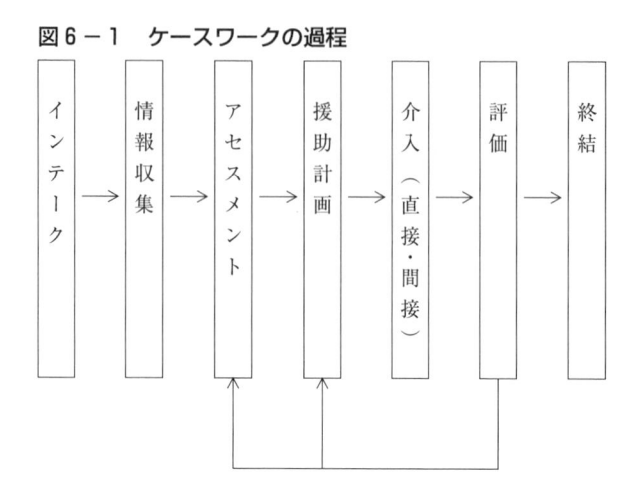

インテーク → 情報収集 → アセスメント → 援助計画 → 介入（直接・間接）→ 評価 → 終結

1───インテーク

　ケースワークの過程において最初の段階をインテークという。ケースワークは利用者との出会いから始まると先述した。この出会いからインテークが始まる。だから初回面接とか受理面接と訳されている。
　インテークは初めて出会うことになるが，すぐさまケースワークが始まるわけではない。通常，ワーカーはいずれかの機関や施設に所属している。言い換えれば，ワーカーは所属する機関などの一職員である。利用者との出会いは大切にしなければならないが，利用者の問題解決に必要な専門機関・施設とインテーク段階でワーカーが所属している機関・施設とが合致しているとは限らない。場合によっては，ほかの機関・施設のほうがよい場合もある。それゆえ，ワーカーは利用者の話を聞き，何を求めているのかを知るということが求められる。通常，インテークとは利用者の不安などをやわらげ，主訴やニーズを明確にし，ワーカーの所属する機関・施設の機能や提供できるサービスの内容を利用者に説明し，利用者がその機関・施設からの援助を受ける意志を明らかにすること，といわれている。この段階ではまだ利用者ではない。来談者とか，申請者とかいわれる。ただし，利用者であって

も来談者や申請者であっても，初めて利用者とワーカーが出会うのであるから，ケースワークの原則によって対応することはいうまでもない。およそ利用者は自信を失っていると考えたほうが妥当である。そのために，「クライエントを個人としてとらえる」「受け止める」「クライエントを一方的に非難しない」「秘密を保持して信頼感を醸成する」などが活用できる原則だろう。

　インテークは面接が主となる。しかし，その面接にもそれなりの工夫が必要である。例えば，家族に付き添われて嫌々ながらこの面接に来ている利用者がいたとする。その利用者にフェイスシートの項目順に従って質問を浴びせ続けたら，どうなるであろうか。おそらくよい出会いにはならないだろう。確かに必要最小限の情報を得ることはインテークの大切な機能である。しかし，嫌々ながらこの場にいる利用者の気持ちを察した対応のほうが優先される。その気持ちを互いが確認していく過程で，およそ聞かなければならない事項は押さえていけばよい（この程度の技術ならトレーニングを積めば可能である）。インテーク面接はフェイスシートの項目順に聞くという固定した方法ではなく，利用者に応じて聞く順序や聞き方を工夫するほうがよい。したがって，このような場合，面接中にフェイスシートへの記入はせず，面接終了後に記憶をたどりながら要領よく整理して記入すればよい。

　また，面接だけがインテークでないこともある。例えば，路上生活を経て食事がまともにとれていない利用者が目の前に現れてきたとする。そんなときに，根掘り葉掘りこの事態に至った理由などを聞くことは適当でない。まず腹が減っていれば食事の提供が何よりも優先される。寝ていなければ，雨露をしのぐことができる部屋と暖かい布団の提供である。生命にかかわる人間のニーズを最優先に考えたサービスの提供となる（このときには一方的関係によってサービスを提供することもある）。お腹がいっぱいになり，よく眠れた利用者がインテーク面接でワーカーと向かい合う。およそそれなりの理由を利用者は自発的に話し出すものである。刑事ドラマの取調室での「カツ丼」を思い浮かべていただければわかりやすいだろう（ここでは相手の気持ちをつかむという意味で理解していただきたい。本質的に取調室という場は

第6章　個別援助技術（2）

ケースワークの場とはなじまないものである）。

したがって，インテーク段階では利用者を脅かさないことがまず優先される。そして，利用者の気持ちなどを引き出すことが次に大切である。さらに利用者の意欲や能力を妨げないことが3番目となる。ケースワークの目標である利用者の問題を解決したり障害を取り除いたりすることは，インテーク段階でそれほど重要ではない。次の情報収集や援助計画，介入で焦点づけられていくからである。

インテーク段階の最後は，利用者がこの機関・施設から援助を受けることに納得すること，ワーカーもこの機関・施設で援助することを適当であると認識することである。それによって契約という両者の合意が生まれることである。

インテーク段階で，ほかの機関・施設でのサービス提供がよい場合もある。そのときには，より適切な機関・施設に紹介することになる。

2────情報収集

情報収集とは，利用者やその問題状況を理解し，次段階の援助計画や介入を検討するための情報を得る過程である。情報は，利用者自身，利用者が抱える問題状況，利用者をめぐる環境，利用者と環境との間の調和の保ち方などということになる。当然，利用者，利用者とかかわりのある人々（家族や親族，友人や隣人など），利用者に援助をしたことがある機関・施設での情報，さらに必要に応じて医学的資料や心理テストなどを情報として収集することになる。

情報収集の方法は，利用者や専門機関によって異なる。これはごくあたりまえのことであろう。しかし，収集方法が異なることによって，利用者の不利益にならないようにすることが大切である。利用者に応じて情報収集を行うということは，一見「クライエントを個人としてとらえる」という原則にかなっている。しかし，情報収集を行うワーカーの予断が入り込まないとは

いえない。人間は自分の関心に沿って相手をみる。ワーカーとてそれに無縁であるとはいえない。インテーク段階での情報に印象的な出来事があり，ワーカーがその原因解明に後々まで引きずられることがある。その原因が利用者の内面に焦点づけられ，環境に関する情報を軽視するような傾向が生じてしまうこともある。結果として情報収集に偏りが生じてしまう。このことが次段階の援助計画をつくったり，介入したりする際に見当はずれなものにさせてしまう。また，専門機関の都合・関心，いい換えれば専門機関の機能や守備範囲という観点から情報収集を行ってしまい，利用者の情報収集が偏ってしまう。

　利用者に関する情報は無限にある。関連を探っていけば，どこまでもつながっていく。したがって，情報は集めなければならないということになる。しかし，底なし沼に立ち向かっても，際限はない。どこかで区切っていかなくてはならない。かといって援助計画をつくるためには不可欠な情報というのもある。やみくもに情報を集めるのではなく，援助するために必要な情報を収集していく合理的で効率のよい方法を模索することが重要である。もちろん情報収集に「秘密を保持して信頼感を醸成する」という原則は適用される。情報はなんでも集めればいいというものではない。特に，利用者の個人生活にかかわる情報収集には細心の注意が必要である。

3───アセスメント

　アセスメントは，問題解決のための援助計画を策定する前に利用者や利用者の抱える問題の全般的な把握と理解のためにある。ワーカーは集めた情報から利用者の問題や要因，解決すべき問題の焦点づけ，利用者の有する解決能力などを見定め，問題解決の方針と方法を探る。その意味で事前評価と呼ばれている。

　ただし，アセスメントという概念は近年注目が集まったものであり，いまだ定義や方法として確立していない。今後の研究の課題といえるが，アセス

メントを行う際に役に立つツールは開発されはじめている。例えば，利用者の環境を視覚的にみやすくしたエコマップ，家族状況をわかりやすく視覚化したジェノグラム，などである。これらのツールによって，利用者に関する長文の生活歴などを記した書類よりも，一見してわかりやすい工夫をしている。これらにより効率的なアセスメントが可能になっていくだろう。

4———援助計画

　援助計画は，具体的な援助の計画を策定することである。もちろんワーカーと利用者との合意が不可欠であることはいうまでもない。
　具体的な援助計画は，情報収集やアセスメントを基礎としている。援助計画では，次のようなことを決めていく。
　まず，援助目標である。しかも，この目標が達成されると現在の利用者の生活が大きく変わると思われる目標である。この目標は，もちろん利用者との意志疎通がなければならないことはいうまでもない。
　次に，その援助目標を達成するためには，いくつかの具体的でわかりやすい小目標が設定されなければならない。それらの小目標には優先順位がつけられる。すべての小目標を達成することが援助目標の達成になるようにするのである。
　さらに，小目標の達成のために必要な社会資源やサービスが何であるか，それらへの働きかけはだれがするのか，期限をどう定めるか，などの具体的で利用者にもわかりやすい計画を立案するのである。もちろん利用者とともに援助目標の設定，計画立案をしていくことが望ましい。援助目標や具体的な援助計画が策定される段階は，それをワーカーと利用者の両者の合意があってこそ成り立つものである。

5───介入

　援助計画に沿って，利用者の問題の解決を図るために，ワーカーが働きかけることを介入という。これまで人間は環境との間に調和を保とうとし，利用者とはその調和を保つことができなくなっている人であるとしてきた。ワーカーは利用者と環境との間に焦点をおく。その間に入り込むという意味で介入という。

　介入方法は，直接介入と間接介入という二つの方法を用いる。利用者自身のパーソナリティや問題に対処する能力などになんらかの問題がある場合，環境という側面よりも利用者に直接働きかけるので直接介入という。一方，利用者に直接働きかけるのではなく，利用者の環境になんらかの問題がある場合，その要因を取り除き，そのことにより利用者が環境と調和を保てるようにすることを間接介入という。

直接介入

　直接介入は，利用者のパーソナリティなどに直接働きかけ，問題解決を図る方法である。その意味での信頼関係が重要であること，ケースワークの原則に即した働きかけがワーカーに必要であることも示した。その際，ワーカーは関係の三性質を使い分けながら，よりよい援助を行っていくのである。

間接介入

　間接介入は，利用者に問題を生じさせている環境などに働きかけ，その解決や改善を通して利用者の問題解決を図る方法である。ケースワークの歴史において，間接介入は直接介入に比較して軽視されてきた。利用者の内面に焦点を当てすぎた結果，ケースワークは直接介入がメインであるかのような錯覚に陥ってしまった時期があった。実際には，直接介入か間接介入かという二者択一ではなく，両介入をワーカーがバランスよく用いることのほうが

第6章　個別援助技術(2)

多い。

　間接介入をより強く主張する理由は，人間は周囲の環境に左右されると同時に，その環境が改善されれば，その人間は自分自身の能力を発揮して環境との調和を保つことが可能になるという発想に依拠している。利用者の家族への介入を思い浮かべていただければ納得しやすいであろう。これまでは家族関係の調整という言葉がよく使われてきたが，これは間接介入そのものである。また，利用者が必要としている社会資源やサービスの提供や活用もこれに相当する。したがって，間接介入には利用者と環境との間の結びつけ，仲介，調整，権利擁護，技術支援，教育などが含まれる。

　介入は，ワーカーが一方的に働きかけるだけではない。一方的に働きかけることは，一方的関係によって働きかけることである。つまり，ワーカーの判断によって働きかけるということである。繰り返してきたように，信頼関係というのはインテーク段階で確立するものではなく，ケースワーク過程のなかで構築され，維持され，展開されるものである。したがって，相互的関係や循環的関係によって，関係をつくったり見直したりしながら問題解決を図っていくことが求められる。ケースワークはワーカーと利用者という二者関係で構成されている。この二者関係であるがゆえに，ワーカーが働きかけた援助の内容がなかなか外部にはみえにくい。ある意味では閉鎖的関係に陥りやすい。そのため相互的関係によって援助されている場合はまだしも，ワーカーと利用者の間がぎくしゃくしたり，不信感が互いに芽生えたりすると，関係が硬直する。関係が硬直すると，両者がなんとかこの関係を打開しようと試みるのだが，通常はワーカーのほうが関係性において優位にあるので利用者を一方的に黙らせたり従わせるような働きかけになりやすい。結果，関係性そのものが崩壊してしまうことになりかねない。このようなことがないように，循環的関係が求められているのである。

　近年，モニタリングという概念がいわれ始めている。モニタリングとは，問題解決のための援助がうまく機能しているか，そのことを追跡していくこ

とである．第三者が行うほうがよいとされているが，ケースワークではワーカー自身が過程のなかで自然に行っている．しかし，二者関係以外にはみえにくいというケースワークの性質上，十分にモニタリングという機能が発揮されているとはいい難い．通常は，スーパービジョンがそれに代わる機能ということになる．

6——評価

　評価とは，介入の結果，どのような効果があったか，また効率的であったかを判定することである．しかし，わが国では評価の基準が曖昧である．どちらかというとワーカーなどの主観によって評価されている．例えば，「うまくいってよかった」というワーカー自身による評価もあれば，ケースカンファレンスなどでの集団による会議で評価が下される場合もある．ひどい場合では，先ほどの二者関係のなかで硬直したままの関係が継続し，省みられることなく放置されているケースもある．これでは評価できない．ただ，だらだらと名目上の介入という働きかけが行われているだけになってしまう．

　今後，評価基準の開発や試行を繰り返しながら，わが国にも評価を重視する文化が生まれ，ワーカーや利用者の満足度や達成度などの主観的尺度のみに頼らない評価基準をつくっていく必要があるだろう．アセスメントや計画策定などは集中的にその基準づくりが進められているが，介入やモニタリング，評価のための基準づくりが遅れているのが現状である．よりよい援助を模索するためには，ワーカーの自己完結に陥ることなく，客観的尺度による評価によってワーカー自身の援助行為を見つめ直すことが求められるであろう．

　この評価から利用者の問題解決や援助目標の達成ができないと判断されたときには，再びアセスメントを行ったり援助計画を変更したりする．

7────終結

　利用者の問題解決となったときに，ケースワークは終結する。終結は普通，両者が納得したかたちで行われるものである。終結は援助関係の終了でもある。ただ，二度と出会わないわけではない。必要があれば，関係は再開されることもあるということ，再開というほどではないにしても何か困ったことがあった際に単発的な相談にも応じるということなどは実際にありうる。終結の前にワーカーと利用者が合意しておくことである。

　終結を決める時期は，どうしてもワーカー側のほうが遅れる傾向にある。これは心配が先に立つというワーカーの志向性があるからである。終結に近くなると，面接場面で利用者から終結の合図や信号が出されることがある。しかし，ワーカーは「転ばぬ先の杖」を絶えず念頭に置いているので，ついずるずると終結が遅れてしまうことになってしまう。循環的関係を用いながら，ワーカー自身が利用者にどのように映っているかに気づき，終結を探っていくための見直し作業に取りかかっていく必要がある。

第③節　活用と留意点

　ケースワークを活用して実際に援助を行うワーカーは，どのような点に留意して援助すればよいのであろうか。そのすべてに言及することは紙面の都合上困難であるが，中井久夫の著作を借用して重要な点をいくつか述べることにする。[3]

　第一は，利用者に有益でない質問などを行わないことである。インテーク

▶3　中井久夫「分裂病の精神療法──個人的な回顧と展望」土居健郎・笠原嘉・宮本忠雄ほか編『治療学』〈異常心理学講座9〉みすず書房，1989年。

段階では特にそうである。利用者との間に信頼関係を構築することが大切で，根掘り葉掘り聞き出す行為は利用者にとって侵略に近い。有害なことはしないというのはケースワークのすべての過程に適用できる。利用者によっては，過程を進めていくことだけに価値を置けないこともある。利用者は些細なことでつまずいたり，問題や状況が悪化したりすることもある。ワーカー自身が利用者の先々が見通せないようなときに，利用者を脅かすような有害な質問による侵略を行わないことが肝要である。と同時に，現状維持を心がけるほうが無難である。

　第二は，だからといって現状維持ばかりでは事が進まないこともある。有害性が予見されないかぎり，よいと思うことはやってみて，だめならさっとやめるという姿勢も必要である。ケースワークの原則にこだわらないほうがよいときもある。およそ原則とは，限定された条件の下で適用されることだと考えたほうがよい。一方的関係のところで示したように，利用者が混乱しているとき，「クライエントの自己決定を促して尊重する」原則が適用できないのと同様である。

　第三は，第二でだめだとわかって撤退したとき，つまり失敗したときの対処である。利用者に「ごめんなさい」と謝ることも信頼関係の構築には必要なときがある。専門職は失敗しない，またはしてはならないという頑(かたく)なな態度はあまり感心しない。専門職は絶対に援助を失敗しないとする前提に立つのではなく，大失敗をしないようにすることや失敗数を減らしていくことを優先したほうがよい。もちろん失敗しないほうがよいに決まっている。しかし，現任ワーカーで失敗をしたことがないワーカーなどいないのである。どちらかといえば，失敗から学び，次の失敗をしないようにするのがワーカーが一人前になっていく定石である。

　第四は，ワーカー自身ができそうもないことを利用者に望まないことである。例えば，宝くじに当たるような確率のようにまれにしか起こらないことを援助目標にしてはならない。また，ワーカー自身が先を見通せないときに，利用者に何をしたいかなどと尋ねてはならない。そのようなときには，

第6章　個別援助技術（2）

利用者の環境が変化してなんらかの介入するチャンスを待つことである。それまでは現状維持を保つことである。

　第五は，できることは可能なかぎり利用者といっしょにやってみることである。面接での助言だけで解決することは少ないと考えたほうがよい。例えば，食事をつくりたいというニーズをもつ利用者に，面接室で食事づくりのコツをどれだけ説明しても効果は少ないのである。いっしょに食事をつくることが大事である。信頼関係の構築という点からも推奨される。また，いっしょに行えば，食事づくりでつまずいてしまう利用者の問題も理解しやすい。このように時間や空間を共有することが大事なのである。

　第六は，一方的関係のところで示したが，強制とか指導とかをできるだけ避けるようにすることである。利用者に強制したり指導したりすることに慣れてしまうと，利用者の気持ちやニーズがわからなくなるからである。また，ワーカーに循環的関係が作動しなくなるからでもある。

　第七は，初心者は当分の間，効率を求めないことである。効率よくスマートに援助しようとしないことが大事である。効率を求めることは，ワーカー自身の都合や関心を優先させてしまう危険性がある。ワーカーになりたてのころは，バレーボールにたとえれば，相手からのサーブやアタックを拾って拾いまくるぐらいの姿勢で，打ち返すことはできるかぎり控えたほうがよい。とりあえず相手の言い分や気持ちを理解しようと試みることである。傾聴とはそのことを意味する。初心者は若く体力もある。効率という観点から，体力の消耗を省力化してはならない。例えば情報収集の際，情報を家族や関係職種から得ることがあるが，それを鵜呑みにせず，「百聞は一見に如ず」というモラルを採用し，実際にワーカー自身の目でその情報を確認することである。現場主義である。中堅者以上は，効率性を次第に身につけていくことが肝要である。しかし時折，効率性だけで援助行為を行っていないかどうかを自己言及し，チェックすることも大事である。

　第八は，特別な利用者をつくらないことである。ワーカー自身の興味のある利用者をつくらないという意味である。えこひいきしてしまうからであ

る。決して個別担当ということを否定しているわけではない。

　ただし，これらのことが守られなければワーカーとして成長しないという意味にとらえてもらうと窮屈になる。どちらかというと大失敗しないようにすること，失敗数を減らしていく努力によってワーカーとして一人前に近づいていってほしい。また，そのための知識や技術習練のトレーニングこそがワーカーに求められている。だからこそ，循環的関係をワーカー自身のなかに常設回路としておくことが求められているのである。ケースワークは関係のなかにこそ息づくものなのである。

第7章
集団援助技術（1）

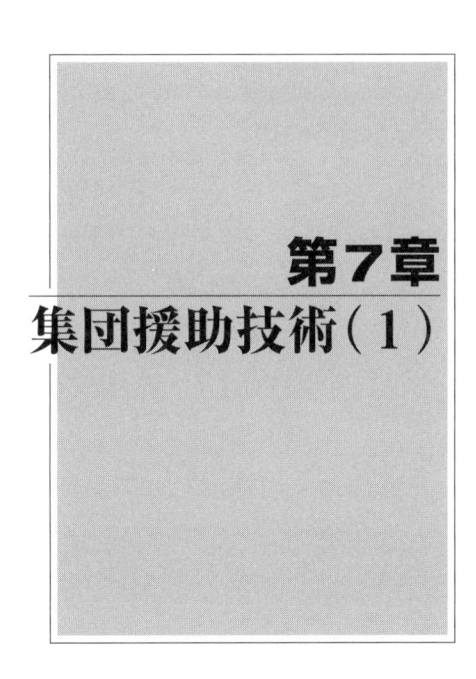

第①節　集団援助技術の概要

1———集団援助技術の定義

　集団援助技術とは，社会福祉における主要な援助技術の一つで，ソーシャル・グループワーク（social groupwork）ともいわれている。集団援助技術は，個別援助技術（social casework）とともに，直接援助技術として分類されるが，個別援助技術が個々の対象者に焦点を当てるのに対して，集団援助技術は，対象者集団に焦点を当て，集団の場を用いて，対象者個々人の社会生活能力を回復・強化し，社会生活上の問題解決や成長を図るものである。
　ここでは，社会状況の変化に伴い変遷を遂げてきた集団援助技術の定義・

第7章　集団援助技術（1）

理論モデルのうち，代表的なものを紹介しておく。

G.L.コイル（Grace L. Coyle）

「グループワークの母」と呼ばれる。1946年の全米社会事業会議（NCSW）では，グループワークをソーシャルワークの一方法として取り上げ，その位置づけを明確なものとした。

「ソーシャル・グループワークとは，任意につくられたグループで，余暇を利用して，グループリーダーの援助のもとに実践される一種の教育的活動であり，集団的な経験をとおして，個人の成長と発達をはかるとともに，社会的に望ましい目的のために，各成員が集団を利用することである[1]」

アメリカ・グループワーカー協会（AAGW）

1946年，グループワークの専門職団体であるアメリカ・グループワーク協会（AAGW）が発足。1949年に採択された定義は，その後，標準的な定義として広く用いられた。

「グループワーカーは，各種のグループを援助して，グループ相互作用とプログラム活動によって，個人の成長と，望ましい社会的諸目標が達成できるようにつとめる[2]」

G.コノプカ（Gisela Konopka）

1963年に『ソーシャル・グループワーク』において発表されたコノプカの定義は，わが国ではよく知られている。彼女は，セツルメントなどで展開されてきた伝統的なグループワークの実践モデルを，コイルらの理論的貢献のうえに発展させ，「社会的諸目標モデル」として構築したことで知られてい

---

[1] 保田井進・硯川眞旬・黒木保博編著『福祉グループワークの理論と実際』ミネルヴァ書房，12頁，1999年。
[2] コノプカ, G.（前田ケイ訳）『ソーシャル・グループワーク』全国社会福祉協議会出版部，20頁，1967年。

る。
「ソーシャル・グループワークとは、ソーシャルワークの一つの方法であり、意図的なグループ経験を通じて、個人の社会的に機能する力を高め、また個人、集団、地域社会の諸問題により効果的に対処しうるよう、人びとを援助しようとするものである[3]」

ヴィンター（Robert D. Vinter）

1965年版の『ソーシャルワーク辞典（NASW Encyclopedia of Social Work）』では、「治療的モデル」の代表的な研究者であるヴィンターによってグループワークの定義がなされている。治療モデルは、グループワークの目的を個々のメンバーを望ましい方向へ矯正したり治療することにおいた点に特徴があり、「予防的およびリハビリテーション的モデル」とも呼ばれている。
「小さな対面グループのなかで、またそのグループを通じて、クライエントである参加者に望ましい変化をもたらすために、各人に働きかける一つの方法である[4]」

シュワルツ（Schwartz William）

1961年『グループワークにおけるソーシャルワーカー』、1971年『グループワークの実際』を著した「相互作用モデル」「媒介モデル」の代表的研究者。「専門職としてのソーシャルワーカーの一般的任務は、個人とその社会が自己実現への相互的要求を通じて、相互に手を差し伸べようとする過程を媒介することである[5]」として、ソーシャルワークの統合化の視点から、グループワークのみならず、ソーシャルワーク固有の機能を「媒介」として明示した。

つまり、グループワークをソーシャルワークという方法の一つの特殊なケースと見なし、グループを媒介としながら個人と社会組織が互いの利益の

▶3 ▶2に同じ、27頁。
▶4 大利一雄『グループワーク―理論とその導き方』勁草書房、33頁、2003年。
▶5 ▶4に同じ、37頁。

ために相互援助システムとして機能することを目的においている。グループワーカーには、グループメンバー間においてメンバーが相互に助け合うことによって共通の課題に取り組めるようになる理想的な状態、つまり相互援助システムをつくり出すことができるよう、媒介者としての役割が求められている。[6]

2 — 集団援助技術の構造

集団援助技術を用いる状況は、①援助者、②サービスを必要としている利用者、③利用者が参加しているグループ、④グループが行っているプログラム活動、⑤サービスを提供している施設・団体・機関および関連する社会資源、の五つの要素から成り立っている。つまり、❶援助者が、❷援助者と利用者とのソーシャルワーク関係、❸グループメンバー相互の関係、の2種類の人間関係を意図的に用い、❹プログラム活動を展開しながら、❺社会資源を適切に活用し、目標を達成していく方法が集団援助技術である。援助者は、目標達成のために、援助者自身を含む❶〜❺の「援助媒体」の特質を深く理解しておく必要がある。

第 ② 節　集団援助技術の援助者

1 — 援助者の機能と役割

集団援助技術における援助者とは、具体的には、社会福祉施設などで、グ

---

[6] 福祉士養成講座編集委員会編『社会福祉援助技術論Ⅰ』(新版第3版)〈社会福祉士養成講座⑧〉、中央法規出版、177頁、2006年。

ループ活動を援助している介護職，保育士，指導員・ソーシャルワーカーをいう。社会福祉以外の分野においては，保健所や病院で働くソーシャルワーカー，家庭裁判所の調査官，保護観察所の保護観察官がこれに当たる。また，YMCA，YWCA，ボーイスカウトやガールスカウトといった各種社会教育団体の職員もこれに含まれる。さらに，集団援助技術のプログラム活動においては，職員の指導のもとに，大勢のボランティアが援助者の役割を果たしている。

このような援助者には，集団援助技術を実践していくうえで，①グループ全体およびグループメンバーに対する役割，②社会的機関（援助者の所属機関および施設），③社会または一般の地域社会（援助者の所属機関または施設の設置されている地域社会）に対する役割，を果たさなければならない。実際には，この三つの役割は関連し合っているものであるが，ここでは，援助者が集団援助技術を展開するうえで，最も重要な①の役割に焦点を当て，以下，その果たすべき機能について，H.B. トレッカーのあげている7項目に沿って示す。[7]

① 目的をもった相互関係を設定する機能

　個々の利用者のニーズを把握し，プログラム活動に参加したことによる援助的効果を予測したうえで，目的を明確にもったグループをつくる。

② グループの状況を分析する機能

　プログラム活動におけるグループそのものの動きを見守り，その発展段階を客観的に分析，グループのニーズを把握する。

③ グループへの参加・協力を促す機能

　グループメンバー全員がプログラム活動に参加できるように助け，自分たちの活動に責任をもち，相互に援助し合えるように働きかける。

④ グループの感情を扱う機能

---

[7] 福祉士養成講座編集委員会編『社会福祉援助技術各論Ⅰ』〈社会福祉士養成講座⑨〉，中央法規出版，134頁，1989年。

グループメンバーに，その積極的，消極的，両面の感情を発散させる。
また，それによってできるグループ内の小グループ間の動向をよく把握し，摩擦が起こったときには，利用者自身が情勢を分析できるよう働きかけ，調整を図る。
⑤ プログラムを発展させる機能
個々の利用者の関心とニーズを理解し，それらをプログラム活動として展開できるよう援助する。例えば，プログラム活動において，個々の利用者の個性を発揮させ，能力を引き出せるよう，それぞれがリーダーシップを発揮できるようなプログラムを工夫する。
⑥ ほかの社会資源を活用する機能
利用者が利用しうる各種の有用な社会資源に関する情報を収集し，提供する。また，利用者のニーズにおいて，グループ内で対応不可能なものについては，ほかの機関への利用を促す。
⑦ 記録・評価する機能
プログラム活動におけるグループの発展段階を客観的に記録するとともに，個々の利用者の活動状況および援助者としての自らの働きを適切に評価し，次の展開に用いる。
援助者は集団援助活動の実践主体者であり，グループ全体を把握しながら，かつプログラム活動における個々の利用者の動きに目を配り，適切な対応をすることが望まれている。そのためにも，援助者は基本的には集団の外側に位置し，常に客観的な立場を失ってはならない。一方，その活動は常に利用者とともにあるので，援助者と利用者との関係は権威的でない，親しみに満ちた，形式張らない性質のものであるよう努めなければならない。▶8，9

▶8 　トレッカー，H.B.（永井三郎訳）『ソーシアル・グループワーク』日本YMCA同盟，34～36頁，1957年。
▶9 　福祉士養成講座編集委員会編『社会福祉援助技術』〈改訂介護福祉士養成講座⑤〉，中央法規出版，195頁，1992年。

2 ──── 援助者の実践原則

　集団援助技術を実際に用いるときに，援助者が基本的に心得ておかなければならないことが「実践原則」である。援助者の行動は，集団援助技術が用いられる場によって，また利用者のニーズや能力によっても，違ってくる。しかし，ここでは，G. コノプカの示す原則に沿って，すべての援助者に共通する基本的な七つの実践原則を取り上げる。

個別化の原則

　これは個々の利用者および集団の主体性を尊重し，その個性を引き出せるよう，かかわりをもつことを意味するものである。

　集団援助技術は個々の利用者のニーズや問題をグループ体験を通して解決していく方法であるので，援助者はまずグループのなかの一人ひとりを独自の存在として理解し，その人間性とニーズの個別性を認めることが大切である。そのためにも，援助者は利用者の生活歴，家族構成，心身の状況・経済状況，趣味，性格，価値観，行動の特徴および集団経験の有無といった基本的な項目について理解しておかなければならない。また，その活動にあたっては，一人ひとりの動きに絶えず注意して，多様な役割を用意するなどプログラムを工夫し，利用者が自分に必要なグループ体験ができるように援助することが大切である。

　さらに，利用者が一人ひとり違うように，グループに対しても先入観をもたず，独自の存在としてとらえ，その個性を尊重し，その可能性を十分に引き出せるようにすることが大切である。グループを個別化するためには，グループが成立した過程，グループの構造（目的・規範・利用者の役割），グループの雰囲気，他グループとの関係などを把握したうえで具体的な援助内容や果たすべき役割を決めなければならない。

第7章　集団援助技術（1）

受容の原則

　受容とは，利用者の態度や行動，感情を自己の価値基準で一方的に判断せず，利用者をありのままに受け入れ，援助し続けることである。援助者に受容的態度が欠けているならば，利用者の気持ちを汲み取り，共感することはできないし，信頼関係も育ちにくい。援助者はその気持ちを言葉や行動で利用者に伝え，受容的な態度を取り続けることによって，利用者やグループとの間に信頼関係をつくっていくことができるのである。

　また，この際，援助者が気をつけなくてはならないのは，すべての利用者に偏りなく働きかけることである。

　さらに，グループ内にできた小グループ間の葛藤もグループの現状としてありのまま受容し，その背景や経過を理解し，利用者自身が情勢を分析できるよう働きかける。そうすることによって，利用者は互いをありのまま受け止め，受容し，グループとして発展していくことができるのである。

参加の原則

　集団援助技術の展開過程において，利用者は活動に実際に参加し，そこでの体験を通して成長・変化し，課題を達成することができる。そのため，援助者は個々の利用者がより積極的にグループ活動に参加し，ほかの利用者と交流できるように働きかけなければならない。

　ただし，参加能力には個人差があるので，個々の現状から出発し，決して無理強いしないことが大切である。利用者の主体的な参加こそが重要な意味をもつのである。

　利用者は個々の能力に応じて活動に参加し，利用者間の相互作用の繰り返しの過程でグループ内に自らの役割を見いだし，「自分もほかの人の役に立つ」ということを実感し，自己存在感を得て，その能力をさらに高めていくことができる。

　援助者は利用者がそれを遂行していく過程を助けるのである。そのためには，援助者が個々の利用者にふさわしい役割を提供するなど，一人ひとりが

グループ全体に貢献できるような機会を設け，利用者の可能性を引き出していくことも重要である。ただし，その際でも，援助者は自分がリーダーシップをとり，どんどん決めてしまわないよう注意しておかなければならない。

体験の原則

集団援助技術では，グループ内でさまざまな人間関係を体験し，利用者一人ひとりが成長していくことに意義がある。人とかかわり，協力し合って，プログラム活動を成し遂げた喜びを味わうこと，また，あるときには悔しさを共感することは信頼関係を実感し，自己発見の機会となる。

さらに，課題を解決する過程を実際に体験することで，新たな困難に対してもその人なりの方法で乗り越えていくことができるようになるだろう。

葛藤解決の原則

グループには，利用者同士が対立したり，傷つけ合ったりするといったようなことがしばしばみられるが，そうしたとき，利用者のなかには緊張し，不安や不満を募らせ，葛藤状態に陥る者も少なくない。

しかし，そうした状態は相互作用の結果として当然起こってくるものであり，その葛藤を解決する過程を体験していくことこそが，グループの今後の方向性に大きな影響を与えるのである。

そのためにも，利用者はそうした葛藤状態を自分たちで克服していくことが大切であり，援助者はグループが直面している問題の状況を分析し，それをいかに解決していくかをグループ全体，さらには個々の利用者に問いかけ，雰囲気を和らげながら，解決に向けてともに話し合えるように援助していくことが必要である。

制限の原則

制限とは，利用者の行動に限界線を引くこととしてとらえられている。

グループ運営においては，グループのめざす目標から外れないよう，ま

た，ほかの利用者の身体的，心理的健康のために，さらには，利用者がこの制限を乗り越えて成長していけるよう，利用者同士が互いに注意し合ったり，制約し合うことも大切である。具体的には，身体的，精神的に傷つけ合うことがないよう，その行動を制限，保護したり，グループで決めた約束事を守らない利用者には注意を促し，責任ある態度が取れるようにする。

また，援助者は確固たる態度で行動を制限することと同時に，そのときに起こる相手の抵抗感情をよく理解したうえで，それを最小限に食い止められるよう，新たな方法やはけぐちも示すなどの工夫をすることが大切である。

継続評価の原則

グループのプログラム活動が展開される過程において，利用者の動きはその都度微妙に変化するが，援助者はそれがグループ全体にマイナスの動きをもたらす場合は，その状況を分析し，適切な援助によりプラスに変容させていくための工夫をしなければならない。また，次の課題を設定するためにも，活動がどのような効果を上げ，課題がどの程度達成されたかを常に振り返り評価することが，援助者にとっては必要不可欠である。

援助者は活動を終える度に記録を書き，グループ活動が個々の利用者やグループにどのような効果をもたらし，個々の利用者およびグループがどう変わっていったかを評価するが，内容によっては毎回の記録をもとにして3か月後，半年後，1年後というように期間を区切って，定期的に評価をすれば，利用者とグループの変化がよりいっそう明確になる。また，その際には，経過記録に加えて，個々の利用者の特別な行動傾向に関する観察や考察または評価尺度によるデータ，ほかの職員の観察・考察，さらに，利用者が自分たちのグループをどのように評価しているかを話し合いや調査を通して把握し，総合的に評価していくことが望ましい。

評価のポイントとしては，個々の利用者のニーズは何か，グループの相互作用はどういう状況か，利用者の活動に対する参加状況，自発性，協調性はどうか，またプログラムは適切であったか，援助者の働きかけは適切であっ

たか，社会資源の活用のしかたはこれでよいか，といったことが具体的にあげられる。▶10, 11

第 ③ 節　集団援助技術の援助媒体

1——援助者と利用者とのソーシャルワーク関係

　人は援助を必要とする理由があって福祉サービスの利用者となるが，集団援助技術における利用者は，①ニーズを抱えた当事者，②当事者をケアしている人々，③社会的な活動を行っている人々，の三つに大別される。

　援助者は，利用者がグループに参加し利用者となった時点で，グループ全体の共通した目的（例えば，課題達成の成就感を経験することや役割を与えられ集団に貢献することなど）のほかに，個々の利用者の個人的ニーズについても把握・理解し，適切に援助しなければならない。

　人はさまざまな社会集団のなかでの経験を通して社会的行動を学習していくが，利用者のなかには，過去の経験からほかの人々と人間関係がうまくもてなかったり，グループを敬遠しがちな人が少なくない。援助者は，個々の利用者がグループそのものに対してどういう感情を抱いているのか，グループのなかでどのように行動する傾向があるのかを十分に把握したうえでプログラムを計画し，そのような利用者こそが楽しいグループ経験をできるように援助しなければならない。

▶10　コノプカ, G.（前田ケイ訳）『ソーシャル・グループワーク』全国社会福祉協議会出版部，231～236頁，1967年。
▶11　▶7 に同じ，137～139頁。

2───グループと利用者の相互関係

　集団援助技術の対象となるグループには，①自然発生的なグループ（施設のホールやラウンジなどで自然にできてくるグループ），②生活の基礎集団（施設の居室グループなど），③友人関係中心のグループ（老人クラブなど），④趣味活動などのグループ（施設のクラブ活動や地域福祉センター内でのグループなど），⑤ケアに当たる人の支援のためのグループ（寝たきり高齢者の家族会，不登校児の親の会など），⑥治療教育のためのグループ（知的障害児のグループ，リハビリテーション・グループなど），⑦課題達成のためのグループ（行事運営委員会や施設入所者の自治会など），⑧自助グループ（断酒会など），⑨社会活動グループまたはソーシャル・アクション・グループ（高齢者への給食サービスを考えるグループなど）▶12がある。

　同じ悩みや，同じ課題を抱えている人たちといっしょにいるという状況は，互いの不安を減少し，問題解決に対して取り組んでいこうとする力を生み育てる。しかし，同じような状況にある人が集まりさえすれば，自然に相互作用が生じ，常によい結果が得られると期待するのは楽観的すぎる。集まってもほとんど相互作用は生じないかもしれないし，むしろ互いに対立し，傷つけあった結果，反感，拒否，攻撃，疎外感，孤立感が強まり，前よりももっと悪い結果に終わるかもしれない。

　すなわち，単なる人の集まりに過ぎない状態から，互いに助け合う集団に育つまでにはいろいろな働きかけが必要である。グループには，本来，利用者同士が影響し合い，援助し合う働きがある。集団援助技術とはこの相互作用を有効に活用し，課題を達成していく方法であり，援助者は適切な援助を行いながら，集団化の過程を根気強く進めていかなければならない。

　援助者は一つのグループを担当するとき，以下のような点を把握していな

▶12　福祉士養成講座編集委員会編『社会福祉援助技術』（三訂第2版）〈介護福祉士養成講座⑤〉，中央法規出版，130頁，1997年。

ければならない。
　①グループの形成過程（どのようにできたのか），②グループの目的（人間関係が中心か，治療教育のためか，社会参加のためかなど），③メンバーシップの条件（どのような人がメンバーになれるのか），④グループの構造（利用者間にどのような役割や地位があるのか），⑤グループの規範（グループにはどのような規則や暗黙のルールがあるのか），⑥グループの相互作用（利用者間のコミュニケーションや人間関係，意思決定の方法，グループへの意識はどのようなものか），⑦グループのプログラム活動（具体的にどのような活動をしてきたのか），⑧ほかのグループとの関係（そのグループが施設内でどのように位置づけられているのか），⑨職員や施設との関係（利用者は職員や施設とどのような関係をもちたいと思っているか），⑩グループとしてこれまで活動してきたことおよび当面する課題。[13]

3───プログラム活動

　集団援助技術における「プログラム」とは，個々の利用者およびグループのニーズに対応するために行われる，あらゆる活動の総称概念である。具体的には，利用者のニーズを把握するための資料の収集と分析，それに基づく目的設定，ついで立案計画，実施，評価に至る一連の過程を意味する。
　プログラム活動とは，そのプログラムの中核であり，グループがその目的達成のためにプログラムを選択し，具体的に活動していく過程をいう。プログラム活動には大きく分けると，次の五つが考えられる。ここでは，素材の種類ごとに特徴や性質，効果について示す。
①　レクリエーション（趣味・芸能，音楽，舞踊もの，勝負もの，演芸，行事もの，ゲーム，軽スポーツ，そのほかの野外活動など）
　　打ちとけた雰囲気をつくり出し，活動を盛り上げ，集団内の人間関係，

[13] [12]に同じ，130〜131頁。

第7章　集団援助技術（1）

相互関係の活性化，集団づくりに役立つ。
② ディスカッション（自由討議，パネルディスカッション，シンポジウム，コロッキー，レクチャーフォーラム，バズ・セッション，対立討議など）
　相互の話し合いのなかで自己存在を知らされ，自他ともに人格的発見がある。テーマは，生活に密着したものを選定することが大切である。
③ 社会的活動（奉仕・ボランティア活動など）
　プログラムの性格にもよるが，公共施設，病院，社会福祉施設などかかわりをもつ活動の場を選出するなど，社会との関係づくりを通して利用者の視野の拡大を図り，社会参加の意識を体感することができる。
④ 儀式（朝・夕の集い，キャンプ・ファイアーなど）
　自由な自己表現の場面であると同時に，自分を見つめる場面としても有用であり，集団の意識を高めるきっかけをつくることのできる素材である。またけじめをもった生活習慣の基本を身につけることができる。
⑤ 見学，共同研究（福祉マップの作成，車いす体験など）
　地域社会への参加の機会となるように，グループの側から地域へ情報提供したり，新たな資源の発掘に向けて活動するようなプログラムを工夫する。[14,15]

　こうしたプログラム活動を通じて利用者間の相互作用は活発化し，個々の利用者はさまざまな経験を通して変化，成長し，問題解決に向け，自らの状況判断に基づいて努力する姿勢を学ぶのである。つまり，プログラム活動の展開過程において，利用者は外的経験（プログラム活動の内容そのものを学びとること）と，内的経験（プログラム活動を通して生き方や，人間存在の重要性，相互尊重の重要性などを学びとること）を体感するが，この外的経験から内的経験への過程が集団援助技術本来の課題となるわけである。[16]

▶14　▶7に同じ，128～129頁。
▶15　根本博司編著『社会福祉援助技術』（三訂）〈介護福祉士選書5〉，建帛社，183頁，1996年。
▶16　▶7に同じ，127頁。

したがって，プログラムの作成に当たっては，プログラム素材に含まれている要素を考慮し，利用者のニーズに即しながら，それを組み合わせていくことが重要な課題となる。
　そのためには，援助者は，利用者のニーズを常に把握していなければならない。その場合，言葉あるいは行動によってストレートに表現されたものだけではなく，態度や行動の背景に隠されている言葉にはならないもの，ときには思いとは逆の行動になって現れるものにこそ目を向けておく必要がある。
　そのうえで，以下，プログラム活動にあたっての留意点を具体的に示す。
① 利用者の興味，ニーズおよび実力に合致したプログラムを選択する。
② 個々の利用者が自由に自己表現できるよう，いろいろなタイプのプログラム素材を組み合わせる。
③ どんな場でもどんな状況下にあっても体験したことが，そこで生かせるような要素を潜在的に保有しているプログラムにする。
④ プログラム活動におけるグループおよび利用者の反応は，個々別々，独自であることを頭に入れておく。
⑤ プログラム活動は，目標を達成するための手段であって，目標そのものではないということを頭に入れておく。

4────社会資源

　社会資源とは集団援助活動において利用者のニーズを充足するために用いられる人的，物的資源の総称であり，これらをグループ活動に上手に取り入れることによってプログラムの内容は変化し，利用者一人ひとりの体験はより広がりと深みを増すことになる。また，当該機関が閉鎖的にならないで，地域社会に開かれた存在となるためにも，援助者は発想豊かに，柔軟性をもって積極的に社会資源を活用していくことが望ましい。
　人的資源としては，当該施設や機関の職員のほか，プログラムの内容に

よって，健康に関するプログラムでは医師・看護師・保健師，料理では栄養士，また，リハビリテーションではOT・PT，といった専門家の活用が考えられる。さらに，利用者自身はもちろん，利用者の家族，ボランティア，地域住民，実習生，関係機関の職員などもこれに含まれる。これらさまざまな人的資源の活用はプログラムの内容を豊かにするばかりでなく，さまざまな人と出会うという点でも大きな意味をもつ。

　物的資源としては，施設内の設備（談話室，集会室，和室，作業室，リハビリテーション室，園庭など）や備品（茶器セット，いろいろな形のいす，円卓，AV機器，遊具，楽器など）をグループ活動に応じて整え，効果的に活用する。また，プログラムの内容によっては，施設外の資源としての公園，寺社，ショッピングセンター，喫茶店・レストラン，または文化・教育・福祉・スポーツ施設（美術館，体育館，プールなど）や公共性の高い場所（銀行，駅，公民館など）などを効果的に利用することもいいだろう。さらに，社会的諸制度（自治体からの補助金，各種行事への招待など）を活用して，活動費の援助を受けたり，さまざまな参加の機会を得ることもできる。[17]

　援助者はまずこうした活用可能な社会資源をリストやカードに整理し，常に最新の情報を把握しておく。そして，利用者に情報を提供し，専門職の活用や活動場所，活用備品などについて利用者とともに検討し，プログラムに取り入れていく工夫をする。

　また，援助者にとっては反対に地域へ情報を提供したり，新たな資源の発掘に努めることも重要な役割の一つである。

----

[17] ▶15に同じ，189頁。

参考文献▶Harleigh B.Trecker, *Social Group Work*：*Principles and Practices,* New York, Woman's Press, 1948.

トレッカー, H.B.（永井三郎訳）『ソーシアル・グループワーク』日本YMCA同盟，1957年．

American Association of Group Workers, *Definition of the Function of the Group Worker,* Mimeographed.

コノプカ, G.（前田ケイ訳）『ソーシャル・グループワーク』全国社会福祉協議会出版部，1967年．

Kenneth E. Reid, *FROM CHARACTER BUILDING TO SOCIAL TREATMENT──The history of the Use of Groups in Social Work.*

リード, K.E.（大利一雄訳）『グループワークの歴史』勁草書房，1992年．

伊東よね・小舘静枝・松本佑子編著『社会福祉実践の方法』川島書店，1984年．

福田垂穂・前田ケイ・秋山智久編『グループワーク教室』有斐閣，1979年．

大塚達雄・硯川眞旬・黒木保博編著『グループワーク論』ミネルヴァ書房，1986年．

川田誉音編『グループワーク／社会的意義と実践』〈社会福祉入門講座4〉，海声社，1990年．

北川清一『グループワークの基礎』海声社，1991年．

武田建・大利一雄『新しいグループワーク』日本YMCA同盟，1980年．

保田井進・硯川眞旬・黒木保博編著『福祉グループワークの理論と実際』ミネルヴァ書房，1999年．

大利一雄『グループワーク─理論とその導き方』勁草書房，2003年．

福祉士養成講座編集委員会編『社会福祉援助技術総論』〈社会福祉士養成講座⑧〉，中央法規出版，1989年．

第8章
集団援助技術（２）

第①節　集団援助技術の展開過程

1───準備期

　準備期とは施設・機関において集団援助が必要と判断された利用者たちに対して，援助者が援助を開始するためのさまざまな準備をするところから，実際に予備的な接触を始めるまでの段階をいう。
　以下，援助者がすべきことを順を追ってあげておく。

利用者への個別的理解
　事前に以前のケース記録および担当者から情報を得て，個々の利用者の生

活状況や潜在的な感情，今抱えている問題やニーズを把握しておく。そのうえで，利用者やその関係者と話し合い，解決すべき問題は何か，どのようにして問題を解決したいと望んでいるのか，について確認しておく。

問題・目標の明確化

　前段階で明らかになった個々の利用者のニーズや問題に対して，当該施設・機関で提供しうる集団援助が望ましい変化をもたらすと判断された場合，利用者やその関係者に確認したうえで，個人の問題意識や問題解決能力，興味などを考慮し，グループのあり方やその目標を設定する。

プログラム活動への準備

　前段階で検討された目標を達成するためのプログラム活動をしていくために，利用者の構成，会合時間・期間，場所，費用，設備，プログラムの内容などを考える。

　また，グループが活動していく過程で表面化してくるかもしれないできごと，例えば，どのような雰囲気の集団になりそうか，どのようなコミュニケーションが生まれてくるか，もしもこの集団に障害が起こるとしたらどのようなことか，などをあらかじめ予測しておく。そのためには，個々の利用者のケース記録を読むことはもちろん，スーパーバイザーや同僚の力を借りたり，また施設・機関において過去に実践された記録，あるいは文献を調べること，さらには，情報収集に基づく知的理解ばかりではなく，職員間でロールプレイなどを行ってグループに波長を合わせる準備をしておくことも必要である。

ほかの職員への説明と協力依頼

　集団援助の開始までに，施設・機関に所属する職員に活動の意義や目的を説明し，これから始める活動が，施設・機関が提供する援助方法の一つであることを全員で確認し，各々専門的な立場から支援してもらえる体制をつ

くっておくことが重要である。

利用者との予備接触

　グループへの参加を促していくためには，利用者となるであろう人たち一人ひとりに直接声かけをして，活動の目的や援助者がどのような援助をするかということをできるだけわかりやすく説明しなければならない。また，参加を促したときの利用者の態度や表現内容から，利用者が今回の集団活動に対してもっている感情を理解しておくことが大切である。

出席者の確認

　具体的に，第1回目の活動の日時，場所を決定し，第1回会合の出席者にもう一度案内を兼ねて声かけをしてみる。同時に，出席者，欠席者をある程度把握できるので，ほかの職員にも準備状況や出欠状況を知らせ，施設・機関側の体制を再度整えておく。

記録の準備など

　記録する内容は，そのグループの目的によって異なってくることから，現実的で効果的な記録がとれるよう，記録用紙の様式を事前に検討したうえで，個人用フェイスシート，個人用記録用紙，グループ用記録用紙などを準備する。

2————開始期

　開始期とは，第1回目の集まりからグループとして動き始めるまでの段階をいう。この時期，援助者は，個々の利用者がグループ活動に入っていけるよう，また，利用者間の感情をほぐし，グループとして動き始めることができるよう，援助活動を開始する。さらに，本格的に活動を進めていくための条件や内容について，利用者との間で確認しておくことも大切である。

第8章 集団援助技術(2)

以下，開始期にみられるグループの特色を含めながら，援助の内容について具体的に示しておく。

援助関係の樹立

利用者は新しいグループに対する疑問や不安，緊張，警戒心，もしくは新しい出会いや活動に対する期待，要望といったさまざまな感情や要求を抱いて参加してくる。援助者はプログラム活動の最初にあたって，これら個人の思いをありのままに受容し，不安定な要素が少しでも取り除かれ，グループにスムーズに入っていけるよう援助していかなければならない。

初めて援助者に接する利用者は援助者をグループの中心人物として位置づけ，その発言や行動を注意深く観察している。特に，援助者の利用者への対応を，ほかの利用者は自分に対する対応に置き換えてみているのだということを心にとめておかなければならない。個人を受容するということは，グループを受容するということにつながっていくのである。

グループ形成への援助

互いをよく知らない利用者は自己紹介や話し合いのなかでも援助者のほうを向いてのみ話をする場合が多く，援助者とその利用者との応答になってしまいがちになる。援助者は利用者が互いにどんな人間なのか早くわかり合えるよう，例えば自己紹介でも，単なる名前の紹介で終わらせるのではなく，利用者がどんな背景やどんな関心をもっているのか，互いの共通点があるのか，などについて理解できるような方法を工夫してみる。また，このグループは利用者のためのものであることを意識づけるための援助を意図的にしなくてはならない。グループの名前を皆で考えたりすることも，参加の動機づけにいいかもしれない。また，堅苦しい雰囲気や不安をときほぐすために，簡単なゲームや歌を取り入れてみたり，部屋に花を飾ったり，お茶やお菓子を準備することなども効果的である。

第1節　集団援助技術の展開過程

契約の確認

　ここでいう契約とは，個々の利用者と施設・機関側との間に結ばれる約束であり，両者は確認し合った目的に向かって，それぞれの役割分担に基づいて責任を果たしていくことになる。

　まず，このグループの目的と活動内容については，個々の利用者の参加目的とどのようにつながっているのかということを含めて確認しておく必要があろう。次に，グループ活動を継続していくための諸条件（日時・回数・期間，場所，費用など）について確認したうえで，活動するにあたって利用者同士の役割分担や責任はどうするか，秘密保持など利用者同士の約束は必要ないか，援助者が果たすべき役割とは何かを話し合っておくことが大切である。

プログラム活動への援助

　援助者は準備期に用意しておいたおおよそのプログラム計画を土台に，再度利用者とともにグループの目的と利用者の関心と能力に合ったプログラムを検討し選択して，より綿密な計画を立案していく。

　その際，援助者はこれまでにもっている情報を提供するなど，側面的な援助はするものの，あくまでも，利用者一人ひとりの自己決定によって計画立案ができるよう促していかなければならない。

評価と記録

　第1回目の集まりを評価し，記録する。そのうえで，第2回目以降の集まりについて関係者と話し合いをしたり，必要に応じてスーパーバイザーの指導を仰いで，見通しを立てておく。

3───作業期

　作業期とは，個々の利用者とグループの両者が自分たちの課題に取り組

第8章　集団援助技術（2）

み，目的の達成に向けて明確な成果が出せるよう活動していく段階をいう。この時期，援助者は相互援助が可能になるように両者に働きかけ，利用者自身で主体的にプログラム活動を展開していくことができるように援助する。

以下，作業期にみられるグループの特色を含めながら，援助の内容について具体的に示しておく。

個々の利用者への援助

この時期，利用者は目標の達成に向けて自主的に活動に参加し始める。援助者はプログラム活動における個々の利用者の様子を常に観察し，グループに入っていけない利用者に対しては個別的に援助していくことが必要である。また，個々の利用者の目標を再確認し，利用者がそれに向けてプログラム活動で具体的に行動ができ，なんらかの役割が果たせるよう援助していく。そのためには，個人の関心事を常に把握しながら必要な情報を提供したり，目標達成のための障害となる要因を取り除いたり，また，利用者の成長に応じて，援助目標そのものを再調整していくことも必要である。

グループへの援助

利用者が自由に発言，行動し，互いのことが理解できるようになると，共通の関心，課題，問題をもつ利用者同士には仲間意識が芽生え，いっしょに活動することに魅力を感じるようになる。グループが安定し，まとまりができてくると（凝集性），そのグループ独自の行動のしかたやものの考え方がしだいに明らかになり，利用者間で共有されるようになる（集団基準）。さらに，それに同調するように圧力が加わると（同調作用，集団圧力），プログラム活動における利用者たちの行動や考え方に関しての一定の方向づけがされるようになる（集団規範）。援助者は，グループのなかに互いが互いを援助し合える関係が生まれ，目標達成に向けて自主的にかつ集中して取り組んでいけるよう援助していく。小グループ間での摩擦などグループに障害が起きた場合についても，できるだけ利用者の手で解決していくことができるよう助

けていく。

　また，利用者間の結びつきができてくると，リーダーシップを取る人など，今まで援助者を中心に活動していた利用者のなかにも，少しずつ地位や役割の分化がみられるようになり，グループの構造化が始まる。援助者は適任者がその役割を果たせるよう，グループ運営に必要な情報を提供したり，できるだけ多くの利用者がリーダーシップをとれる機会がもてるよう，プログラムの内容を工夫する。

プログラム活動への援助

　プログラム活動は個々の利用者とグループのそれぞれの目標に焦点を合わせながら，やさしい内容から難しい内容へと段階的に実現可能となるよう部分化して目標達成に向かわせるようにする。また，目標にかなった活動ができているかどうかを絶えず自分たちで確認しながら行動できるように働きかけることも大切である。

　プログラム活動を進めていくうえで発生しそうな障害については，あらかじめ予測し，予防するが，発生した場合には，利用者が克服に向けて取り組んでいけるよう援助する。また，より活発に活動を進めていくうえで，情報が必要になってくる場合には，その情報を提供したり，援助者自身の考えや感じていることを率直に表現することもある。ただし，さらなるグループの要求については，施設・機関側のサービス機能の限界を示し，条件を明確に伝えておくことが必要である。

記録と評価

　作業期において，援助者は第一にグループでのプログラム活動において，個々の利用者が自分の目標に向かって必要な経験をしているかどうかということ，さらに，目標達成に向けて利用者の今後の課題は何かということ，第二にグループの目標に合ったプログラムが選択されているかということ，第三にグループを継続していくための諸条件（日時・回数・期間，場所，費用

など)についての再検討や利用者間の役割分担や責任,グループの規範などについては検討の余地はないかということ,第四に援助者および施設・機関は目標達成に向けて適切な役割をとって機能しているかどうかということ,について評価を行わなければならない。

4 ── 終結期

　終結期とは,ある一定の理由によりグループ活動を終えるための準備をすることから,実際にグループ活動を終えるまでの段階をいう。グループ活動が終了する主な理由としては,次のようなものが考えられる。
① 集団援助が順調に進み,グループの目標も十分に達成されて,グループの存在理由がなくなった場合。
② 最初に期間や会合の回数を定めてつくられたグループが,当初の予定を終了した場合。
③ グループを担当していた職員の退職や配置転換といった都合で,活動が継続できない場合。
④ 利用者がグループ活動に興味・関心を失い,参加者も減って自然消滅する場合。
⑤ 利用者間の葛藤・対立などにより,グループの目標についての基本的統一を欠き,活動を継続しても集団援助の効果が期待できない場合。
⑥ グループ活動を展開していくなかで,ほかのより適切な施設や団体を紹介するなど,集団援助の内容が変わる場合。
　③は利用者に継続する希望があれば,ほかの職員が引き継いで新たに集団援助を開始することもできる。また,④,⑤の理由でグループ活動が解体の危機にある場合,援助者はグループの構造,グループの目的や課題への利用者の取り組み方,外部からの圧力,自分の提供しているサービスなどについて再検討し,このような終結に到らないよう適切な解決策を見いだしていかなければならない。

以下，①，②の場合に限定して，終結期における援助の内容について，グループの特色を含めながら具体的に示しておく。

終結への準備

　援助者は終結期を意識し，それが近くなったときには，前もって終結の近いことを利用者と確認し合っておくことが望ましい。終結期とは単に集団援助が終わってしまうというようなものではなく，目標達成に最も生産的な段階，つまり，利用者がこのグループでの経験を一つの糧として，次の経験へと移っていく移行期ともなりうるのである。そのためには，援助者と利用者，そして利用者同士が懸命に積み重ねてきた援助関係を急に断ち切ってしまうのではなく，早めにグループ活動の終結が近いことを告げ，各自が自らの成果を実感し，終結を受け入れられるよう準備をさせていかなければならない[1]。

　グループ活動を終えるということは，利用者のみならず援助者にも，達成感と喪失感の二面性を伴った感情を呼び起こす。援助者は，終結に対する自分の気持ちを率直に述べると同時に，終結が近いことの反応として現れる利用者の行動や感情を共感をもって受け止め，利用者がグループと援助者からスムーズに離れていくことができるよう援助する。週1回の会合を2週に1回，……，月に1回というふうに減らしていくのも一つの方法である。

プログラム活動への援助

　グループ活動を終結するにあたっては，終結に対する互いの感情を分かち合い，グループ活動の成果をともに喜び合えるような特別なプログラムが計画できるよう援助する。例えば，最後の会合はほかの利用者や援助者への感謝と今後の期待を込めて，お別れ会やパーティーに当てるなど，工夫してみる。

▶1　福祉士養成講座編集委員会編『社会福祉援助技術各論Ⅰ』(改訂第2版)〈社会福祉士養成講座⑨〉，中央法規出版，238～239頁，1996年。

第8章　集団援助技術(2)

評価

　グループ活動を終結するにあたっては，利用者，援助者および当該施設・機関の関係者の三つの評価が必要である。援助者は活動の最後に利用者とともに，グループ活動を開始期から振り返り，活動が利用者一人ひとりにとって，どう役立ったのか，どんな意義があったのか，何を得たのか，何を学んだのかなどについて話し合える機会を必ずつくるようにする。また，援助者は同じく，個々の利用者およびグループについて，担当者として，あるいは同僚とともに全体的な評価をしなければならない。これは専門職としての知識や技術の向上のためにも必要不可欠なものである。

　評価されるべき内容としては，①当初の目標はどこまで達成されたのか，そしてそれはなぜかということ，②目標のなかで達成されなかったことは何か，そしてそれはなぜかということ，③目標の達成に向けて，援助者自身はどのように役立ったのかということ，④活用された方法・技術などは適切であったかということ，⑤当該施設・機関は目標達成のためにどのように役立ったのかということ，などがあげられる。

終結後の援助についての確認

　グループ活動を終結するにあたっては，すべての利用者が同じように目標を達成しているわけではない。そこで，援助者は個々の利用者に起こった望ましい変化が活動終了後も維持され続けるよう，必要に応じて，新しい個別援助や集団援助などのアフターケア計画を準備して，利用者が今後の生活や次の経験にスムーズに移行していけるよう援助する。

　例えば，利用者に対して，今後再び援助が必要になった場合の手続きや相談の方法を伝えておくこと，また家族や地域の人々に対して利用者の様子を見守り，必要なときには連絡してもらうよう依頼しておくこと，さらには新しい利用者を加えてグループを再編成したり，ほかのグループ，施設・機関に利用者を送致すること，などが考えられる。

記録

　グループ活動における個々の利用者とグループのこれまでの変化や成長の記録をまとめ，当該施設・機関のほかの職員への報告資料や次の集団援助のための資料として活用する。

第②節　集団援助技術の記録

1───記録の意義

　集団援助技術における記録の意義とは，第一に援助者が利用者への理解を深め，集団援助の内容を充実させていくためということがあげられる。集団援助の過程におけるグループおよび利用者の変化を客観的かつ的確に理解し，よりよい援助の内容を定めていくための資料として記録が必要となる。

　第二は援助者が自身の専門性をより獲得するためである。援助者は記録を書くことによって，プログラム活動におけるグループや利用者とのかかわりのなかで自分の思いや行動を客観的に振り返ることができる。

　第三は施設・機関側にとっての記録の意義である。ケース会議，スーパービジョン，他機関への紹介・送致，担当者間の引き継ぎ・申し送り，当該施設・機関全体のサービスの評価および今後への研究など，記録は資料として重要な意味をもっている。

　第四はグループおよび利用者にとっての記録の意義である。利用者が作成する会合ごとの活動記録や機関紙，文集は，作成過程そのものが重要なプログラム活動であり，書くことで言葉や行動では表現できなかった思いをほかの利用者や援助者に伝えることができる。また，グループの共通資料として，利用者自身が自分たちの活動を評価するための重要な資料にもなる。

2 ── 記録の種類と内容

　集団援助技術における記録には，援助者による記録と利用者による記録とがある。利用者による記録とは，前述したとおりである。

　援助者による記録とは，個人記録と集団記録に大別される。記録の内容は，援助の目的によって異なってくるが，一般的な内容としては，①個々の利用者の状態，②グループの状態，③プログラム活動における個々の利用者の状態，④プログラム活動における利用者同士の相互作用の状態，⑤援助者の行った具体的な援助の内容，それに対するグループや利用者の反応，などが含まれている。

3 ── 記録の方法

　集団援助技術における記録の方法としては，まずプログラム活動中，または活動終了後，援助者自身が記録する方法が一般的なものとしてあげられる。ただし，活動中に記録する場合は，その場にいる利用者への影響を配慮しておくことが大切である。そのほか，援助者以外の第三者がプログラム活動中，観察しながら記録する方法や，プログラムの内容によっては，ビデオ，テープレコーダーといった視聴覚機器を活用した記録方法も効果的である。なお，こうした記録については，はじめに利用者や集団の同意を得ることはもちろん，プライバシーの保護の立場からその用い方については，慎重に取り扱わなければならない。

参考文献▶ Harleigh B. Trecker, *Social Group Work : Principles and Practices*, New York, Woman's Press, 1948.

　　　　　トレッカー，H. B.（永井三郎訳）『ソーシアル・グループワーク』日本YMCA同盟，1957年。

American Association of Group Workers, *Definition of the Function of the Group Worker*, Mimeographed.

コノプカ，G.（前田ケイ訳）『ソーシャル・グループワーク』全国社会福祉協議会出版部，1967年。

Kenneth E. Reid, *FROM CHARACTER BUILDING TO SOCIAL TREATMENT——The history of the Use of Groups in Social Work*.

リード，K. E.（大利一雄訳）『グループワークの歴史』勁草書房，1992年。

伊東よね・小舘静枝・松本佑子編著『社会福祉実践の方法』川島書店，1984年。

福田垂穂・前田ケイ・秋山智久編『グループワーク教室』有斐閣，1979年。

大塚達雄・硯川眞旬・黒木保博編著『グループワーク論』ミネルヴァ書房，1986年。

川田誉音編『グループワーク／社会的意義と実践』〈社会福祉入門講座4〉，海声社，1990年。

北川清一『グループワークの基礎』海声社，1991年。

武田建・大利一雄『新しいグループワーク』日本YMC同盟，1980年。

第9章 地域援助技術

第①節 地域援助技術(コミュニティワーク)とは

　コミュニティワークは，ソーシャルワークの一つの方法である。直接利用者に介入して問題解決に取り組むケースワークやグループワークに対して間接援助技術という分類がなされる場合が多いが，決して利用者と向き合わない援助方法ではない。

　コミュニティワークは，地域住民一人ひとりに起こりうる加齢や障害・家族機能の欠損に伴うさまざまな生活困難(いわゆる社会福祉問題)を発見し，専門機関が提供する制度的（フォーマル）なサービスを有効に結びつけて提供するしくみをつくるとともに，地域の住民組織やボランティアなどの協力を得て非制度的（インフォーマル）な資源を創出し，制度的サービスとの有

機的な連携により，その困難を緩和・解決していく援助方法である。また，地域の福祉課題を解決するための過程を通じて，参加・利用のどちらの主体ともなる地域住民が豊かな福祉意識を獲得するための働きかけと，合意形成，各種の地域集団（住民組織・ボランティアグループ・当事者組織など）への援助を進める福祉コミュニティの形成も大きな目的である。

コミュニティワークは，社会福祉士養成課程のなかで「地域援助技術」と呼ばれているが，この科目名称のとおり，私たちは福祉専門家による援助技術としてコミュニティワークを学ぶ必要がある。地域住民の主体的福祉活動をどのように育てていくか，その恒常的な資源化をいかにして図るか，さらには住民と行政が何をどう役割分担するべきか，行政が行うべきことをどのように住民側から提起していくかなど，住民との長期にわたる関係のなかで推し進める専門援助技術である。

1──コミュニティワークとコミュニティ・オーガニゼーション

コミュニティ・オーガニゼーションは，北米を中心にケースワークやグループワークなどと並ぶソーシャルワーク方法論の一つとして位置づけられていた概念である。その代表的定義には，「地域におけるニーズ発見・資源開発とそのマネジメント活動」というニーズ資源調整説（1939年レイン報告）や，「地域社会自らの問題発見・資源開発・計画化・問題解決活動」というプロセス論・団結協働論（1955年M.ロス）などがある。

一方，コミュニティワークは，主にイギリスで用いられてきた概念である。1960～70年代以降，わが国の社会福祉研究がイギリスへの傾倒を強めるのに伴い，コミュニティワークは積極的に紹介され，それまで一般的だったコミュニティ・オーガニゼーションに置き換えてわが国でも用いられるようになった。コミュニティワークは，コミュニティ・オーガニゼーション理論にとどまらず，地域の生活諸条件の改善を政府などの援助と地域住民の参加によって進めるコミュニティ・ディベロプメントや，ボランティア団体の活

第1節　地域援助技術（コミュニティワーク）とは

動論なども包含する地域福祉実践の方法として理解されている。

2───コミュニティワークと方法論統合化

　1982年イギリスで『ソーシャル・ワーカー〜役割と任務〜』（バークレイ報告）が出された。この報告書の多数派報告として，コミュニティ・ソーシャルワークが提起された。コミュニティ・ソーシャルワークは，従来型の個別的対人援助と切り離されたところで地域住民の共通関心事に焦点を当て組織化活動等を展開するコミュニティワークではなく，「カウンセリングと社会的ケア計画」の総合的対応を展開できるソーシャルワークであり，個人への直接的な介入援助を軸としながらも，近隣住民や当事者組織などのインフォーマルサービスを重視し，コミュニティのネットワークと連携しようとするものである。

　コミュニティ・ソーシャルワーク概念の登場は，ソーシャルワーク方法論の一つとしてのコミュニティワークの専門性や固有性を追求する立場から，地域的存在としてクライエントを見る視点や，コミュニティのさまざまな資源を視野に入れた，あるいはコミュニティに積極的に働きかけるソーシャルワークの統合的視点を提起したという点で高く評価されている。しかしながら，バークレイ報告のなかでも繰り返しワーカーや機関の「心のもち方」や「態度の変化」と強調されているように精神論的側面をもち，当時の段階では十分に理論化されたものとはいえず，1970年代以降北米で主張されるようになったジェネリック・ソーシャルワークとの相違も十分整理されているとはいえなかった。

　方法論統合化以降，コミュニティワークは，ケースワークやグループワークと並列独立した社会福祉援助技術ではなく，ケースワークやグループワークの方法，また，社会調査（ソーシャル（ワーク）リサーチ）や社会計画（ソー

▶1　英国バークレイ委員会報告（小田兼三訳）『ソーシャル・ワーカー──役割と任務』全国社会福祉協議会，264〜292頁，1984年。

シャルプランニング),行財政・運営管理（ソーシャルアドミニストレーション),そして社会運動（ソーシャルアクション）などの直接・間接の社会福祉援助技術と深く関連し合いながら一人のソーシャルワーカーまたはチームによって展開される方法というのが一般的認識である。

第②節　今日の福祉観とコミュニティワークの意義

1───ノーマライゼーションと地域自立生活支援

　近年，わが国の福祉理念は，救貧対策から自立支援対策へ，施設福祉から在宅福祉へ，と転換を遂げてきた。そして今日，社会福祉の援助理念は，地域自立生活権保障の段階に至りつつある。地域自立生活権とは，福祉サービス利用者が地域で自立した生活を営む権利である。換言すれば，利用者一人ひとりがその能力に応じて自己の生活スタイルを最大限選択でき自己実現を図ることができる権利という意味であり，それは単に福祉サービスの選択にとどまらない。

　この理念は，2000（平成12）年に改正・改称された社会福祉法第3条・第4条の規定にも盛り込まれている。第3条「福祉サービスの基本的理念」には，利用者が福祉の対象者として位置づけられるのではなく，個人の尊厳をもち能力に応じた日常生活を営む権利を有する主体者であることが確認されている。また，第4条「地域福祉の推進」では，利用者を「福祉サービスを必要とする地域住民」と表現し，利用者も地域や日常から切り離された存在ではなく，ほかの地域住民と同様に「地域社会を構成する一員として日常生活を営み，社会，経済，文化その他あらゆる分野の活動に参加する機会が与えられる」というノーマライゼーション理念を盛り込んでいる。さらに，地域自立生活権を保障する責務は，国や福祉関係機関・施設，関係者だけにと

第2節　今日の福祉観とコミュニティワークの意義

表9-1　社会福祉法における福祉理念

第3条 「福祉サービスは，個人の尊厳の保持を旨とし，その内容は，福祉サービスの利用者が心身ともに健やかに育成され，又はその有する能力に応じ自立した日常生活を営むことができるように支援するものとして，良質かつ適切なものでなければならない」 **第4条** 「地域住民，社会福祉を目的とする事業を経営する者及び社会福祉に関する活動を行う者は，相互に協力し，福祉サービスを必要とする地域住民が地域社会を構成する一員として日常生活を営み，社会，経済，文化その他あらゆる分野の活動に参加する機会が与えられるように，地域福祉の推進に努めなければならない」

どまらず，地域住民（利用者本人も含む）まで広く位置づけられている。

　市町村において，このような地域自立生活権保障の理念を具現化していくためには，従来の縦割り申請主義・制度適用型の福祉システムではなく，利用者一人ひとりの生活や人生の質に着目した援助が行えるような体制の構築が求められる。具体的には，サービス量のさらなる拡大とサービスの質の向上，要援護者への情報提供体制の整備，総合相談体制の確立，地域におけるケアマネジメント体制の確立，住民への偏見解消に向けた普及啓発活動，近隣住民活動やボランティア活動をはじめとするインフォーマルサービスの開発，利用者の権利擁護や苦情解決システムの確立，などである。

　利用者の地域自立生活を支援するためには，ニーズ発見からサービス提供まで，これらが地域のなかで一連の取り組みとして体系化されている必要がある。こうした「ケアマネジメント・システム」（あるいは「地域ケアシステム」などともいう）の構築や，それを担えるソーシャルワーカーの配置が極めて重要となってくる。これらは場当たり的，縦割り的に整備されるものではなく，当事者，住民，活動者，実践者，関係者などさまざまな人々が参画して策定された地域福祉計画によって実現されるべきものであることはいうまでもない。

2 ───地方分権の推進

　今日，社会福祉は市町村地域福祉時代に突入したといわれている。こうした地方分権ををめぐる動きは，必ずしも社会福祉分野のみで進められているものではない。

　1993（平成5）年には第三次臨時行政改革推進審議会最終答申が，また1994（平成6）年には第24次地方制度調査会答申などが，こうした認識に立って，国民の価値観の多様化に対応し，自由で個性豊かな社会を形成していくためには，画一的・統一的な中央集権システムを改め，地方自治体の判断に任せる必要があることを提起した。そしてさらに，地方分権推進委員会の5回にわたる勧告を受け，1994（平成6）年改正の中核市，広域連合の創設，合併特例法などの創設，1995（平成7）年の地方分権推進法（5年間の時限立法），1997（平成9）年改正の外部監査制度の導入など，そして，これらの集大成としての1999（平成11）年の地方分権一括法（「地方分権の推進を図るための関係法律の整備等に関する法律」）による諸権限の地方自治体への委譲と機関委任事務の廃止・法定受託事務の創設などが推し進められてきたところである。

　また，併せて財源・権限の受け皿としての地方自治体の体力を強化するために，市町村合併が強力に推進されている。地方分権推進の論拠として，戦後の経済成長を支えてきた中央集権型行政システムが制度疲労を来し，新たな時代状況や課題に適合せず，これに的確に対応する能力を失いつつあることがあげられている。

　これら分権化の動きは，単に権限を右から左へ移したことにとどまるものではなく，地方自治体が自己決定・自己責任で住民の主体的参加を得ながら

▶2　これらの勧告では，①機関委任事務制度の廃止，②地方公共団体に対する関与の新たなルール，③権限委譲の推進，④必置規制の見直し，⑤国庫補助負担金の整理合理化と地方税財源の充実確保，⑥都道府県と市町村の新しい関係，⑦地方公共団体の行政体制の整備・確立などが提起された。

第2節　今日の福祉観とコミュニティワークの意義

総合的に行政を展開していくことを求めているといえる。そのためには,「住民の理解と協力」というのが単なるスローガンとして取り扱われるのではなく,地域における民主主義の復権という実質を伴った施策展開が望まれており,「情報公開」「住民参加」「公正透明な意思決定」がこれからの地方自治体経営に不可欠となっている。

　社会福祉分野についていえば,社会福祉サービスの利用決定権だけでなく,サービスの量や提供システムの構築も地域の実情に応じて地方自治体独自の判断で整備することが可能となり,地域福祉計画の策定が期待されている。

3───規制緩和の推進

　規制緩和とは,社会経済状況の変化に応じて,従来からの規制を改変・撤廃することで,各分野の活動を再生し活性化しようとする取り組みである。わが国では,1980年代以降,行財政の肥大化や硬直化を受け,臨調・行革審といった行政改革の推進機関による各種規制の見直しが行われてきた。さらに1990年代に入ると,経済のグローバル化,少子高齢化,情報化,環境問題の深刻化,そして経済不況脱出を図る観点から,いっそう強力に推進されているところである。

社会福祉分野における規制緩和

　規制緩和は経済,経営,雇用,教育,医療,福祉,行政,地域分野など国民生活にかかわるあらゆる場面で進められているが,社会福祉分野では,社会福祉基礎構造改革のなかで社会福祉法人設立要件緩和や運営の弾力化や,多様な事業主体の参入促進などの規制緩和が行われた。

　こうした入口規制の緩和により,当事者・住民による小規模施設の設立から,利用者のアメニティ需要に対応する株式会社の参入まで,多様な社会福祉サービス提供主体の参入が可能となる。このことによって利用者の選択権

拡大と競争原理によるサービス水準向上が期待されている。また，会計規則の緩和など事業者にとっても経営努力が評価されるしくみへと転換した。さらに，株式会社やNPOなどとの公平な競争を促すという観点から，社会福祉法人会計や税制にメスが入れられつつある段階である。

　こうした動きのなかで，各地で地域住民による福祉サービス起業が活発化してきている。互助活動やボランティア活動という範疇を超えて，当事者や地域住民自身がNPO，有限・株式会社，社会福祉法人などを設立して援助活動に参入してきているのである。これら新しいサービスの創出だけでなく，第三者評価，情報提供，苦情解決事業などに参入する当事者組織や住民組織も生まれつつある。このような起業は，住民の理解―参加―協力の延長線上に位置づくものであり，その支援者としてのソーシャルワーカーの役割は非常に大きいといえる。

4―――地域福祉計画の策定

　国から地方への権限委譲，規制緩和によるサービス提供主体の多元化，契約利用制度への移行など，社会福祉の根幹にかかわる枠組転換が進められるなか，1998（平成10）年6月に中央社会福祉審議会社会福祉構造改革分科会は，「社会福祉基礎構造改革について（中間まとめ）」を発表し，ノーマライゼーションや地域自立生活支援の理念を踏まえ，市町村が高齢者，児童，障害者の計画を統合した地域福祉計画を策定する必要性を提起した。そこでは，「家庭や地域の中で，障害の有無や年齢にかかわらず，社会参加ができ，その人らしい生活が送れるよう，それぞれの地域において総合的なサービスを受けられる体制を整備する」ために「老人，障害者，児童といった対象者ごとに策定されている計画を統合し，都道府県及び市町村のそれぞれを主体とし，当事者である住民が参加して」計画が策定される必要があるとされた。これを受けて2000（平成12）年の社会福祉法第107条において，市町村は地域福祉計画の策定が可能となった。

この計画策定により，公的福祉サービスの質量の充実や福祉サービス供給システム構築に関して，当事者や住民が公私協働と公私分担を踏まえ，積極的に関与していける環境が整ったといえる。こうした計画策定場面への当事者参加，住民参加の支援も重要なコミュニティワーク援助である。

第③節　コミュニティワークの展開

1────コミュニティワークの構成要件

　コミュニティワークの概念については第1節で述べているが，その構成要件として大橋謙策は次の5点が必要であるとしている。[3]

① 地域住民が地域で生活していくうえで阻害要因になっている課題・問題を発見・整理し，住民に明確に提起すること。
② 明確化された地域課題，解決すべき課題のうち，何を優先的に解決すべきなのか「合意形成」を図ること。
③ 優先順位に基づく課題の解決を図る計画を立案すること。
④ 計画の実践展開上においてコーディネート機能を重視するとともに情報周知・住民意見のフィードバックを大切にすること。また住民の主体的参画意識の醸成を大切にすること。
⑤ 住民参加による多面的評価，実践仮説に基づく評価をし，常に効率的，効果的計画へと見直し作業を進めること。

　つまり，住民主体による問題認識→合意形成→順位付け・目標・計画策定

▶3　日本社会事業大学コミュニティワーク研究会編『コミュニティ・ワーク実践の展開と専門的技法』5～6頁，1991年より引用者が整理。

→主体的参画→多面的評価の過程を情報提供，コーディネート，整理などの方法で側面的に支援していく援助である。

2 ──コミュニティワークの視点

　これからの地方分権，計画化の時代では，住民活動のレベル，いわば住民自治の度合いが市町村の福祉水準を決定づけるといっても過言ではない。地域住民が地域の要援護者が抱える生活課題に気づき，ともに解決していこうとする意識が芽生え，学び合い，助け合っていくことにより，住民自身が変わり，地域が変わり，無関心型住民でも運動要求型住民でもない，新しい市民社会（福祉社会）が形成されるのである。コミュニティワークはこうした住民自治形成のための，情報提供，学習支援，活動支援も含んでいる。

　コミュニティワークの視点を整理すると次の4点になろう。

① 福祉サービス利用者への偏見の解消

　今日の社会において福祉サービス利用は，「恥辱の烙印（スティグマ）」ではない。社会や家族の機能が変化していき，地域や家族機能で担えなくなった機能を社会的に支えていこうとするのが今日の福祉サービスである。こうした理念を普及していく必要がある。

② 福祉サービス利用者主体形成

　地域住民が「福祉の世話になる」という消極的・受動的姿勢から「必要に応じて福祉サービスを利用する」という理解が定着するよう，利用者や要援護者自身の意識改革を促していく必要がある。

③ 福祉活動への参加主体の形成

　地域自立生活支援とは24時間365日の要援護者の在宅生活を保障していくことである。それは，行政サービスがどのように発展整備されても不可能である。そこに地域住民の参加協力が必要となってくる。

　しかし，住民福祉活動は単に機能的に行政サービスを補完するものではない。制度では支えることができない要援護者の楽しみや生きがいといっ

た心の支えをできるのが住民福祉活動の特徴である。要援護者の人間としての「愛されたい」「認められたい」「大切にされたい」という公共財や市場財では満たすことのできない高次の欲求と，参加する住民の「喜ばれたい」「何とかしたい」という高次の欲求の接点が住民福祉活動・ボランティア活動の本質である。こうした営みのなかで，住民が自分たちの町を良くしようとする力を引き出し，組織化・共有化していく視点が必要である。

④ 住民主体(参加および実施者の監視・提言)の形成

　自分たちの町にどのようなサービスがどれ位必要か，そして何から優先順位をつけて整備するべきかを決めるのも行政ではなく地域住民（いわゆる世論）である。視察や学習会を通じて学び合い，さまざまな統計情報を分析し，行政にも情報開示を求め，計画などの策定過程に参加し，計画実施段階にも協働と分担をし，計画進行状況を監視・チェックするなどさまざまな立場や形で，分権化された地方自治体の福祉システムに関与していける力を育てていく視点が必要である。

3────コミュニティワーク援助者の立場・心得

　M. G. ロスは『コミュニティ・オーガニゼーション──理論と原則』において，援助者の立場に関する整理をしているので紹介しておきたい。[4]

《援助者の心構え》

① 地域住民による自己決定（*self-determination*）

　有意義な改革であっても，ワーカーの押し売りや強制は反動的に住民の疑念，敵意，不安定事態の増大などを生む。

② コミュニティのペースでの活動（*community pace*）

　急激な変化は住民生活の混乱をもたらす。外部の者から見れば遅いよう

▶4　ロス，M. G.（岡村重雄訳）『コミュニティ・オーガニゼーション──理論と原則』全国社会福祉協議会，40～50頁，74頁，1963年。

でも，緩やかな，有機的で確実な変革が大切である。
③　コミュニティのなかから形成された計画（indigenous plans）
　どんなに優れた計画でも，それを適用する地域の人々が自分たちのものであると感じないならば実施しても成功しない。住民が一体感をもって取り組めるような計画づくりが大切である。
④　コミュニティの能力の増加（growth in community capacity）
　一つの問題解決を成し遂げる際に技術能力を高め，次の問題が起こったときの対処能力は増大する。こうした可能性を信じ，力を引き出す援助が大切である。
⑤　地域住民の改革への意欲（the will to change）
　着想とか，技術とか，実験的計画とかを地域社会に与えようとするときに，住民の側にそれらを望む気持ちがなければ長続きしないか失敗する。そのため，意欲の開発が重要な援助となる。

《援助者が持つべき前提的地域観》
①　コミュニティは本来的に尊厳と価値を持っている
②　コミュニティはその問題を処理するための資源を持っている
③　コミュニティは本来的に成長の能力を持っている
④　コミュニティは問題に対処する際に賢明な選択を行う能力を持っている
⑤　コミュニティは失敗したときに無気力になりやすいが，援助を得てその段階を乗り切れば正常な成長を続けられる

　これらは，ソーシャルワークの利用者（クライエント）観を地域住民に置き換えたものと同じであり，ソーシャルワーカーは基本的に対象の尊厳と力と可能性を信じながら援助を展開していくということがいえる。

4——コミュニティワーク展開過程と評価の視点

コミュニティワークは，地域住民が抱えている問題の解決にあたって，主体的に参加し，協働してその解決に当たるのをワーカーが側面から援助する過程であり，直接的には一人ひとりが抱える具体の問題の解決が目標とされる。援助の過程に沿ってコミュニティワークの特徴を整理すると次のようになる。

第1段階：地域診断

　地域社会の問題状況の把握と当事者のニーズ把握の段階である。同時に地域の状況や社会資源の状況などについても把握しておく必要がある。

　ニーズ把握の方法は，調査など直接的な方法のほかに，専門家や民生委員などからの連絡，当事者のつぶやき，地域組織や当事者グループからの意見・要望など多様である。また，要援護者自身が自分の抱えるニードに気づいていない場合もあり，広報や住民座談会，当事者組織化などによる積極的な発掘が重要となってくる。

第2段階：共同計画の策定

　何を解決するかの目標の設定と，それを具体的に実行するための事業選択，資源調達や役割分担を行う計画策定の段階である。この計画策定の過程で重要なのは住民の合意形成を図ることである。

　ワーカーには，住民の自己決定のため，地域診断で得た情報を整理し提供する役割が求められる。

第3段階：計画の実施

　具体的に問題解決に向けて住民が行動する段階である。その際，できるかぎり多くの住民の計画に対する理解を広め，参加に向けた動機づけや意欲の向上を図っていく必要がある。それには広報や研修，講座，地域の各種団体への協力要請などあらゆる手法を活用するとともに，地域のキーパーソンの発掘，主導集団の態勢強化などにも取り組む必要がある。

　また，実施展開期には，連絡調整機能の発揮，物・制度・資金など社会

資源の調達や開発を行うことが求められる。住民間の自主的な努力や既存の資源の調達では解決につながらない場合には、世論を喚起し行政への圧力行動によりサービスの拡充を求めていくソーシャルアクションなどを展開する場合もある。

第4段階：活動の評価

　コミュニティワークにおける活動の評価の視点は、大きく分けて三つあるといわれている。

　第一は「タスク・ゴール」である。これは、計画を実施することによってニーズの充足は図れたか（目標が達成でき問題が解決したか）を評価の尺度にするものである。再計画のためには欠かせない評価である。

　第二に「プロセス・ゴール」である。計画の策定から実施の過程を通じて、住民の参加意欲や問題解決への姿勢、あるいは団結力、連帯感がどれだけ高まったか。換言すれば、どれだけ住民の主体形成が行われ、地域の福祉力が高まったかを評価する視点である。本節3で述べた前提的地域観で期待したような成長を遂げ、免疫力を付けることが出来たかどうかを評価するのであるが、科学的数量的には極めて尺度化しにくいものである。

　第三は「リレーションシップ・ゴール」である。過程を通じて、旧来の力関係に変化をもたらしたか（例えば名望有力型リーダーの支配から有限責任リーダーへの移行がどれだけ進んだか）、あるいは地域組織から脱落、排除されているグループや個人をどの程度巻き込むことができたかといった民主化の程度を評価する視点である。

5——コミュニティワーク援助者に求められる力

　先にもふれたとおり、制度適用型から選択契約型へと社会福祉の利用形態が転換するなかで、ソーシャルワークも「制度の靴に足（ニーズ）を合わせる」のではなく「足（ニーズ）に応じた靴（サービス）をつくる」本来的な実践が期待されつつある。

第3節　コミュニティワークの展開

　「足」の形が百人百様なのと同様に，住民のニーズは実に多様である。公的サービスだけで対応しきれるものではないし，公的サービスで対応すべきではないものもたくさんある。そうしたときに，「ないサービスをつくる」取り組みも必要となってくる。その方法は，ソーシャルワーカーが代弁機能を果たし行政や関係機関への制度充実の要望をしていくといった方法だけでなく，住民の協力を得ながらニーズに対応したボランティア活動や近隣助け合い活動などを創出していく方法によっても可能である。また，当事者のネットワーク化を促進し互助機能・情報交換機能を強化していく方法によっても可能である。さらに，分野を超えて関係機関が協力することでニーズ解決につなげることも可能となる場合もある。

　このように，ソーシャルワークは，ミクロレベルの要援護者一人ひとりの個別援助過程に，メゾレベル（地域・自治体など）での新たなサービス創出，機関団体間ネットワーク化，住民・当事者のネットワーク化，啓発教育的活動，そしてマクロレベルでのソーシャルアクションなどが絡み合いながらスパイラル的に展開されていくものといえる。また，社会調査や計画策定，広報作成の工夫，住民への提起法（話し方），講座などの企画力，記録の付け方などさまざまな技法がワーカーには求められるのである。

　いうまでもないが，ソーシャルワーカーに必要なのは技術や技法だけではない。ともすれば地域のなかで埋没してしまいがちな住民のニーズも見逃さずキャッチできるセンス，それを引き出し地域課題として広く伝え，対立する利害を調整しながら援助展開できる地域住民に関する理解，などあらゆる能力や経験を総動員しながら地域住民とかかわっていくものである。

　わが国において，コミュニティワークを駆使するソーシャルワーカーとして最初に想起するのは，市町村社会福祉協議会の福祉活動専門員などであろう。しかしながら，福祉行政の専門職，福祉施設やNPOのケアマネジャー的スタッフ，地域看護を担う看護師，保健師，社会教育主事などもコミュニティワークの担い手といえ，今後ますますその分野は拡大していくことが予想される。

参考文献▶高森敬久・高田真治・加納恵子・定藤丈弘『コミュニティ・ワーク』海声社，1989年。

ロス，M. G.（岡村重雄訳）『コミュニティ・オーガニゼーション──理論と原則』全国社会福祉協議会，1963年。

大橋謙策監，日本地域福祉研究所編『地域福祉実践の課題と展開』東洋堂企画出版社，1997年。

日本社会事業大学コミュニティワーク研究会編『コミュニティ・ワーク実践の展開と専門的技法』丸紅基金研究報告書，1991年。

ハドレイ，R.・クーパー，M.・デール，P.・ステイシー，G.（小田兼三・清水隆則監訳）『コミュニティ・ソーシャルワーク』川島書店，1993年。

英国バークレイ委員会報告（小田兼三訳）『ソーシャル・ワーカー──役割と任務』全国社会福祉協議会，1984年。

黒木保博・山辺朗子・石倉哲也編著『ソーシャルワーク』〈福祉キーワードシリーズ〉，中央法規出版，2002年。

平野隆之・宮城孝・山口稔編『コミュニティとソーシャルワーク』〈社会福祉基礎シリーズ⑨〉，有斐閣，2001年。

第10章
ケアマネジメント

第 1 節　ケアマネジメントとは

　ケアマネジメントはわが国では最近になってさかんに取り上げられるようになってきた新しい援助システムであり，また援助の方法である。わが国には，最初ケースマネージメントという呼び方で紹介され，アメリカでは今でもケースマネジメントと呼ばれている。イギリスでも最初はケースマネジメントと呼ばれていたが，「ケース」という用語がもっている人を見下しているような響きに対する抵抗感や，ケースマネジメントがコミュニティケア・サービスのマネジメントであることなどから，ケアマネジメントと呼ばれるようになった。わが国でもイギリスの呼び方にならってケアマネジメントと呼ばれるようになっている。また，最近はわかりにくい英語をできる限り日

第10章　ケアマネジメント

本語にしようという動きのなかで，さらに介護保険法との関係で「介護支援サービス」とも呼ばれている。

したがって，現在ではケースマネジメントもケアマネジメントもほぼ同じような援助の手法であるとみられている。

なお，本章では，ソーシャルワークにおける援助展開の手法の一つとしてケアマネジメントをとりあげ，解説していく。したがって，介護保険法で規定されている介護支援サービスの内容とは必ずしも一致しない点があることを了解いただきたい。

1────ケアマネジメントの定義

次に，ケースマネジメントも含めて，ケアマネジメントの定義をいくつか紹介する。

ケースマネジメント研究委員会の定義

> ケースマネジメントというのは，虚弱・障害老人など複雑なニーズをもち，かつ精神的もしくは身体的ハンディキャップのため，現代社会の高度に専門分化した各種のサービスや，民間団体，友人，隣人などの支援を，自分自身では適切に活用できない人々を対象として，そのような人が，常にニーズに最も合致したサービスを受け，また民間団体，友人，隣人などの支援を受けているようにするために行なわれる，一連の援助の措置，もしくはサービスのネットワーク内で行なわれる相互協力活動のことを意味する[1]

---

[1] ケースマネジメント研究委員会編『ケースマネジメント――ニーズとサービスを結ぶ新しい支援システム』全国社会福祉協議会出版部，1990年。

第1節　ケアマネジメントとは

イギリス保健省（DoH）の定義

　　ケアマネジメントとは，個々人のニーズに即して諸サービスを仕立てあげる過程である[2]

J．オームらが引用しているレンショーの定義

　　ケースマネジメント・システムは，個々のクライエントのニーズを充足するためのサービス供給を，単一の機関あるいは一人のワーカーの責任とするシステムである。サービスそのものは別々の機関から提供されるかもしれないが，ケースマネジャーがサービスを組み合わせ，ニーズ充足を確保するのである[3]

『新たな高齢者介護システムの構築を目指して』の定義

　　ケア担当者が利用者側の立場にたって，本人や家族のニーズを的確に把握し，その結果を踏まえ『ケアチーム』を構成する関係者がいっしょになって，ケアの基本方針である『ケアプラン』を策定し，実行していくシステム，すなわち『ケアマネジメント』を確立することが重要である

　これらのほかにも，ケアマネジメントの定義は発表されており，力点の置きどころもさまざまであるが，要するに，ケアマネジメントとは地域で生活していくために介護を中心としたケアサービスを必要としている人々に対して，その必要性に的確に対応しているサービスを提供するための新しい一つのシステム，あるいは援助の方法ということができるであろう。

---

[2]　イギリス保健省・社会サービス監査庁・スコットランド庁・ソーシャルワークサービスグループ共編（小田兼三・青木佳之・杉本敏夫監訳）『ケアマネジメント―実践者とマネジャーの指針』学苑社，1996年。
[3]　オーム，J．グラストンベリー，B．編著（日本社会福祉士会監訳，杉本敏夫訳）『ケアマネジメント』中央法規出版，1995年。

2────ケアマネジメントの特徴

生活を長期的に支えるためにサービスをパッケージ化して提供する

　ケアマネジメントは従来のケースワークやカウンセリングのように利用者が直面して解決できないでいる問題を解決したり，医療のように特定の病気を治療したりすることが主要な目的ではなく，身体的・精神的な障害や高齢のために自立した生活が維持しにくく，長期的な生活支援を必要としている人々に介護や家事，折にふれての相談等を提供して長期的に生活を支えることが目的である。さらに，ケアマネジメントはそれらのサービスをばらばらに提供するのではなく，全体的なニーズのアセスメントに基づいてひとまとめにして，すなわちパッケージ化して提供しようとするものである。

多職種協働に基づいて援助を提供する

　従来，生活問題に関する援助は主としてソーシャルワーカーが行ってきたが，ケアマネジメントはソーシャルワーカーが単独で行うのではなく，保健・医療の専門職者との協働で行うものと考えられている。すなわち，多職種協働がケアマネジメントの大きな特徴である。これは，ケアマネジメントが主として対象とするのは介護を中心とした生活問題を抱えている人々であり，その援助には医師や看護師，PT（理学療法士），OT（作業療法士）などの医療専門職の協力が不可欠だからである。しかし，医療職だけでよいというものではない。社会資源を活用し，生活支援を継続するためにはソーシャルワーカーの取り組みが不可欠である。

正確で，総合的なアセスメントに基づいてサービスを提供する

　ケアマネジメントでは正確なアセスメントが強調されている。介護保険導入をきっかけとし，さまざまなアセスメント・シートが開発され，活用されている。従来のケースワークにおいても，調査・診断という名称でアセスメントが行われてきたが，ケアマネジメントにみられるように詳細なアセスメ

ントは重視されなかった。それよりも，利用者との面接が重視され，利用者が自分で問題を理解し，問題の解決に取り組めるように導くことを大切に考えていたからである。一方，ケアマネジメントは，どちらかといえば，「援助者」＝ケアマネジャーが問題を正確に理解することを重視し，それが適切なサービス提供につながると考えている点が特徴である。

第②節 **ケアマネジメントの援助過程**

　ケアマネジメントでは，特に援助の過程が重視されている。その中心的な過程は，①アセスメント，②ケアプランの作成，③ケアプランの実施，④モニタリング，⑤再アセスメントである。しかし，研究者やプログラムによって若干の相違，表現の違いもみられる。表10－1は，ペインが示しているケアマネジメントの援助過程の比較である。

1────ケース発見

　一般的に社会福祉に関するニーズはサービスに伴うスティグマなどの影響を受けて，即サービス利用には結びつきにくいものである。介護保険の導入後，福祉サービスの利用は正当な権利という認識が大分広まったが，まだまだ実際には抵抗感をもつ人は多い。例えば，ホームヘルパーに来てもらえば介護が楽になるにもかかわらず，「世間体が悪い」とか，「福祉の世話にはなりたくない」といった理由でサービスが利用されないことはよく指摘されている点である。また，サービスの内容がよく知られていないこともサービス利用につながらない理由の一つである。

　したがって，ケアマネジメントでは，サービスを地域の人々に積極的に知らせること，すなわちサービス情報の提供がまず重要になる。表10－1の

第10章　ケアマネジメント

表10-1　アメリカのケースマネジメントとイギリスのケアマネジメントの比較

	ステインバーグとカーター	ウエイル	マクスリー	DoH
1	ケース発見（一定基準に当てはまる全潜在的なクライエントを発見する）	クライエント発見とアウトリーチ		公開 アセスメントレベルの決定（スクリーニング）
2	アセスメント	個別アセスメントと診断	アセスメント	ニーズアセスメント
3	ゴール設定とサービスプランニング	サービスプランニングと資源確認	プランニング	ケアプランニング
4	ケアプランの実施	クライエントを必要な資源に結びつける	介入	ケアプランの実施
5	モニタリング	サービス供給のモニタリング アドボカシー 評価	モニタリング 評価	モニタリング 検討

注　DoH：イギリス保健省。それ以外はアメリカの研究者。
出典　Payne, M., *Social Work and Community Care*, Macmillan Press, 1995.

　DoHの「公開」とはサービス情報の公開のことである。現在の福祉サービスに関する情報提供は，主として市町村の広報紙やホームページ，民間の訪問介護事業所，老人ホームの広告などにより行われ，ある程度普及しているが，情報弱者の人々に対しても配慮をし，さらにきめ細かく，可能な限り多くの人々に情報が届くようにするための工夫も必要である。

　このような情報提供の努力とともに，潜在したニーズを発見し，サービス利用につなげていく働きが不可欠である。つまり，サービス利用の申請があるのを事務所で待つだけでなく，ケアマネジャー自身が地域に出かけてニーズを発見するなり，ニーズが発生したときには可能な限り早く情報が届くようなしくみをつくり上げることが必要なのである。

　また，民間の非営利団体である社会福祉協議会では「ニーズ発見システ

ム」の構築に積極的に取り組んでいる。例えば，兵庫県小野市社会福祉協議会の「福祉ニーズ情報キャッチシステム」の取り組みは，20軒に1人の割合で「福祉推進委員」を設置し，なるべく早期にニーズを発見し，「福祉カード」を利用して社会福祉協議会や行政に連絡する道筋をシステム化した取り組みとして有名である[4]。

2──アセスメント

アセスメントとはサービス利用の申請者の全体的な状況を把握する作業のことである。また，この過程は，①調査と②ニーズの特定化の段階に区分できる。アセスメントはケアプラン作成の基盤となるもので，ケアマネジメントでは特に重視されている段階である。

アセスメント調査の範囲と手段

アセスメント調査は，サービス利用申請者が援助を求めている問題をも含めて，生活状態全体に関する情報を細かく収集する。

例えば，ペインはアセスメントに必要な情報を次のように整理している。

(1) 個人の次元
　① セルフケア（身辺処理能力）
　② 日常生活動作（日常生活を遂行する能力）
　③ 健康と医療に関する情報（さまざまな活動に取り組むための身体的能力）
　④ 精神保健（意欲）
　⑤ 行動上の問題
　⑥ 経済的問題と収入

---

[4] 全国社会福祉協議会地域福祉部編『小地域福祉活動の手引』全国社会福祉協議会出版部，1992年。

(2) 家族の次元
　① 家族関係と介護者
(3) 地域ネットワークの次元
　① 全般的な社会的ネットワークと，そこから入手できる支援とケア
　② 入手できる専門職者によるケア
　③ 住宅と環境
　④ 雇用と環境
　⑤ レクリエーションと余暇
　⑥ 教育

　ペインはこれらの領域について，

❶ 現状
❷ 将来の可能性
❸ 将来の可能性を達成するのに必要な資源

という三つのレベルで情報を集めることを提案している[5]。

　これからもわかるように，ケアマネジメントにおけるアセスメントは，従来のケースワークのような心理社会的な情報を集めるだけでは不十分であり，身体的・医学的情報も重要である。したがって，ケアマネジメントに取り組むソーシャルワーカーはこれまで以上に身体的・医学的な知識をもつことが必要となるのである。
　ケアマネジメントではこれらの情報を収集するためにアセスメント票を使用することが一般的である。現在の介護保険制度においては，介護支援専門員（ケアマネジャー）によるアセスメントの項目として，厚生労働省より「課題分析標準項目」が示されている。また，アセスメントを標準化するために

▶5　ペイン，M.（杉本敏夫・清水隆則監訳）『地域福祉とケアマネジメント―ソーシャルワーカーの新しい役割』筒井書房，1998年。

複数の手法（ツール）も開発されており，いずれもチームケアの共通言語化に貢献している。

　例えばソーシャルワークの立場から考案されたものが日本社会福祉士会版のアセスメント票である。これは数度の改定を重ねて使用しやすくされてきている。このアセスメント票の特徴は，生活の側面が強調されていることと，記述部分が多くなっていることである。そのために作成には時間がかかるが，問題を考えつつアセスメント票を完成するので，ケアプランがつくりやすいとの評価もある。対象領域は，フェイスシートのほかに，①健康状態，②精神症状・見当識障害・行動障害，③ADL，④家事およびIADL（手段的ADL），⑤活動・対人交流，⑥介護状況，⑦日課（高齢者および介護者の平均的な1日の過ごし方），⑧居住環境となっており，要介護者の生活の全体がバランスよくみられるように配慮がされている。

ニーズの特定化

　ケアマネジメントではアセスメントに基づいてサービス利用者のニーズの把握を行う。ニーズとは，個人の社会的自立とその地域で認められている水準の生活の質を確保し，維持していくのに必要な条件でありながら，欠如している条件と定義できるであろう。ケアマネジメントの最終的な目標は「自立の支援」と「生活の質の確保」であるから，ニーズの把握もそのような視点で行うことが必要なのである。

　ニーズの特定化には，
① 　サービス利用者や介護者の訴えを聴く方法
② 　アセスメント票から援助者が引き出す方法
の二つがあるが，両方とも重要である。しかし，サービスの利用者や介護者から寄せられるさまざまな訴えについて，それを即ニーズとしないほうがよい場合もある。訴えは「要求」＝「ディマンド」といってもよいものもあり，いわれるままにそれらに応えることが，かえってサービス利用者の依存性を高めてしまう場合もあるからである。

第10章　ケアマネジメント

表10－2　援助計画表

相談者名＿＿＿＿＿＿＿＿

作成日　平成　　年　　月　　日

問題／ニード	援助目標 望ましい結果	援助計画	援助供給者	日／週	時間／日	承　諾

作成者＿＿＿＿＿＿＿＿

出典　白澤政和『ケースマネージメントの理論と実際』中央法規出版，337頁，1992年。

また反対に，サービス利用者は何も要求をしない場合もあるが，それで即ニーズがないと判断してはならない。現在の高齢者ははっきりと自己主張することのほうが稀であるので，先の②の方法によって援助者から積極的にニーズを引き出すことが必要なのである。しかし，援助者がニーズとして把握し，サービスの提供を計画しても利用者がそれを受け入れない場合もあるので，援助者の一方的な判断やサービスの押しつけは適切でない。

　通常，ケアマネジメントにおけるニーズの把握からケアプランの作成は表10－2のようなシートを使用して行われる。シートの左端に特定化されたニーズを記入するのである。

3────ケアプランの作成

　ニーズが特定化されると，それらのニーズを解決するためにケアプランが作成される。ケアプランとは，サービス「利用者のケアの基本方針とケアの内容を，個別にそして具体的に作成した[6]」計画である。

　身体的な障害とそれに伴うADL能力の低下のために，自分の力では自立と生活の質の確保ができにくくなっているとサービス利用者がそれらを確保し維持できるようにするために，さまざまな在宅ケアサービスを確保し，提供する計画づくりがケアプランの作成である。

　具体的なケアプランの作成には先の表10－2のようなシートが使用される

表10－3　サービス管理票

	月	火	水	木	金	土	日
早朝							
午前	ホームヘルプ			デイサービス		ホームヘルプ	
午後		ホームヘルプ	訪問看護		デイケア		
夜間							

▶6　岡田藤太郎・岡本千秋・小田兼三監『ケアマネジメント入門』中央法規出版，38頁，1996年。

ことが多い。表10－2のシートは個別ニーズの援助目標を検討し，具体的なサービスの提供計画につなげている。なお，在宅のケアプランは具体的な援助計画ではなく，サービス提供計画として作成されるものである。そして，ケアマネジメントはそれらのサービスをパッケージ化してひとまとめに提供するのである。

なお，作成されたケアプランは表10－3のようなウイークリー・プランとして整理されるのが普通のやり方である。

ケアプラン作成の留意点をいくつか示しておく。

① ニーズから援助目標，援助計画に移る前に，そのニーズが発生している原因を必ず検討すること。同じニーズであっても原因によって望ましい対応が異なってくるからである。
② 当該ケースを援助していくうえで，個別ニーズだけではなく，全体的な援助目標を設定することが必要な場合もある。
③ ケアプラン作成はケアマネジャーとなる援助者が一人でするのではなく，保健・医療・福祉の専門職者が協働してケアカンファレンスのなかで作成するのが原則である。また，そこに本人や家族が参加できれば望ましいし，作成されたケアプランについては同意を得るのが原則である。
④ 一人のサービス利用者にはケアプランは一つというのがケアマネジメントの考え方である。一つのケアプランに基づいてサービスを提供することでサービスの管理を行い，効果的，効率的にサービスを提供するのである。

4───ケアプランの実施

作成されたケアプランは実施に移されなければならない。ケアマネジメントではさまざまな在宅ケアサービスを活用するので，計画されたサービスを確保することが必要となる。ケアマネジャーがこのような仕事を中心になって行うのである。

在宅ケアサービスの提供主体は，従来のような市町村の福祉係や社会福祉協議会などの公的な部門だけでなく，ボランティア団体，低額の利用料をとる住民参加型の在宅サービス団体，民間企業も担っており，ケアプランの実施にはこのように多様な主体から提供されるサービスを利用者のニーズや要望，経済的な条件に対応して提供することが必要になる。

したがって，ケアマネジャーはこれらのサービス提供主体，すなわち社会資源について熟知しておくことが重要である。また，必要なときには利用ができるように普段からネットワークをつくっておくことも重要になるであろう。

いくつかの留意点を指摘しておく。

① サービス側に利用条件がついていて，計画されたサービスがうまく利用できない場合も生じるが，そのような場合にはほかのオプションの利用も考えるべきである。
② 家族や地域などのインフォーマルな資源も積極的に活用するべきである。
③ 既存の資源では充足のできないニーズがある場合には，それらを明確にし，資源の開発に結びつけることが必要である。

5───モニタリングと再アセスメント

モニタリングとはパッケージ化されて提供されている各サービスがサービス利用者のニーズを的確に充足しているかどうかを見守っていく過程である。これは従来のケースワークではほとんど重視されていなかったと思われる。しかし，ケアマネジメントは長期的に人々の生活を支援していくことが目的なので，モニタリングは特に重要な機能といえる。なお，モニタリングが必要なのは，サービス利用者のニーズは不変ではなく，日々刻々と変化していくものだからである。

モニタリングには次のような方法が考えられる。

① ホームヘルパーなどの訪問記録やサービス提供記録の点検
② ホームヘルパーなどのサービス提供者からの直接的な意見聴取
③ ケース検討会議
④ ケアマネジャーによるサービス利用者への電話や訪問

効果的なモニタリングの実施のためには次のような点が必要である。

❶ ケアマネジメント機関にモニタリングの権限を付与する。
❷ ケアマネジメント機関にサービス提供情報がフィードバックされるシステムをつくり上げる。

モニタリングは日々の取り組みとなるが，ニーズとサービスのミスマッチがみつかった場合には適宜ケアプランを変更して新しいケアパッケージをつくり上げることになる。それに対して，再アセスメントは3か月に1回程度の定期的な取り組みとなる。サービス利用者本人の状態に変化はないか，ニーズに変化はないかなどを再度総合的にアセスメントを行うのである。これは要求があった場合はもちろん，要求はない場合にも定期的に行うのが原則である。この場合においても，ニーズに変化がみられる場合にはケアプランを再作成し，新しいケアパッケージを提供することになる。

第③節　ケアマネジメントの機能とケアマネジャーの役割

1────ケアマネジメントの機能

ケアマネジメントとはさまざまに専門化し，断片化しているケアサービスを最終的にはサービス利用者にパッケージ化して届けることであるが，その前提として地域社会を基盤にしてケアサービスの全体を運営・管理することもケアマネジメントの役割である。

また，ケアマネジメントの機能についてもさまざまな視点から整理できる

が，次の三つの機能への整理が最も明確である。すなわち，それらの機能とは，①調整機能，②対人支援機能，そして，③開発機能である。

調整機能

　ケアマネジメントの調整機能には個別ケースのための関係機関間と関係専門職者間の調整と，地域を基盤とした調整機能の二つの側面がある。

　まず前者に関して述べると，一つの機関がすべてのサービスを提供しているのであれば，調整は容易であるが，ケアマネジメントではケアサービスがさまざまな機関や施設から提供されることになり，それらを取りまとめる働きをすることが必要となる。また，同時に保健・医療・福祉のさまざまな専門職者がかかわることにもなり，それらの専門職者間の調整も重要になる。具体的には，これらの調整はケアカンファレンスというかたちで行われる。また，日常的な連絡や話し合いというかたちでも行われる。

　後者に関しては，個別的なケースに関してより迅速に，また的確なサービスを提供するために機関間，施設間，専門職種間のネットワークを普段から構築しておくことが重要になる。ケアマネジメントにはこのような日常的な取り組みも必要となる。

対人支援機能

　ケアマネジメントの中心的な機能はこの対人支援機能である。これはケアサービスに対するニーズをもっている人々やその家族を援助する機能であり，各種サービスの動員や，生活に関する個別相談，代弁的活動が含まれている。

開発機能

　ケアマネジメントは既存のサービスの範囲内でのみニーズを充足する取り組みではない。サービスが利用しにくい場合には利用しやすくしたり，サービスがない場合にはそれを開発・創設することも重要な機能である。し

がって，そのためのボランティアの養成や，民間サービスの開発支援もケアマネジメントの任務である。

このような取り組みのためには，個別援助の過程で充足できなかったニーズについても把握・整理しておくことが大切である。また，地域の住民との対話の機会を設定してニーズの把握をしたり，積極的なニーズ発見のための取り組みをすることも重要である。

2 ケアマネジャーとその役割

ケアマネジメントの機能を中心となって遂行していく担当者がケアマネジャーである。ホームヘルプ，訪問看護，排せつ・入浴・身辺ケアなどの直接的なケアサービスはそれぞれの専門職者によって提供されるものであり，ケアマネジャーの業務とは区別するべきである。ケアマネジャーはそれらのサービスとサービス担当者を管理する立場のスタッフなのである。

しかし，ケアマネジメント業務はケアマネジメントのみを身につけた専門職者が担うものとは考えられておらず，直接的なケアサービス担当者をはじめ，医師，保健師，ソーシャルワーカーなどの保健・医療・福祉の専門職者が担うことが望ましいと考えられている。[7] なお，わが国の介護保険制度ではケアマネジャーのことを介護支援専門員と呼ぶ。

ケアマネジャーの職務の最終的な目的は，サービスの利用者に対してそのニーズに最も適合したサービスを効果的，効率的に届けることであるが，そのような業務に関連してさまざまな役割を果たすことになる。

ケアマネジャーの中心的な役割は，ケアマネジメントの過程で述べたように，ニーズ発見，アセスメント，ケアプランの作成と実施，モニタリングである。さらに，調整的機能で示したような地域の各種機関や施設との連絡調

▶7　わが国の介護保険制度では，医師，歯科医師，薬剤師，保健師，看護師，PT，OT，社会福祉士，介護福祉士等の専門職のうち，実務経験を有し，所定の研修を修了したものをケアマネジャーとして認定することになっていたが，その後範囲が拡大され，人の援助にかかわる多くの職種がケアマネジャーの基礎資格となった。

整，ネットワークづくり，また開発的機能で述べたように新しいサービスの開発などもケアマネジャーの重要な役割である。

これらのほかに，次のような役割も重要である。

① 代弁者としての役割

　ケアマネジャーは基本的にはサービス提供者側の立場のスタッフであるが，サービスの不足や権利侵害のために，利用者が当然利用できる権利のあるサービスが利用できない場合には，利用者になり代わって権利を主張することも重要な役割である。

② カウンセラーとしての役割

　サービス利用者とその家族が介護に伴うさまざまな生活問題や心理的な問題を抱えている場合には，ケアマネジャーは彼らのカウンセラーとなり，相談に乗り，問題の解決の手助けをしなければならない。

③ 情報提供者としての役割

　サービス利用者が自分のニーズに適合したサービスを選択できるためには，介護サービスに関する正確な情報が彼らの手元に届けられなければならない。例えば，福祉パンフレットや情報紙を地域に配布するとかいった形でPRをすることも大切な役割である。あるいは，新しいPRの方法を工夫することも重要である。

参考文献▶白澤政和『ケースマネージメントの理論と実際』中央法規出版，1992年。

杉本敏夫・斉藤正身編著『ケアマネジメント』メヂカルフレンド社，1997年。

ペイン，M.（杉本敏夫・清水隆則監訳）『地域福祉とケアマネジメント―ソーシャルワーカーの新しい役割』筒井書房，1998年。

第11章 社会福祉調査法

第①節 社会福祉調査の意義と類型

1───社会福祉調査の意義

　社会福祉援助活動が円滑に展開し，社会福祉の利用者に適切なサービスが提供されるためには，利用者の生活やニーズなどを正確に把握し，客観的に分析できる技術が必要となってくる。

　社会福祉調査は社会福祉援助活動を有効に進めていくための技術の一つであり，データを収集，整理，分析することによって，科学的究明が可能となる資料を提供することを主要な目的としている。そのため，社会福祉調査は現地調査という手段により，直接的にデータの収集にあたり，主観に依存し

ない実証的解明によって，調査対象を客観的・科学的に分析していくものである。

　現地調査によって進められるこの方法は，社会福祉利用者の生活を把握するとともに，社会的ニーズの発見と分析を通して，社会福祉利用者へのよりよいサービスを提供するための検討資料を作成する。また，既存の社会福祉サービスや援助活動の効果測定を行うことによって，どれだけの効果が生じたか，その有効性を分析することを基本的視点としている。その意味において，社会福祉調査は社会福祉の施策の改善や援助技術の修正，あるいは援助活動そのものの質的内容を明確化し，改善していくための科学的技法であるといえよう。

　また近年は，社会福祉援助技術の学術的な研究方法としてその技法が活用されており，社会福祉学研究にとって不可欠な要素となっている。学術的研究も社会福祉援助活動への具体的な展開につながるものであり，社会福祉調査は利用者支援の実証的技法として社会福祉の科学性，専門性を高めていくものといえる。

2───社会福祉調査の類型

　社会福祉調査の方法は，大別して統計調査法と事例調査法とに分けることができる。

統計調査法

　統計調査法は調査対象の範囲の観点から調査対象者として定められた調査単位をすべて調べる方法（全数調査），または標本を取り出して一部の調査単位を調べる方法（標本調査）に分けられる。この調査法は調査対象である集合体の比率，平均，度数分布，標準偏差，統計的検定などの統計的数値と技術を用いて分析を行うものである。統計調査法は一定の標準化された手法を活用することによって調査対象となる集合体の特性（傾向性）を客観的に調

べることが可能であり，地域援助技術などの間接援助技術の科学的検証のための方法としても有効となる。

事例調査法

　事例調査法は，1人の利用者，一つの家族といった調査単位を多面的な側面から集中的に把握しようとするものである。この調査法は数値では解析することのできない洞察的認識が主要な視点となり，統計調査法では調べることのできない個別性の強い事象に対して効力を発揮する。

　なお，調査対象となる集団を正確に分析するうえで，基本的にはまず統計調査法によって利用者のニーズや問題性を客観的に調べる必要がある。事例調査法は量的調査では明らかにすることのできない個別的事象の解明に有効であり，量的調査との併用が有益である。
　本章は，統計調査法を中心として，その方法，原則，基本理論などを解説する。

第②節　社会福祉調査の計画

1────社会福祉調査の過程

　社会福祉調査は，基本的には以下のような作業区分で実施される。
① 調査目的の明確化
　実施する調査の目的を明確化する。また問題意識を整理し，客観化のための主要な概念の定義づけを行う。
② 調査の範囲・対象の決定
　調査の目的によって対象範囲・対象を決める。

③　現地調査の方法の決定

現地調査の方法，データの収集方法などを決める。なお，この段階までには調査時期（期間），費用などの概算，既存の文献の収集は終えておく。

④　調査票（質問紙）の作成

質問項目を選定し，質問文へと具体化し，質問文の配列を決め，調査票の体裁を整え作成する。

⑤　予備調査の実施

試案の調査票を調査対象の一部に実施し，その結果，修正や質問の追加を行う。

⑥　現地調査の実施

現地調査は人権尊重の視点からプライバシー保護に努める。

⑦　回収作業

⑧　調査票の点検

有効票と無効票との分類を行い，再調査の必要性について検討する。記入漏れ，無回答などの点検作業を行う。

⑨　調査データの集計・分析

基本集計，クロス集計，統計的検定などを行う。

⑩　調査報告書の作成

調査目的，調査方法，調査結果の概要，考察，結語，統計表（集計表），調査票などを含めて調査報告書を作成する。

2───調査方法による分類

現地調査を具体的に実施するには，調査の目的，調査対象，調査主体の状況などを総合的に理解して，適切な調査方法を選択する必要がある。ここでは現地調査の方法として主要なものを概説する。

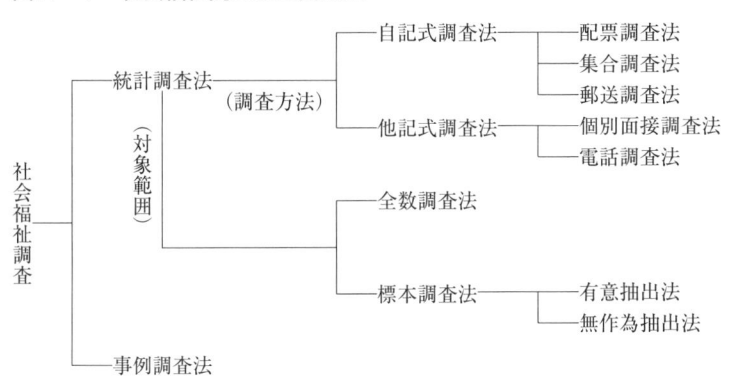

図11-1　社会福祉調査の主要類型

```
                                    ┌─ 自記式調査法 ─┬─ 配票調査法
                                    │                ├─ 集合調査法
                 ┌─ 統計調査法 ──┤                └─ 郵送調査法
                 │  （対象範囲）  │                
                 │  （調査方法）  └─ 他記式調査法 ─┬─ 個別面接調査法
社会福祉調査 ─┤                                    └─ 電話調査法
                 │                ┌─ 全数調査法
                 │                │
                 │                └─ 標本調査法 ─┬─ 有意抽出法
                 │                                └─ 無作為抽出法
                 └─ 事例調査法
```

質問紙法

　質問紙法は調査対象者（調査客体）に対して，質問紙（調査票）を用いて，回答を求める調査方法である。この方法は自記式調査法と他記式調査法とに分けられている。

　自記式調査法とは，調査対象者本人が自ら質問紙を読み，回答を記入する方法である。具体的には，配票調査法，集合調査法，郵送調査法がある。他記式調査法は，調査員が，調査票を用いて質問し，調査員が記入する方法である。具体的には，個別面接調査法，電話調査法がある。

① 配票調査法

　質問紙を調査対象者の自宅などに配布し，協力を依頼し，一定の期間をおいて調査員が回収してまわる方法である。この方法は回収率が高く，時間や労力の面で能率的であるが，調査対象者本人が記入しているかどうかは不明であり，また他者の意見に影響を受けて記入する可能性があるという短所がある。

② 集合調査法

　調査対象者に一定の場所（会場）に集まってもらい，あるいは調査対象者が集合している場合，その場所で質問紙を配布し，記入を求める方法である。回収率がよく，少数の調査員で済むという利点はある。また，調査

員が口頭で調査目的や記入方法を説明することができるため，記入上の誤りを防ぐことはできる。ただし，会場に集まった人々が調査目的に一致する調査対象者であるかどうかといった危険性も秘めている。

③　郵送調査法

　　質問紙を調査対象者に郵送し，記入後に返送してもらう方法である。この方法は調査対象者が広範囲に及んでいる場合に有効である。しかし，郵送による方法のため，回収率は低くなるので，調査の趣旨を理解しやすいように配慮し，返信用封筒を同封するなどの工夫が必要である。

④　個別面接調査法

　　調査員が調査対象者を個別に面接し，調査票を定められた方法で質問し，調査対象者に口頭で回答してもらい，調査員が調査票に記入する方法である。この方法は事前に調査員に個別面接調査に関する厳格な訓練をしておかなければ，調査員の言動によって調査対象者の回答が左右されたり，調査員の怠慢な行為が発生する可能性もある。

⑤　電話調査法

　　調査員が電話を利用して調査対象者に質問し，調査員が調査票に記入する方法である。この方法は調査対象者が広範囲に及んでおり，短期間に人々の意見や意識に関するデータを集めるためには有効である。ただし，質問項目が多かったり，複雑な質問は不可能である。

自由面接法

　　自由面接法は，質問項目の大枠のみを決めておき，後は面接者（調査員）の自由裁量で適切な質問を行い面接を進めていく方法である。非指示的面接ともいわれ，主に事例調査法で活用される。面接者と調査対象者が面と向かい合って会話するため，面接者の力量が問われており，相互の信頼関係が重要となってくる。なお，自由面接法は統計調査法では拾い上げることのできない調査対象者の内面を発見することができるという利点がある。その意味でも，この方法は面接者が相手の立場を尊重し謙虚な姿勢で質問するといっ

た人間関係づくりを基本にした調査法といえる。

観察法

　観察法は視覚や聴覚などによって直接的に調査対象者あるいは調査対象を観察し，調査データを収集する方法である。この方法は統制的観察法と非統制的観察法とに分けられている。

① 統制的観察法

　観察調査法を使用し，観察方法に統制を加えることによって客観的に観察を実施する方法である。この方法は主に小集団を対象とする場合に効果的である。

② 非統制的観察法

　この方法は非参与的観察法と参与的観察法とに分けられている。

　前者の非参与的観察法は調査員が第三者として調査対象者あるいは調査対象をありのままに観察する方法である。しかし，調査員の主観が生じたり，調査対象の内実をみることには限界がある。後者の参与的観察法は調査員が対象集団のなかに入り込んで内側からみていく方法である。

3────対象範囲による分類

　調査において対象となる個人の集合体を調査対象というが，調査対象の選定にあたっては，調査の趣旨に沿ってその人数や範囲を検討する必要がある。一般的には，対象範囲の設定方法は，全数調査と標本調査とに分類されている。

全数調査

　全数調査は，調査対象全体，つまり母集団について調査を実施するものである。5年ごとに行われる国勢調査は全数調査の代表例としてあげられる。全数調査は多額の費用を要したり，調査員の訓練が統一的にできていないと

調査結果に偏りが介入する危険性もある。調査対象が小集団であるときに効果を発揮する。

標本調査

標本調査は，調査対象全体（母集団）から一部分（標本）を抜き出して調査を行い，その回答結果から母集団の全体的傾向性（特性）を推定する方法である。標本調査は母集団を代表する標本を選定する意味で標本抽出法というが，この抽出法では以下のものが代表的である。

① 有意抽出法

母集団を代表すると思われる標本を任意に抽出する方法である。有意抽出法によって選び出された標本は母集団の典型であるという保証はなく，調査結果を一般化することはできない。有意抽出法は予備的な調査として，本来の調査の補助的方法として利用するにとどめておくほうが望ましい。

② 無作為抽出法

母集団から標本として抽出される可能性，つまり確率が等しくなるように一定の条件設定をして行われる抽出法である。標本調査は一般的に無作為抽出法が使用される。なお，無作為抽出法には以下のような種類がある。

ⓐ 単純無作為抽出法

調査対象全体をリスト化し，つまり抽出台帳をつくり，必要となる標本数だけ乱数表などを活用して，偶然性に委ねて抽出する方法である。この方法は無作為に選ぶという観点では最も確実なものであるが，抽出しなければならない標本数が多い場合には時間と労力がかかるという難点がある。

ⓑ 系統抽出法

等間隔抽出法ともいわれ，抽出する標本の１番めだけをサイコロや乱数表で決めて，後は等間隔で選び出す方法である。この方法で注意しな

ければならない点は周期性であり，例えば調査対象全体をリスト化したものが，男性，女性，男性，女性という形になっていると，等間隔抽出のため男性ばかりを抽出してしまうといった危険性がある。

ⓒ　層化抽出法

調査対象全体をいくつかに分割し，つまり層に分けておき，各層ごとに標本を抽出する方法である。層別の基準は基本的属性（性別，年齢など）が一般的である。

ⓓ　多段抽出法

全国規模の調査のように対象範囲が地域的に広範囲に及んでおり，多大の費用や労力がかかる場合などに行われる。例えば第一次標本として市・郡を抽出し，その後第二次標本として町・村を抽出し，町・村の選挙人名簿などから調査対象者に到達するという抽出方法である。

4───調査票の作成

社会福祉調査（特に統計調査法）はデータ収集のために調査票を介して行われる。調査票は調査対象者から回答を得るための科学的用具といってよい。なお，調査対象者が直接調査票に記入する自記式の調査票を質問紙という。一方，調査員が質問を読み上げて調査対象者からの回答を書きとめる他記式のものを調査票という。ただし，厳密に区別がされているわけではなく，統一して調査票と呼ばれることが多い。

質問項目の選定

質問項目は調査を実施することとなった目的，問題意識を整理するために時間をかけて入念に作成しなければならない。項目の作成手順としては，調査内容を主要な側面に分割し，大項目として章立てし，さらにそれらを中項目，小項目に細分化していく方法を取る。

また，質問項目のなかには基本的属性に関する項目を含めておかなければ

ならない。基本的属性はフェイスシート（face sheet）とも呼ばれ，調査対象者の年齢，性別，配偶者の有無などを意味するが，フェイスシートは調査対象者のプライバシーの問題とも関係しており，調査目的を熟慮し，不必要な内容は入れないように慎重な選定が重要となってくる。また，興味半分な気持ちで質問項目を混入させることのないよう注意し，必要最小限にとどめることも大切である。

質問文の作成

　質問項目の選定が終わると，次に具体的な質問文を作成することになる。質問文の作成においては用語や文章表現に留意し，簡潔で明瞭な表現方法に心がけなければならない。以下，作成上の留意点を記しておく。
① 専門用語や略語は使用しない。
② 曖昧で多様な意味にとれる言葉や表現は避ける。
③ 特別なイメージや価値判断と結びつく用語に注意する。
④ 回答者に心理的抵抗を引き起こすような表現は避ける。
⑤ 一般に2通りの使い方のある用語は，どちらかに限定する。通常，年齢は満年齢にする。
⑥ 一つの質問文で2種類以上の事項，意味内容を含む文章になっていないか注意する。
⑦ 誘導的質問にならないようにする。中立的な聞き方を取る。回答者は質問の内容にかかわらず，「はい」と回答する傾向を示すことにも留意する。
⑧ 一般的な状況に関する質問と回答者の個別的状況に関する質問とを使い分けておく。
⑨ 丁寧な表現や敬語をあまりにも多く使用すると，不自然な文章になることに留意する。
⑩ 対象者を限定する場合には，ろ過的質問（filter question）を用いる。例えばサービス利用の有無を聞き，その結果，利用者に限定して利用目的や利用頻度について回答を求める方法を取る。

回答形式

　調査票の作成においては，質問文と同時に調査対象者からどのような回答の取り方を行うかといった回答形式を決めておかなければならない。回答形式は自由回答法と選択回答法の二つに大別することができる。

① 自由回答法

　自由回答法は，質問文に対して回答を調査対象者に自由に答えてもらう方法である。この方法は数値か文字かによって，数値記入回答形式と文字記入回答形式とに分けられる。数値記入回答形式とは，年齢とか家族の人数のように数値の回答を求める形式である。これに対して，文字記入回答形式は市町村名などの単語を記入する形式もあるが，調査対象者の意見や考え方を自由に答えてもらう文章記入が主な形式であり，文章記入をもって文字記入回答形式と位置づけてよい。

　一般的には自由回答法とはこの文字記入を指すことが多く，調査対象者の考えを引き出すことが可能で，詳しい情報が得られるという利点もある。ただし，調査票を回収してみると，自由回答法の設問の部分だけが無回答であったりする場合が多くみられる。また，回答結果を整理するには多大な労力がかかる。自由回答法は次に述べる選択回答法では選択肢を用意するのに予測がつかないときや，それを補充する方法として活用すると効力を発揮することになる。

② 選択回答法

　選択回答法は，質問文とともに提示した選択肢のなかから回答を求める方法である。この方法は選択肢の選び方によって次の形式に分けられるため，設問の内容によって適切な形式を採用しなければならない。

　ⓐ 単一回答形式

　　提示する選択肢のなかから回答を一つだけ選んでもらう方式である。

　ⓑ 複数回答形式

　　この形式は二つに分かれ，選択する回答数を制限する制限複数回答形式と，回答数を制限しない無制限複数回答形式とがある。なお，前者の

制限複数回答形式の場合，例えば「三つ選び，番号に○をつけて下さい」と「三つまで選び，番号に○をつけて下さい」というように，回答数を提示する場合と，回答数の上限を提示する場合があるので，設問に適した方式を注意して選択するべきである。

ⓒ　順位回答形式

　　この形式は指定された数の選択肢を選んで順位をつける一部順位回答形式と，すべての選択肢に順位をつける完全順位回答形式がある。

　　選択回答法は自由回答法に比較して無回答が少なく，集計が容易であるという利点がある。調査対象者にとっても選択肢が用意してあるので回答はしやすい。ただし，十分な検討を重ねても重要となる選択肢が設定されていなければ，意味のない集計結果を導くことにもなりかねない。そのため，選択肢の最後に「その他（　　）」といった選択肢を用意し，選択肢の漏れを防ぐ工夫をする。

調査票の構成

　調査票は設問（質問文と選択肢）の並べ方によっても集計結果に影響を及ぼすことがある。調査票の体裁を整えるうえでの設問の配列の留意点を示すと以下のようになる。

① 　前に置いた質問が，次の質問の回答に影響を与えないように配慮する。このことをキャリーオーバー効果（carry-over effect）という。
② 　最初は簡単に回答できる差し障りのない質問をもってくる。
③ 　調査で最も調べたい質問は中心に置く。
④ 　一つの質問項目を調べるために，複数の質問を組み合わせるなどの工夫をする。
⑤ 　回答しやすい客観的事実に関する質問からはじめ，意見，態度などについての質問はその後にする。
⑥ 　回答しやすいように特定の質問をひとまとめにしておく。

　調査票の構成作業において予備調査は不可欠なものである。これはプリテ

スト（pre-test）とも呼ばれ，事前に調査票の試案を調査対象者の一部に対して実施し，調査票に不備がないか再検討を行う。また，調査票の構成過程では，調査の趣旨・目的を明記した依頼文や回答のための記入方法，およびフェイスシートを作成することは不可欠の作業である。なお，フェイスシートは調査目的や調査方法などによって質問内容は異なるが，最近は回答の拒否傾向を防ぐ意図から，調査票の最後に置かれることが多くなっている。また，調査票の最後には調査への協力に対する謝辞を表す文章を記載しておくことを忘れてはならない。

第3節　社会福祉調査の実施と整理

1──実施における注意点

プライバシーの保護と人権

　調査は調査対象者と調査主体者側との同意のもとに進められるが，調査対象者のプライバシーが完全に守られなければ社会問題化することにもなる。そのため，調査の実施にあたっては，調査対象者の名簿や調査票の管理を徹底させ，調査員に対して秘密保持の鉄則を教育しておく必要がある。匿名による統計調査といえども，調査対象者と直接的に接する限りは，調査対象者の不安感は存在しており，調査対象者に対して匿名であることを適切に説明することも必要となってくる。いずれにしても，社会福祉調査は人権を守る調査でなければならず，プライバシー保護の厳守とともに，調査内容のなかに必要な調査事項以外は盛り込まないといった節度が重要である。興味半分の質問は人権侵害につながることを熟慮し，鋭いアンテナをもつ姿勢で人権を守る調査が本来の社会福祉調査であることをわきまえなければならない。

回答への工夫と配慮

　社会福祉調査は生活問題を抱えている人々を調査対象とするため，対面的な調査法の場合，特に自由な発言が可能となる雰囲気づくりが大切になってくる。調査員と調査対象者との信頼関係はニーズを収集するうえで重要な意味をもつことになる。調査対象者の率直な回答を引き出さなければ，集計結果はその後のサービス提供を検討していくための資料とはなりえない。また，調査対象者が書きやすい，回答しやすいといった回答方法などにも注意を払うことが重要である。例えば匿名による調査であれば，調査票を封筒に入れ，密封して投票箱に入れてもらうといった工夫も必要となってくる。調査対象者のほんとうの声を聞くことができるように配慮しなければならない訳である。

調査員の態度・意識

　個別面接調査法や自由面接法などでは，特に注意しなければならない点として，調査員の言葉遣い，態度があげられる。そのため，マニュアルを調査員に配布し，事前の訓練・教育も重要であり，その際には調査"される側"の立場を強く意識しておかなければならない。同時に，尋ねることによって差別観をあおったり，調査対象者の悩みを深めたりすることのないように，人権擁護の立場から調査を実施することを常に考える必要がある。このことは，調査の具体的な実施のプロセスからではなく，調査目的の明確化の過程から既に始まっている注意点である。

2────集計までの準備作業

調査票の点検

　調査データの集計・解析にとりかかる前に，回収した調査票を点検しておかなければならない。点検には以下のことに注意する。
① 調査対象者である本人が回答しているか。

② 無回答はないか。
③ 指定した回答数と異なった数の回答をしていないか。
④ 判読できない文字や文章を書いていないか。
⑤ 二つの選択肢にまたがって○をつけるなどの不明瞭な記入はないか。
⑥ ろ過的質問において，回答すべき該当者が次の質問に答えているか。
⑦ 基本的属性において，抽出した名簿の内容と回答した内容とが一致しているか。

なお，通常の社会福祉調査では2分の1～3分の1以上の無回答があれば無効票とすることになっている。ただし，標本調査の場合，有効回収率が集計結果の信頼性をみる指標となったり，全数調査においても小集団の調査の場合，1名，2名の有効票によっても集計結果に微妙な影響を与えるため，可能な限り再調査を行う必要がある。

コーディング

コーディング（coding）とは，符号化ともいわれ，回収した調査票の回答に一定のコード（符号）を与えて集計を容易にする作業である。最近は，集計や検定にはコンピュータを用いるため，選択肢にあらかじめコードを付けておくプリコード（pre-code）方式の質問にしておくほうがよい。また，コンピュータを用いれば数値記入回答もそのままデータ入力し，平均や分散が簡単に出せ，またアフターコーディング（after-coding）も容易である。

3───調査データの集計・分析

集計

① 単純集計

単純集計とは，個々の設問（質問項目）ごとに回答を集計し，調査対象者についての設問別の特徴や傾向を把握する作業のことである。単純集計には定性的データの集計と定量的データの集計がある。

ⓐ 定性的データの集計

定性的データについては，設問の選択肢に何人の回答者が回答しているかを度数（人数）として集計し，度数分布表を作成する。その際には必ず相対度数である比率（％）を示しておかなければならない。パーセントは小数点第1位までを示すのが基本である。なお，単純集計の場合，無回答の処理をどうするかが問題となるが，単一回答形式では，通例，集計の対象に含むことが多い。ただし，調査の内容や目的に応じて判断する必要がある。

ⓑ 定量的データの集計

定量的データについては，平均や分散（標準偏差）などを算出する。また，データ解析用のプログラムパッケージを利用すれば，中央値や最頻値，最大値，最小値などが簡単に示される。データ解析用プログラムパッケージがあれば，度数分布表を作成し，ヒストグラム（histogram）としてグラフ化することも便利である。

② クロス集計

クロス集計とは，単純集計によって把握された回答の結果が，どのような要因（質問項目）によって説明できるのかを，二つ以上の質問項目を組み合わせることによって集計するものである。その意味で，クロス集計は調査結果の分析における最も基本的な作業といえる。

表11－1にはA市におけるひとり暮らし高齢者の「居住年数区分別の往

表11－1　居住年数区分別の往診医師の有無

	いる		いない		わからない		計	
0～4年	81	47.9	49	29.0	39	23.1	169	100.0
5～9年	106	64.2	36	21.8	23	13.9	165	100.0
10～19年	156	67.5	42	18.2	33	14.3	231	100.0
20～29年	120	65.6	37	20.2	26	14.2	183	100.0
30～39年	228	74.3	41	13.4	38	12.4	307	100.0
40年以上	435	75.8	66	11.5	73	12.7	574	100.0
計	1,126	69.1	271	16.6	232	14.2	1,629	100.0

診医師の有無」(クロス集計表) を示しているが，クロス集計表には比率(％) を表示しておかなければならない。パーセント表示は横計にするかあるいは縦計にするかであるが，この点はクロス集計表を説明するうえで強調すべき要因（質問項目），つまり仮説的独立変数の質問項目を中心に考えればよい。一般的に基本的属性は仮説的独立変数として集計が試みられる。

なお，標本調査の場合，標本誤差を考慮に入れなければならないため，カイ2乗（χ^2）検定（chi-square test）を行う必要がある。質問項目（変数）間の関係の有無の検定（独立性の検定）におけるχ^2の公式は以下のようになっている。

$$\chi^2 = \Sigma \frac{(fe - fo)^2}{(fe)}$$

feは期待度数（理論値），foは観察度数（実際の度数）であり，χ^2値である検定統計量が算出されると，自由度$df = (r-1)(c-1)$を出し，χ^2分布表から有意差検定を行う。なお，観察度数が5以下のものはイェーツの修正（Yates' correction）という補正をする。詳しくは，統計学などの文献に譲るが，標本調査の際にはχ^2検定や比率の差の検定は必要な作業である。

4 ── 調査報告書の作成

調査の最終段階として，調査結果をまとめて報告書を作成する。調査報告書は調査実施の目的やだれに読まれるかなどによって作成形態も異なってくるが，一般的には次のような要素から構成される。

① 表題
　調査内容を示す調査報告書の表題をつける。副題をつけると調査内容がわかりやすくなる。
② 実施主体
　調査の実施主体を明記する。また，発行年月日も提示する。

③　序文

　　序文ははしがきのことであるが，通例は実施主体の最高責任者が調査協力への謝辞や調査目的などを簡潔に記す。

④　目次
⑤　調査目的

　　調査を実施することになった問題とは何かについて明確にしておく。

⑥　調査方法

　　調査対象の定義，調査対象の選択方法，実施方法，調査時期，有効回収率などを記す。

⑦　調査結果の説明と考察

　　基本的属性も含め，質問項目のすべてについて集計結果を提示し，単純集計，クロス集計を基本に，分析結果を説明し客観的考察を行う。なお，調査方法によって異なるが，調査データの解析には散布図による解析や多重クロス，多変量解析なども試みる。

⑧　結語

　　調査結果からいかなる意義が見いだせるのか，あるいは問題解決への提言などをまとめる。

⑨　統計表（集計表）

　　単純集計を基本とし，主要な質問項目（例えば基本的属性）のクロス集計による統計表を載せる。

⑩　調査票

　　調査報告書には調査票を添付する。

　調査報告書が作成されると，調査の目的にそって公表される。なお，プライバシー保護に注意し，個別情報の管理を徹底させておかなければならない。

第 3 節　社会福祉調査の実施と整理

参考文献▶井村圭壯『社会福祉調査論序説』学文社，2001年。

根本博司ほか編著『初めて学ぶ人のための社会福祉調査法』中央法規出版，2001年。

星野貞一郎・金子勇編著『社会福祉調査論』中央法規出版，2002年。

立石宏昭『社会福祉調査のすすめ』ミネルヴァ書房，2005年。

東京大学医学部保健社会学教室編『保健・医療・看護調査ハンドブック』東京大学出版会，1992年。

井上文夫ほか『よくわかる社会調査の実践』ミネルヴァ書房，1991年。

井上文夫ほか『よりよい社会調査をめざして』創元社，1995年。

第12章
スーパービジョン

第①節　スーパービジョンとは

　スーパービジョンとは，対人援助専門職における教育訓練の一つで，面接や援助の過程や結果について記録および口頭で報告を行い，対応や援助の視点・方法について指導を行うことである。つまり，教育訓練途上にあるソーシャルワーカーやカウンセラーまたは，現職ソーシャルワーカーやカウンセラーが自らの職務上の専門能力・対応力・責任能力の向上をめざして，助言・指導・教育を受けることをいう。スーパービジョンを提供する側をスーパーバイザー（監督訓練者），受ける側をスーパーバイジー（被訓練者）と呼ぶ。

第12章　スーパービジョン

1───スーパービジョンの意義と目的

なぜスーパービジョンが必要なのか

　対人援助の専門職にスーパービジョンが必要な理由は，自らを見つめ直すことが人間には難しいからであり，第三者に指摘されないと自分の価値観の傾向や言動の癖や偏りに気づきにくいからである。さらに重要な点は対人援助専門職の仕事はソーシャルワークの能力と自己および自分がやって来たソーシャルワークを振り返る能力，この両者があいまって成し遂げられる仕事だからである。その意味で事例研究やスーパービジョンは初心者の対人援助専門職にとっても熟練の対人援助専門職にとっても自らへの気づきを深めるうえで，なくてはならない場であり，成長の場となる。ソーシャルワーカーとして成長するためには，有能なスーパーバイザーについて実際にケースを担当することが重要なポイントとなる。

　また，スーパービジョンは足りない知識や技術の助言を受けることだけが目的ではない。スーパーバイザーはスーパーバイジーが行うソーシャルワークの責任を担って組織的にバックアップすることを確認するためのものでもあり，実習生や経験の少ないワーカーにとっての心理的サポート機能ももっているといえる。

スーパービジョンの具体的な目標

① 　スーパーバイジーをサポートして自信を与える。
② 　スーパーバイジーの専門性に基づく援助の改善点や自分の価値観の傾向に気づかせる。
③ 　スーパーバイジーのもつ能力を最高にまで引き上げる。
④ 　ソーシャルワークの責任を担って組織的にバックアップすることを確認する。
⑤ 　スーパーバイジーが担当するクライエントに最良の援助が提供できる。

第1節　スーパービジョンとは

グループスーパービジョンの意義

　スーパーバイザーとスーパーバイジーの二者によるスーパービジョンだけではなく，実践事例をもとに複数のスーパーバイザーとスーパーバイジー，または同僚同士がするケースカンファレンスなどを，グループスーパービジョンと呼ぶ。

　グループスーパービジョンでは，参加しているスーパーバイジーのさまざまな経験や思いを提示し，それが議論される。参加者がその過程を自分自身の場合と比較したり，出された評価を実践のなかで生かすことができれば，それだけ学習効果が高まる。例えば自分がなんらかの反応を起こすクライエントについて報告したとして，すべての参加者が同じ反応を示さないことに気づくことができる。自分はなぜその反応を起こすのかを検証する機会が得られ，感情が揺れるときは自分の価値観が前面に出ていると気づくこともできる。

　つまり，グループスーパービジョンは，互いの経験を検討し合うことで，専門的知見や洞察力を高め感性や気づきを養い，日々の実践を理論や知識に結びつけ，逆に理論を実践へとつなげていくことができる非常に有意義な機会なのである。また，うれしいときはもちろん，つらいときの心の支えを得て，相互に成長を援助し合うことができれば，専門家として豊かな成長を遂げる場となる。

2 ── スーパービジョンの機能

　スーパービジョンには以下のような三つの機能があり，最終目標である利用者への適切で効果的な援助を達成するために実施される。

管理的機能

　社会福祉は社会福祉制度・政策を軸に関係行政機関・社会福祉施設といった「場」を中心に展開されてきた歴史的条件および経緯がある。そこでは，

第12章　スーパービジョン

機関・施設の機能が適切に運用されているか，またその限界を超えていないかどうかといった効果測定側面において，管理運営的な要素が求められるのである。つまり，利用者に対し，公の機関・施設として社会福祉サービスが公平・平等に提供されているか，あるいは社会福祉専門職員が利用者に対し，適切かつ効率的対応ができているかどうか，効果的に助言あるいは指導しているかなどの点において，組織的に展開できるようにしていく管理運営が求められてきたのである。具体的に述べると，新人であろうとベテランであろうと，社会福祉サービスが漏れなく提供され，中断および放置されることなく継続して援助を受けられるように維持および管理していくことを目的とする。

教育的機能

　熟練したスーパーバイザーのもとで，スーパーバイジーの直面した問題（事例の分析や面接方法・記録方法・援助計画など）の相談に応じ，よりよい解決の方法や手段をともに考え援助，時には指導し，スーパーバイジーの専門的知識や援助技術の向上を図ることを目的とする。

　したがって，スーパーバイザーは常に新しい知識・技術に関心をもち，たえず学ぶ努力や自らの人権意識を向上させ自己研鑽に努めなければスーパービジョンの教育的機能の役割を果たすことは難しいといえるだろう。また，スーパーバイザーは，どのような教育訓練も価値や倫理に基づいたものでなければ，単なる技術的な訓練にすぎなくなることを肝に銘じ，スーパーバイジーにソーシャルワークの価値と倫理に関する実践を求めなければならない。

支持的機能

　スーパーバイザーが精神的・情緒的にスーパーバイジーを支え励まし，スーパーバイジーが利用者との援助活動を円滑に，かつ適切に行えるようにすることを目的とする。具体的にはスーパーバイジーが燃えつき症候群や過

労で倒れたりすることのないように配慮したり，難題を抱え込み，精神的にダメージを受けているときはスーパーバイジーの訴えを十分に傾聴し受容を図り，モチベーション（意欲）を高めるなどのことを行うのである。このような一連の過程を通じて，利用者の気持ちや問題状況の理解をさらに促していくのである。

優れたスーパーバイザーとは

　優れたスーパーバイザーは，同時に有能なソーシャルワーカーであることはいうまでもなく，自らの活動に付随する倫理的，法的および職業的制約を十分心得ていることが必要である。また，自分の専門性からスーパービジョンを行う際の目的，方針，理論的方向性を押さえ，助言を理解させるようにスーパーバイジーに説明できる力をもっていなければならない。前記のスーパービジョンの機能を理解し，同時に，適切な共感，純粋性，具体性，自己開示を実践する能力を有していることなどがあげられる。

3──わが国におけるスーパービジョンの課題

　日本では，スーパービジョンに関する実証的な調査・研究が十分なされてきたとはいえない。特に対人援助専門職におけるスーパービジョンについての研究はほとんどなされていない状況である。日本における社会福祉分野の専門性の確立が途上にあることも原因の一つであると考えられるが，今日，保健・医療・福祉体制の根本的な改革に直面しているにもかかわらず，スーパービジョンだけが，個々人のソーシャルワークの専門的価値・知識・技術を磨く手段として見なされているのが現状である。

　また，特に組織的スーパービジョンが及ぼす体制への効果性に関する認知は低く，施設や機関の管理者はスーパービジョンの必要性を軽視している傾向があるのはとても残念である。対人援助専門職のスーパーバイザーの研修システムや資格化なども社会福祉の分野は遅れているといわざるをえない現

状である。欧米の心理カウンセラーの領域のスーパーバイザー養成のシステムやスーパービジョンについての位置づけは学ぶべきものが多くある。

第②節　スーパービジョンの実際

　本事例は福祉事務所の生活保護課の熟練ワーカー（スーパーバイザー）と新人ワーカー（経験2年）の具体的なスーパービジョンの経過を示したものである。

1───事例の概要

　夫に5年前に先立たれたAさん（女性，78歳，半年前の要介護度は「自立」）は生活保護を受けながら，ひとり暮らしを営んでいた。最近，Aさんは足腰が衰え転倒が増えてきたため，ひとり暮らしが困難になっていると判断した新人ワーカーは，他市に住む息子夫婦と同居するように助言・指導を行っていた。もともとAさんは50年近くその家（借地）に住んでおり，強い愛着をもっていたので，なかなか新人ワーカーの助言・指導を受けつけなかった。新人ワーカーとAさんの信頼関係は通院に付き添ったり，家の補修などを新人ワーカーが行ったりしてとても良好であったが，その件だけは新人ワーカーの意見をどうしても聞き入れなかった。Aさんには長男と長女の2人の子どもがおり，長女は他県に嫁いでおり，長男は隣の市に嫁と子どもの3人で暮らしている。息子夫婦へはAさんの現状では同居が望ましいと考え，「母親と暮らすことは子どもの役目だろう」と強く説得を行い，しぶしぶ同意を得ていた。そのうち，Aさんは風邪をこじらせて寝込んでしまい，気が弱っているところへ新人ワーカーは再度息子夫婦との同居を説得。Aさんはひとり暮らしすることの自信が揺らいでいる様子だったが，やはり同意は得られ

ず，新人ワーカーはつい感情的になってしまい，不愉快な表情を残し，福祉事務所に帰所した。

2 ── スーパービジョンの始動から分析まで

スーパービジョンの始動

　新人ワーカーは福祉事務所に帰り，自分の支援の行き詰まりと不愉快な気持ちの処理に困り，熟練ワーカーに助言を受けることにした。熟練ワーカーはまず，新人ワーカーにスーパービジョンが必要だと判断したことを正しい判断だと評価し，次に新人ワーカーにケース記録の提出と現在の支援の状況の聞き取りを行った。熟練ワーカーは，ケース記録がある程度は記入されていることを確認し，目を通した後，新人ワーカーに以下について質問をし，翌日までに答えを用意することを伝えた。
① 　Aさんの生きがいや夢，どのような生活を望んでいるのか
② 　不愉快な気持ちになった理由を考えること
③ 　緊急でもないAさんの通院に付き添ったのはなぜか

スーパービジョンの展開1

　翌日，熟練ワーカーとのスーパービジョンによって新人ワーカーは三つの質問から，次のような気づきが得られた。まず，①の質問について，Aさんの生きがいや夢についてきちんと聴いたことはなかった。なんとかひとり暮らしを続けることがAさんの一番のニーズであると思い込み，Aさんの生きがいや夢，何を望んでいるのかを聴くことが重要だとは考えなかった。自分たちと同様に人が健やかに生きていくためには，必ず生きがいや夢が必要で，その夢や生きがいを支援することが大切だと気づいたこと。②の不愉快になった理由は，Aさんにとっていちばんよい支援は，息子夫婦との同居以外にないととらわれていたことからで，それは自分の価値観であり決してAさんの価値観ではなかったこと。Aさんの生活（人生）を支援することは，

第12章　スーパービジョン

Aさんの価値観に基づいたものでなければならないこと，あくまで主体はAさんであるということを忘れていたことに気づいた。また，支援計画ないしは価値観にとらわれやすい傾向が自分にはあること，感情が揺れるときは価値観が影響していることなどにも併せて気づくきっかけになった。③については，自分が母子家庭で育ったためAさんと母親が重なり，支援に影響してしまったこと。これは職務の境界を越えていた可能性があることなど，以上が熟練ワーカーからの助言で，新人ワーカーが得られた気づきであった。熟練ワーカーは新人ワーカーの気づきについて確認した後，改めてAさんの自宅を訪問することと新たな支援プランを立てるように指示を行った。

スーパービジョン後の展開2

　Aさんの自宅を訪問した新人ワーカーは，先日の強引なやり取りをきちんと侘び，Aさんからスーパービジョンで気づいた点に焦点を絞り聞き取りを開始した。Aさんは，亡き夫との苦しいながらもささやかな幸せを大切にしながら，この家で二人の子どもを育てたこと，夫と共働きで借地ではあったが自分たちで家を建てたときの喜びや，夫が事業に失敗して借金を返済していた時期の苦しかったことなどを，初めて新人ワーカーに打ち明けた。また，長男，長女が今は幸せに暮らしていることの喜びや，自分が夫の姑とうまく関係がもてなくてつらい思いをしたことから嫁との関係を大切にしたいので，同居はしたくないことなどを話した。新人ワーカーは改めてAさんの思いを自分は理解できていなかったこと，自分の価値観をAさんに押しつけていたことを反省した。熟練ワーカーの「ソーシャルワーカーは，クライエントが望むその人らしい人生が送れるよう支援することを，基本にしなければならない」という言葉の重みとソーシャルワークの責任の重さを実感した。

スーパービジョン後の展開3

　新人ワーカーはAさんの自宅への訪問を繰り返し，Aさんのニーズを尊重

しながら，次のような支援プランを作成した。
① 要介護度の区分変更の申請を行うこと（半年前の認定調査時より悪化が認められるため）。
② 在宅支援を中心にした在宅介護支援のプランを，本人参加のもとに介護支援専門員の支援を受け，短期と中長期の支援計画を作成した。
③ 息子夫婦にAさんの思いを伝え，できる範囲の協力を依頼し，新たな支援プランを示す。
④ Aさんと仲のよい近隣の友人に会い，Aさんの了解を得て訪問など交流の依頼を行う。
⑤ Aさんが望んでいた観劇が実現できないか，息子夫婦と話し合う。

　以上の支援プランを作成し，スーパーバイザーの熟練ワーカーに確認してもらった。熟練ワーカーは新人ワーカーによい支援プランが作成できたことを評価し，Aさんの変化にはこれからも十分注意を払い，ほかの社会資源と連携しながら支援する必要があることを伝えた。また，対人援助の専門職にスーパービジョンが必要な理由は，自らを見つめ直すことが人間には難しいからであり，第三者に指摘されないと自分の価値観の傾向や言動の癖や偏りに気づきにくいこと，これはいくらベテランになっても同じことがいえると話した。

　また，熟練ワーカーはケース記録についての助言も併せて行った。その重要性や目的は，❶法的根拠を明らかにすること，❷正確な実態を把握し，援助の適否を再検討する資料となること，❸復命書になること，❹事例の分析や面接の研究およびスーパービジョンに役立つこと，などを改めて伝えた。

　新人ワーカーは熟練ワーカーに尊敬と感謝の気持ちを述べ，これからもスーパービジョンの依頼をした。

スーパービジョンの分析

　スーパービジョンの過程は，図12－1に示す始動期，展開期，終結期といった三つの時期と表12－1に示す六つの段階を踏んでいくことが必要にな

第12章 スーパービジョン

図12-1 スーパービジョンの過程

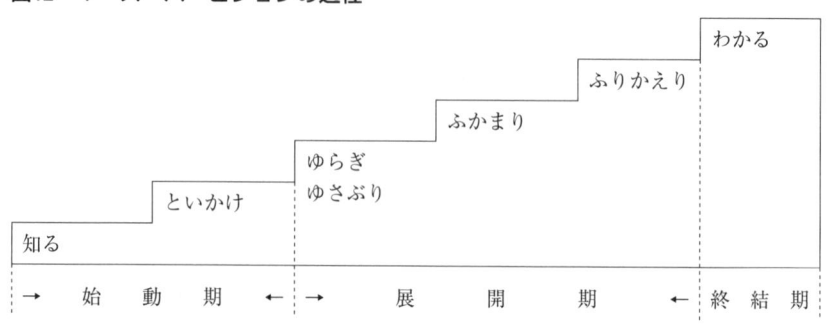

```
                                              わかる
                                       ふりかえり
                                ふかまり
                         ゆらぎ
                         ゆさぶり
              といかけ
       知る

  →    始  動  期   ← → 　　展　 開 　 期　　 ←  終 結 期
```

表12-1 スーパービジョンの時期と段階

時期	ステージ	内容
始動期	段階1「知る」	スーパービジョン関係を理解し，スーパーバイザー・スーパーバイジーの各々の役割を知ると同時に準備を行う
始動期	段階2「といかけ」	スーパーバイザーはスーパーバイジーのアセスメントを行う（スーパーバイジーの考え方や能力・問題状況等を把握） スーパーバイジーは，記録などの整備や考え方などをまとめる
展開期	段階3「ゆらぎ」「ゆさぶり」	スーパーバイザーは傾聴し，受容しながら，スーパーバイジーの課題や問題点の示唆を行う
展開期	段階4「ふかまり」	スーパーバイジーが精神的支持や心理的サポートを得て，質問疑問を表出し，自己洞察が行いやすいようにスーパーバイザーは留意する。
展開期	段階5「ふりかえり」	自分流（スーパーバイジー）の偏った見方・考え方あるいは思い込みや人権・権利擁護の視点はどうであったかへの検証を行う
終結期	段階6「わかる」	スーパーバイジーが自分の気づかぬ自分に気づく，または気づかされる

（大谷悟作成，1998年）

るだろう。段階1を押さえてから，段階2へ進み，そして段階3，段階4，……へと順に進んでいく。したがって，例えば段階2「といかけ」がうまくいかなければ，段階1「知る」のところに問題があるのだから，段階1に戻って，スーパービジョン関係で果たす相互の役割確認やスーパーバイザーの問いかけおよび課題の設定などを，改めて検証してみる必要がある。スーパーバイザーはスーパービジョンの全体像や構造を十分理解して，それぞれの時期や段階を踏まえて実施することが望ましいことはいうまでもない。

第③節　ソーシャルワーク実習におけるスーパービジョン

1────対人援助職にとっての実習

　対人援助専門職養成の大学および大学院教育では，実習とインターンシップ（現場研修）がその中核となっている。ほとんどの大学において実習をカリキュラムに取り入れ，それが教育訓練課程の重要な位置を占める。

　実習は理論と実践の架け橋となり，現場での実習は，学生が理論や知識としてとらえていたことと現場の組織で実際に求められていることを比較する機会になる。つまり，現場実習での実践経験において，実践に基づいた理論や知識および技能を直接学ぶ機会が与えられるのである。具体的には，書類の作成，組織の政策や運営，法制度の活用，さまざまな問題を抱えた幅広い利用者への援助などの実践を，実際の活動を通して学ぶことができる重要な機会である。

実習における具体的目標
- 対人援助活動で用いられているさまざまなアプローチや方法に関する知識を提供する。

第12章　スーパービジョン

- 学生の自己理解を進展させ，専門職としての意識を確立させる。
- 個人，家族，コミュニティなど，個人を取り巻く環境も含めた利用者理解を深める。
- コミュニティにおけるフォーマルおよびインフォーマルの援助システムの役割に関する理解を進展させる。
- 組織内における職種間の関係についても理解させる。

2───実習でスーパービジョンを役立てる

　実習には謙虚に臨むべきである。例えば自分は何でも知っているという姿勢で，実習に臨むなら，学ぶ機会も内容も限られたものになる。スーパーバイザー，先輩，同僚，利用者に対して謙虚に学ぶ姿勢がなければ多くを学びとることはできない。また，自分の不完全さを認める勇気をもち，間違いを犯すことはだれでもあることを認識し，もし間違いを犯しても，その原因を自分なりに分析することが大切である。そしてそれらのことをスーパーバイザーに包み隠さず話し，その助言を理解できるまで考察し，理解できない部分があれば積極的に再び助言を受けるべきである。

　実習生はすべてを知っていることを期待されていないことを自覚し，自分自身が学びの途上にあることを認め，未完成であることを認めることから，積極的な学びが始まる。そうすれば，利用者を自分の大切な教師としてみることもでき，多くの学びや気づきを獲得できるはずである。

参考文献▶大本和子・笹岡眞弓・高山恵理子編著『ソーシャルワークの業務マニュアル─実践に役立つエッセンスとノウハウ』(新版)，川島書店，2004年。

コーリィ，M.・コーリィ，G.（下山晴彦監訳）『心理援助の専門職になるために─臨床心理士・カウンセラー・PSWを目指す人の基本的テキスト』〈臨床心理学レクチャー〉，金剛出

版，2004年。

日本教育カウンセラー協会編『教育カウンセラー標準テキスト』〈初級編〉，図書文化社，2004年。

日本教育カウンセラー協会編『教育カウンセラー標準テキスト』〈中級編〉，図書文化社，2004年。

福山和女編著『ソーシャルワークのスーパービジョン——人の理解の探究』〈Minerva福祉専門職セミナー14〉，ミネルヴァ書房，2005年。

ニューフェルツ，S. A.（中澤次郎監訳）『スーパービジョンの技法——カウンセラーの専門性を高めるために』培風館，2003年。

第13章
社会福祉援助活動の実際

第①節　医療ソーシャルワーク

1────施設・機関の概要

　岡山旭東病院は，財団法人操風会の事業として1988年に開設された，162床の小規模病院である。脳神経運動器疾患を主対象とし，平均在院日数は約14日である。医療ソーシャルワーカーは診療技術部門に所属し，3名の人員で業務を行っている。

2ーーー事例

事例の概要

　Aさんは既往歴に脳性麻痺がある頚椎症のひとり暮らしの55歳男性。家族は妹と母親。

　外来通院時に相談室に来室。支援費制度の利用時間を増やしたいため、身体障害者手帳の再認定をしたいとの相談を受けたところからこの事例は始まった。

　その後ひとり暮らしの不安からか入院を強く希望するが、入院には該当しないという病院側の返事に落胆したためか自殺を意図し川に落ち、救急車にて搬入された。幸いにも病状は回復し、その後、身体障害者療護施設へ入所までを援助した事例である。

展開

2月2日

　本人岡山旭東病院医療福祉相談室に来室。岡山市内の市営住宅にひとり暮らし。電動車いすを使用。身体障害者手帳1級を所持しているが、支援費制度では全身性障害（両上肢両下肢2級以上）にならないとホームヘルパーの利用時間を増やせないので、再認定を希望。医療ソーシャルワーカー（以下、「SW」という）は、整形外科の診察に同席し、身体障害者診断書の記入を依頼した。

2月4日

　岡山市福祉事務所より、本人から訪問介護の時間を増やしたいとの希望があるとの、身体障害者手帳に関する問い合わせあり。全身性障害で認定できるとの返事をした。

2月5日

　救急外来にSWが呼ばれる。整形外科医より、「早朝よりしびれの訴えがあるが、検査の結果、入院の対象ではない。本人は入院を希望している

が，本人と話してほしい」との依頼を受けた。

　本人と面接。本人いわく，「最近，徐々に身体の動きが悪くなっており，ひとり暮らしが困難になってきた。昨夜よりしびれがあり，排せつ動作も自分でできない。昨日福祉事務所の担当者と相談し，1日2回の訪問介護だったのを3回に増やしてもらった。入院したいができずに残念である」。SWは再度医師に入院を打診するが，急性期病院として必要のない入院は無理であるとのこと。

　この時，SWは自分だけの判断では確信がもてないのでもう一人のSWを呼び，本人と同席面接を行った。両SWともに，強く入院をすすめるほどの確信がもてなかった。

　妹に連絡するが，今仕事中で来ることができないとのことなので，病院の車にてSW2人が自宅までお送りした。本人を抱きかかえてベッドまで運んだが，これでひとり暮らしをしていくには排せつ動作などかなりの困難があろうと感じられた。本人はあと30分したら訪問介護が来るので大丈夫というので自宅を後にした。ホームヘルパーは，午前，夕方，夜と3回来ている。

2月8日

　訪問介護事業所の管理者より連絡を受ける。本人の調子が悪く，明日受診予定。受診時の摘便と今後の摘便のための訪問看護の導入をお願いしたいとのこと。SWは，外来看護師，訪問看護ステーションの看護師に依頼し，受診に同席した。

　整形外科主治医より本人に，「今後病状が進行することはあっても改善することは難しい」と説明された。

本人「ああ私はもうだめですね。入院させてもらえないか？」

医師「入院しても手術をするしか治療方法がない。手術をしても大きな改善はないと思えるが手術をするか？」

本人「手術はいやです」

　SWはこのまま自宅へ返していいものだろうかと，若干の不安を感じて

はいた。

2月10日

　自殺を意図し川に落ち，救急車にて搬送され，ICU（集中治療室）に運ばれた。

2月11日

　ICU（集中治療室）担当医師より病状を聞く。水を大量に飲んでいたが，現在の病状は問題なく落ち着いているとのこと。

　妹より面談希望があり，本人と妹と面接。自殺しようとした理由は，ひとり暮らしが困難となってきて施設入所についても相談しているがすぐに入所は困難で，病院には入院できなかった。以前うつ病でかかっていた精神科の病院にも電話したが断られ，福祉事務所には自分で探すようにいわれ，いくつか電話したが断られ，もうどうしようもないと思い川に飛び込んだ。もはや自宅での生活は困難であるし，その自信もないので，自宅退院以外の方法を探していくこととなった。

　面談の結果をSWは主治医に報告。在宅生活は困難のため転院先が決まるまでの間の入院についての許可を得た。

　本人と妹は，転院先はどこでもいいができれば市内で，精神科だと介助してもらいにくいから病院がいいとのこと。

　岡山市内A病院に相談。認知症がない若い方の受け入れは困難。岡山市内B病院に相談。現在満床で待機者多数。岡山市内C病院，満床で待機者多数。B，C病院ともに3か月以上はかかりそう。

　今回の入院の経緯について福祉事務所担当者に報告。福祉事務所で施設入所の適性について判定し，その後本人に入所申し込み連絡票を交付，施設へ直接申請，入所決定の受給者証が交付される。身体障害者更生施設か療護施設かの検討のため主治医の意見書が必要。確認事項：①急激に能力低下した理由とその部分に対しての入院治療の必要性と今後の改善見込みについて，②今後訓練の成果が期待できるのか？　リハをして問題ないか？　その意見書が出たら判定会議を行うとのこと。

2月16日

　岡山市内D病院に相談。現在待機者多数。岡山市内E病院相談。待機者多数。3か月から6か月程度かかる。主治医の意見書に関する見解としては，今後頸椎症が進行するであろうという。SWは身体障害者療護施設が適切でないかと考えた。

2月17日

　訪問介護事業所の管理者が見舞いに来院した。本人とは長いつきあいで，とても信頼している人物であるので，本人もうれしそうである。

　岡山市内F病院に相談。待機者多数。3か月以上待ち。入院期間は6か月以内。その先の転院先の確保も必要。岡山市内G病院相談。入院は介護の療養型しかないので長期入院の受け入れ困難。岡山市内H病院相談。医療の療養型はあるが3か月の入院限定。2か月以上待ち。もう，岡山市内で考えられる病院はない。

2月18日

　施設の新規開設のため，先日あいさつに来られた身体障害者療護施設の担当者に連絡。入所の待機者は35人前後。重度の方は新規開所のため職員も慣れていないので受け入れは困難かもしれないが，希望届を出せば予約は可能とのこと。福祉事務所の判定後，入所申し込み連絡票の提出をする方向となった。一度本人と家族に見学に来てもらいその後本人の状態を施設が見させていただいて，入所の可否が決まることとなる。

2月23日

　本人と相談のうえ，岡山市内F，H病院を検討することとし，申し込むには妹さんに主治医の診療情報提供書を持参して相談に行っていただくことを説明した。そして，その先として3月開所予定の療護施設の申請をすることとした。その旨を主治医に報告し，情報提供書を依頼した。福祉事務所担当者より電話があり都合がつけば本日来院し，本人と相談したいとのことで設定する。面談室にてSWも同席のうえ本人，福祉事務所担当者との話し合い。施設入所前の聞き取り調査。今後1〜2週間で判定の結果

が出るが，仮の申請はできるので申請を進めていくこととする（早速施設に申請書を郵送した）。本日の経過は妹に報告した。

2月28日

　妹来院。情報提供書を渡し，転院の相談に行っていただく。

3月1日

　福祉事務所より「療護施設への入所の決定が出たので施設には決定通知書を郵送する，施設に直接申請し進めてほしい」との連絡。

3月4日

　身体障害者手帳代行申請を行うにあたり，デジカメで本人の写真をとり，写真の準備をした。支援費制度の代行申請のため代筆をした。施設に入所の決定が下りたことを電話で話し，本人，妹と相談し，15日に見学を兼ねて面接にうかがうこととした。

3月7日

　本日F病院に転院相談に行ったが，うつが原因で受け入れ困難といわれた。

3月8日

　H病院が受け入れ可能との返事だったが，「あそこは古くて狭いのでできれば行きたくない。直接施設に行くのは無理だろうか」と本人はいう。主治医の許可さえ得られれば可能と思われる。

3月15日

　本人，妹夫婦，SW二人にて身体障害者療護施設の入所前面接に同行した。本人は中学の間施設で過ごしていたので以前のイメージがあったが，設備面も職員もとても気に入った様子でぜひお願いしたいといわれた。施設側からは判定会議の後，早くて4月中旬の入所となるとの話であった。

3月27日

　施設より受け入れ可能との連絡あり。自助具にて食事の自己摂取など施設入所時の生活を想定し，作業療法訓練場面を見学する。自助具の設定のため，電動車いすを若干の改造をする必要あり。身体障害者福祉法による

補装具の修理申請書類を申請して対応することとする。

4月12日

　施設入所の日となり，訪問介護事業所の管理者や訪問看護員の見送りのなか，妹とSWとで施設までお送りし，施設入所となりこの事例を終えた。

　　　︙

6月12日

　「Aさんどうされているかな？」という話題が相談室内で上がり，本人に電話をしてみた。「今度Aさんのことを大学等の講義で使わせていただけませんか？」と聞くと，「社会に役立つなら自分の事例は講義や専門書で紹介してもらっていいし，むしろ紹介してもらえれば，ありがたく思う」と言ってくれた。声も元気そうであったので，安心していた。

6月30日

　施設より連絡。本人，施設の近くの川に飛び込まれ，協力病院の集中治療室に入院し，意識不明の重体。予断を許さぬ状況である。

7月1日

　協力病院のSWに問い合わせると，今朝亡くなられたという返事で愕然とした。

3────考察と課題

　この事例は，身体障害者手帳にかかわる相談から始まっている。身体障害者手帳の表記により支援費制度のなかで適用されるサービスが変わってくることに対する相談で，主として社会資源を提供することが求められた。SWの援助としては，社会資源の提供に関してさまざまな情報を集約し提供した点からは特段に反省点は思い浮かばない。

　しかし，予想もしなかった結果となってしまった。まず，先行きの不安から自殺を企図し病院へ搬送された時のことである。幸いにも大事に至らず，

その後の援助を進めることができた。皮肉なもので入院を断った医師もそのことへの罪悪感からか，それほど入院期間を制限する発言はなかった。その後はAさんの事例がうまく進んだと評価していたので，SW二人もこの事例は大学での講義や本の事例などで紹介できると思っていた。

　Aさんがもう一度自殺を企図されるなどとは想像もしていなかった。結果はどうなるかわからないが，想像ができていればと悔やまれてしまう。そして，Aさんの主訴をどこまでとらえることができていたのかという点については，忸怩(じくじ)たる後悔の念が生じる。

　AさんのADLが低下し，ひとり暮らしを続けていくことに不安が募り，すがる思いで病院への入院を希望したが，整形外科の医師からは急性期の疾患ではないという理由から入院を許可されなかった。本人が感じていた絶望感とSWが想像していた本人の思いとの差は，いったいどれほどのものだったのだろうか。本人の気持ちが共感できているという自負は，時にはSWの思い上がりでしかないのかもしれない。今，いえるとすれば本人の自己決定とは本人のみぞ知ることで，SWは，本人の自己決定を全身全霊で理解するようかかわっていくことが，職種としての必要条件であるということである。

　この事例を担当したもう一人のSWは，筆者からみて卓越した臨床能力を備え，筆者とともに精一杯かかわったつもりであったが，残念ながら上述したような結果になってしまった。私たちのかかわりは，果たして本人の意図するところに沿えていたのかどうか，確かめようにももう本人は存在しない。この事例を出すべきかは相当に悩んだが，あえて提出することでこれからSWをめざされる方や他のSWの参考になればと思い，執筆することに決めた。

　SW二人は机のひきだしに身体障害者手帳用にとったAさんの写真を，今も密かにしのばせている。

第②節　精神科ソーシャルワーク

1────施設・機関の概要

　高幡広域精神障害者地域生活支援センター「こころ」(以下,「センター」という)は,設置主体を高知県須崎市,運営主体を須崎市から委託を受けた社会福祉法人須崎市社会福祉協議会として2003年7月に開所した。施設長を含め職員5名の訪問型の支援センターである。

　センターは近隣5市町村を範囲とし,事務所は須崎市内,他4町村では役場などの一室を拠点として活動している。月2回,センター職員が事務所から定期的に出向き,拠点で相談や交流活動や当時者宅への訪問を行っている。当事者の居宅に訪問することで生活者としての当事者性が,地域に出向くことで当事者が生活している地域性がより理解できる。

2────ソーシャルワーカーの業務

　センター職員は,精神保健福祉士や社会復帰指導員としてソーシャルワーク業務を行っており,相談業務・日常生活の支援・地域交流活動が主要な業務である。

　相談業務としては,当事者宅へ訪問して行う訪問相談,当事者が事務所や各町村拠点に来所して行う来所相談,電話による電話相談がある。相談業務といっても,時にはその人の一日の出来事や住んでいる地域の様子などの何気ない会話をすることもある。話をする,そして相手の話を聞くという会話は人間関係を築いていくうえでとても大切なことである。

　日常生活の支援としては,食事や掃除などの生活上の困りごとや公的制度の利用に関することなどに対して援助・支援を行う。例えば,料理の手順や材料の切り方を教えたり,実際にいっしょに作ってみる,また掃除機やほう

きの使い方，ゴミの出し方などを教えたりする。そして年金や手帳など公的制度の手続きをいっしょに行ったりもする。

　地域交流活動としては，当事者同士の交流会などの場を提供している。センターでは，全市町村当事者を対象としてスポーツ交流会を月１回，料理教室を２か月に１回行い，また，各町村の拠点の場でもそれぞれ交流の場を提供している。

　ソ・ー・シ・ャ・ル・ワ・ー・ク・といわれるように，どの業務を行ううえでも社会的な視点は忘れてならない。当事者とワーカーという二人だけの世界では完結しない。当事者には当事者の生活があり，家族や近隣住民，市町村の保健師などさまざまな人との間で生活をしている。ソーシャルワーカー業務は，当事者個人をみる視点とその当事者を取り巻く社会を見る視点の両方をもつことによって成立している。

3──事例

事例の概要

　Ｙさん，男性，47歳，統合失調症。

　高校卒業後，実家から離れた地域で就職，寮生活を始めるが，働き始めたころから不安感や恐怖感が強くなり，仕事にも支障が出てきた。精神科を受診し統合失調症と診断され退職する。その後20年もの間入退院を繰り返し，現在は自宅で両親兄弟とともに生活している。

　症状としては，陰性症状が強く，何事にも無気力であり，意欲・自発性に乏しい。また不安感や恐怖感が強い。生活をしている地域には公共交通機関はなく，買い物は移動スーパーか１軒だけある店でするというような地区である。当事者はバイクに乗る。

展開

Ⅰ　当初

《Yさんの様子》2004年4月，センターの新人職員がYさんの住んでいる市町村担当となり，保健師に同行しかかわりを始める。

そのころのYさんは，何かをしようとする意欲に乏しく，終日タバコを吸って過ごすこともあった。また，家族や近隣の人に対して何かされるのではないか，何かいわれるのではないかとおびえ，将来に対して漠然とした不安感をもっていた。そのため常に「安心して暮らしたい」と話していた。

《かかわり》職員は社会人1年目であり，机の上での知識で『受容』と『個人の尊重，自己決定』ということを大切にかかわっていた。例えば，Yさんの話を否定せずに聴き，Yさんの話した言葉をそのまま受け止め，受け入れる。このようなかかわりを続け，事務所にまで来所してくれたり，電話をくれたりと常に話してくれるようにはなった。しかし，不安感や恐怖感，終日何もしないで過ごすといったことについての変化はなかった。

Ⅱ　転機①

《援助・支援》家でのいづらさ，将来への漠然とした不安感の緩和に向けて，支援計画を立てることとなった。まずは，当事者本人が生活していくうえで大切だと思うこと，また，できそうだと感じることから始めてみようと提案した。Yさんは，「大切と思うことは食事」「できそうなことは掃除」というので，具体的にどういうことができそうか話し合い，食事に関しては米を炊くこと，また，掃除は庭を掃除することがあがった。そして，どのくらいの頻度でならできそうかを話し合い，それぞれ週1回（曜日も決める）行うこととなる。

この計画を立案・実施するなかで大切だったのは，母親もいっしょに話し合い，Yさんと母親が計画を実行することであった。日常生活の支援においては，当事者のいちばん身近な家族がキーパーソンであり，Yさんの

場合，今まですべての家事を行っていた母親の理解，協力が必要不可欠で，その役割分担が重要となった。

《Ｙさんの様子》当初から「安心して暮らしたい，生活したい」と話していたが，どのような場が安心できるのか，具体的な生活ということが全くイメージできなかった。何度か話し合うなかで，生活がイメージできたことに食事と掃除があった。確かに米を炊くという未知の体験にＹさんの不安感は高まったが，母に促され教えてもらいながら挑戦していくことで，週１回だったものを週２回，３回としだいに回数を増やしていった。掃除も，母親から促し，ほうきの使い方やはき方を教えるといったことを担ってもらった。筆者はこの二人を見守りながら，援助していった。

Ⅲ　転機②

《援助・支援》家庭内での役割も少しずつ増えていくなかで，Ｙさんのニーズは具体的な生活レベルで広がっていった。Ｙさんの希望と同時に，援助・支援の幅をより広げるためにホームヘルプサービスを導入することとした。導入にあたり，センター職員はホームヘルプサービスの窓口である市町村，ヘルパー事務所である社会福祉協議会との連絡調整を行い，また，継続利用するなかでも連絡調整，ケース会議など継続した連携を図った。

《Ｙさんの様子》対人関係を築くことが苦手なＹさんにとって新たな人（ホームヘルパー）とのかかわりは再び不安感を強いものとした。しかし，料理や掃除などサービスを通じてヘルパーとかかわりをもっていくなかで不安感は，徐々に緩和されていった。筆者はＹさんとホームヘルパーとの間で，それぞれの思いを受け止めながら，相談を行った。

Ⅳ　その後

《Ｙさんの様子》Ｙさんに「家での役割は？」と尋ねると，「米を炊くこと，お風呂を沸かすこと，掃除すること，庭を掃除すること，布団を干すこと」とすらすらと答えてくれる。特に米を炊くことやお風呂を沸かすことは母親の促しがなくても毎日自分から行っている。家庭のなかで役割

をもつことにより,「家にいづらい」ということは言葉に出なくなった。将来に対する不安感は口にするが,以前のような「漠然とした不安がある」というのではなく,「収入がない」「仕事をしようかとも思う」など具体的な不安感を口にするようになった。また,当事者同士のさまざまな交流会へ参加し,自ら行動するようになった。

《周りの支援》計画を進めるなかで,家族,市町村などの支援が必要であり,連携を図り役割分担することが大切であった。具体的に家族との連携は,訪問相談時に家族ともいっしょに話し合う,市町村などとの連携は,ケース会議などを通じてそれぞれの役割を確認し連携を図っていった。

- 家族の役割:Ｙさんに家事を任せ,行動を促すよう声かけをする。家事を一つひとつ教え,できたことは認め,褒める。症状は日によって変動があることを理解する。
- 市町村の役割:市町村デイケアへ参加を促し,そのなかで,対人関係の予行演習をする。生活の幅が広がるような作業を行う。
- ホームヘルプの役割:さらなる生活能力の向上を図る。できたことは認め,褒める。
- ソーシャルワーカーの役割:当事者の受容。家族の受容。ケアマネジメント手法を用いながら,市町村やホームヘルパーなどの関係職種・関係機関との連絡調整を図る。

4───考察と課題

本事例では,個別援助からケアマネジメント手法を用いた支援に移っていくなかでのＹさんの変化,また,その時々の援助・支援内容を記した。

援助開始時,新人であった担当者(筆者)は「受容」「個人の尊重,自己決定」の意味を履き違えていたことが今思うと失敗であったと思う。Ｙさんの言葉をそのまま受け止め,話していることを自己決定であるかのようにかか

わりをもっていた。今でこそ理解できるが、当時は口から出た言葉のみを真に受けてしまっていた。当事者の隠れた可能性をつぶしてしまうこともあったと思う。Yさんとの関係が構築される過程で、そのことが見えてきたことが、ソーシャルワーカーらしい仕事ができるようになってきたのではないかと考えている。当事者のできるかぎりの可能性をきちんと把握し、さまざまな選択肢を示すことがソーシャルワーカーとしての筆者の当面の課題である。

訪問による相談を継続した点と関係機関との連携を密にとった点が、計画立案・実施をうまく行えたことだと考えている。訪問による相談は、実際にYさんが生活している場での面接（生活場面面接）であり、Yさんの生活を直接感じることができた。訪問し家族とも常に関係を築くことができ、Yさんが家庭での役割を担ううえでの理解・協力が得られやすかった。家族が病気の理解をしてくれること、「転ばぬ先の杖」ばかりの存在ではなく当事者に任せていく勇気をもつことが援助の基本方針であった。このことを基盤にして、家族、関係職種や関係機関との間を調整して、Yさんのニーズを実現する方向でケアマネジメント手法を用いた支援になっていった。地域で生活している精神障害者を地域で支えていくために身につけなければならないのがケアマネジメントである。さらなる自己研鑽が不可欠である。

このように、ソーシャルワーカーは、当事者個人を援助するとともに、当事者の生活全体をみる視点をもち、全体（周り）に対してもかかわることで支援していくことが大切であるといえる。

第 ③ 節　子どもへのソーシャルワーク

1────施設・機関の概要

　児童相談所は，児童福祉に関するさまざまな問題に対応する機関として各都道府県，指定都市および児童相談所設置市におかれている。その業務としては以下四つの事柄をあげることができよう。
① 子どもに関するさまざまな問題に対し，家庭その他からの相談に応じること。
② 子どもおよびその家庭に対して必要な調査を行い，医学的・心理学的・教育学的・社会学的および精神保健上の判定を行うこと。
③ 子どもおよびその保護者に対し調査または判定に基づいて必要な指導を行うこと。
④ 子どもの一時保護を行うこと。

　児童相談所の相談件数は平成4年度まで横ばい状態が続いたが，現在では急増し年間40万近い相談件数を数えるほどになっている。相談内容はおおむね，①障害相談，②育成相談，③養護相談，④非行相談，⑤その他の相談に分類でき，最も多いのは障害相談で全体の半分近くを占めている。また「子ども虐待」などにかかわる養護相談も増加傾向にある。

2────ソーシャルワーカーの業務

　児童相談所には所長および所員がおかれ，ソーシャルワーカーといわれる児童福祉司・相談員が「社会診断」を，児童心理司などが「心理診断」を，医師が「医学診断」を，また一時保護所で児童指導員，保育士が「行動診断」を行う。これらをもとに判定会議が行われ，最終的に援助方針会議が開かれた後，子どもや保護者に対して適切な指導や施設入所措置が行われている

第13章　社会福祉援助活動の実際

（図13-1）。

ソーシャルワーカーは，①担当地区内の子どもや保護者から福祉に関する相談に応じ，②必要な調査や社会診断を行い，③子ども，保護者，関係者などに必要な指導を行う。その際ソーシャルワーカーは，地域住民，福祉事務所（家庭児童相談室），保健所（保健センター），民生委員・児童委員，主任児童委員，児童家庭支援センター，家庭裁判所，学校，保育所，警察，医療機関など，子どもたちにかかわる人々や機関と連携をとる「コーディネーター」の役割を果たしていることも忘れてはならないだろう。

以下では，この児童相談所の相談援助業務について，最近問題になっている「子ども虐待」の事例を通して考えてみよう。

図13-1　児童相談所における相談援助活動の体系・展開

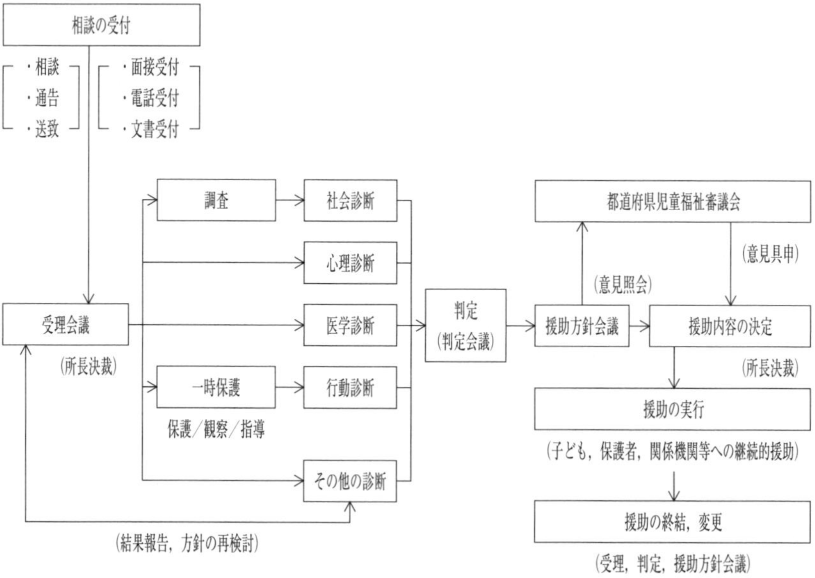

資料：厚生労働省ホームページ

3────事例

事例の概要

「子ども虐待」は，近年，非常に大きな社会問題となっている。平成16年度に児童相談所へ通告された虐待件数は，3万2979件である。しかし虐待の実数はもっと多いと考えなければならない。子ども虐待は家庭という一種の密室のなかで行われることもあり，なかなか通告に至らなかったり，発見が遅れてしまうのである。

本事例は，母親が子どもに虐待を行っているのではないかと近隣の住民から児童相談所に通告があり，児童相談所のソーシャルワーカーが各関連機関と連携し解決に導いたものである。なお，実際にあった虐待事例をもとにしているが，本人や地域を特定できないよう筆者が再構成した事例であることを付け加えておく。

援助の展開

① 通告の受理

児童相談所にA市B町に住むCさんから電話がかかってきた。電話の内容は以下のとおりであった。

「私はB町に住むCと申します。近所に住んでいる家庭のことでご相談します。その家庭は私がみるかぎりでは父親はおらず，母親と小学生の子ども（男児）と保育所に通う子ども（女児）の3人家族です。普段母親は洗濯もしていないようで，小学生の男児はいつも汚れた服を着て歩いていますし，その家族が住んでいるアパートの前を通ると，母親が怒鳴る声や子どもが泣き叫ぶ声をよく耳にします。アパートのドアの外に子どもが裸足のまま出されている姿もよく目にしておりました。母親のしつけの一つかもしれないと思い通告を迷っていましたが，この間，小学生の男児の背中にたばこを押しつけたような丸い火傷のあとをみたという人がおり，手遅れになる前にと思い連絡しました。最近保育所に行っているはずの女児の

第13章　社会福祉援助活動の実際

姿もみえませんので，ぜひ様子をみていただきたいと思います」

② 家庭の特定および情報収集・調査

　この電話を受け，児童相談所のソーシャルワーカーは受理会議を行い，早急に相談援助活動を開始した。児童相談所のソーシャルワーカーは，まず市役所に対して，この家族が実際に住んでいるのかどうか確認を行った。

　そのうえで，保健所の保健師および家庭児童相談室の家庭相談員に，この家庭について情報をもっているかどうか電話連絡を行った。また，市町村の保健センター，この家庭の担当区域になっている民生委員・児童委員や主任児童委員，男児が通っている小学校，女児が通っている保育所にも協力をお願いした。その結果，この家族はＡ市Ｂ町に住む母親（38歳）と小学校3年生の男児Ｄ君と保育所に通う2歳女児の3人家族であることが判明した。

　母親はこの町に知り合いがほとんどいないようである。Ａ市には父親の仕事の関係で3年前に転入してきたが，父親は酒癖が悪く，母親やＤ君に暴力をふるうこともあり昨年の夏に離婚したそうだ。父親は現在，行方不明となっているが，その後，新たに男性が出入りしているという話はない。

　母親は精神的に不安定で，離婚後，定職についてもすぐに職場の人間とトラブルを起こしやめてしまうため，なかなか安定した収入を得ることができないでいる。現在は体調もすぐれず，日中でも自宅にいることが多くなっているようだ。収入が不安定で少ないため生活保護を受給しているが，週3日程度，近くのコンビニエンスストアで夜間アルバイトを始めたという。現在2歳になる女児が1歳6か月児健診を受けたとき，女児に対する言動が乱暴で保健師の助言を受けている。その後，保健師が頻繁に自宅を訪問するようになっているが，居留守を使われている。

　母親が食事を作らないため，Ｄ君はいつもおなかをすかせている。母親が夜間にアルバイトをするコンビニエンスストアでパンを万引きしようと

して，店員につかまったこともある。母親が仕事をしている間，女児の世話はD君がやっており，そのことがD君の負担になっている。D君は毎日学校には通っているものの，清潔な服装をしているとはいえず，友達からも「くさい」といじめられている。それでも毎日学校に通うのは，小学校でだされる給食にひかれているからのようだ。保育所に通っている女児は少しやせており，顔にあまり生気がないものの，保育所で食事ができることもあり栄養状態には問題がないとのことである。

③ 虐待の種類・緊急保護の必要性

　各機関からの以上のような報告を受け，ソーシャルワーカーが家庭を訪問した。すると母親はまず，児童相談所からソーシャルワーカーが来たことに驚いたようである。そして，ドア越しに「子どものことは大丈夫なので帰ってほしい」と家のなかに入れるのを拒絶した。しかし，女児が部屋のなかで泣きやまなかったことや母親自身の体調が相当悪かったことも幸いし，ソーシャルワーカーの懸命な説得で鍵を開けてもらうことに成功した。

　家の玄関付近はかなり汚れており，ゴミ袋が散乱していた。部屋のなかに入っても，コンビニで買ったらしいお弁当の容器やカップラーメンの容器が食べ散らかしたままで，まるでゴミのうえに布団がひかれているような状態であった。通告では虐待が行われているとのことであったが，子どもは外見は元気そうだった。子どもたちの身体の様子をチェックしたところ，女児には身体の傷や火傷などは見当たらなかったが，D君の身体の状態は標準の子どもよりもやせており，背中に数か所たばこの火を押しつけられた古い傷あとがみられた。そのため二人とも，児童相談所一時保護所に緊急一時保護する手続きをとり，体調不良を訴えた母親には病院の診察を受けてもらうことになった。

④ 虐待が起こった背景と要因

　虐待の種類は母親によるネグレクト（保護の怠慢ないし拒否）であった。D君の背中にみられた古い傷あとは，父親といっしょに暮らしていた際

に，背中にたばこの火を押しつけられたものであることがD君の話からわかった。

母親はこの数年間見知らぬ土地になじめず，友人もできずにずっと孤立した状態であったようだ。自立するために仕事を見つけたいと思ってはいるものの，人間関係でつまずき長く勤めることができなかったとのことである。仕方なく始めた夜間のコンビニエンスストアのアルバイトも，体調の悪い体に負担になっており，子どもに食事もきちんと作ってやれず，子どもと向き合う時間も思うようにとれないでいるらしい。体調がすぐれず精神的にも不安定である状態が続き，寝たり起きたりの毎日で，2歳の女児が泣きやまないとつい手をあげてしまったりD君に当たってしまったりするようだ。

D君は食事に異常な執着をもち，自分が食べるためには万引きもしかたがないと思っている。いじめられても学校に行くのは「お昼に給食がでるから」だと彼はいう。

⑤　児童相談所の援助

医師の診察を受け，母親は軽いうつ状態であること，また肝機能障害を起こしかけていることがわかり，緊急入院することとなった。幸い病状は軽く，数週間の入院で済むことから，その期間子どもは児童相談所の一時保護所で様子をみることになった。

最初は母親と離れたこともあって，子どもたちは緊張していたようだ。彼らをお風呂に入れ，洋服を着替えさせ，食事を与えると，D君は食事を猛烈な勢いで全部平らげ，いっしょに食事をしたほかの子どもたちが驚いて自分たちのおやつまであげるほどであった。この様子は，「時間になればいつでも食事が食べられるのだ」とD君が納得できるまで続いた。医師が診察したところによると，二人とも身体の発達については問題がみられなかった。

その後，D君と女児の心理診断を心理判定員（現・児童心理司）に依頼することになった。D君は精神的に落ち着いてくると，遅れている勉強を

一時保護所の保育士や児童指導員とともに取り組み始めた。そして少しずつ家庭のことを話し始め，自分だけでなく母親も父親からたばこの火を押しつけられたこと，そんな暴力をふるっていた父親を憎んでいることなどを児童指導員に話すようになった。さらに，このような生活になったのは父親のせいで，母親に対してはかわいそうに思っていることを言葉にするようになった。

しばらくして母親の病状が落ち着き，退院となった。そこで各専門職が集まり判定会議が開かれた。その後の援助方針会議でソーシャルワーカーは，父親がまた母親や子どもの前に姿を現すことも視野に入れ，自立をめざしながら母親が子どもといっしょに生活できる場として「母子生活支援施設」へ入所するのが適切と考えた。だが母親自身が施設入所を拒んでいることや，母親と子どもを別の地域に移して環境が変わることを懸念し，児童相談所で継続的に指導を行いつつ，今までに居住してきた地域で自立をめざすことになった。

D君が通っていた小学校では学級の担任だけではなく，養護教諭にもD君にかかわってもらうことになった。女児が通っている保育所には女児のことだけでなく，母親が少しでも食事や洗濯などができるよう，社会的なスキルを身につける指導をしてもらったり，気軽に母親の悩みに応じてもらえるようお願いした。さらに，これまでどおり保健所の保健師にも定期的に家庭訪問に行ってもらうことにした。市役所の地域就労支援センターには，母親が定職につけるよう改めて協力をお願いし，担当区域の民生委員・児童委員と主任児童委員には，母親が少しでも地域で安心して生活できるよう，これまで以上に緊密に親子を見守ってもらえるよう要請した。

現在児童相談所には月2回のペースで親子いっしょに来所してもらっており，母親も身体的に負担の軽い昼間のパート就労を見つけ，苦手な食事や洗濯なども少しずつできるようになり，自立に向かいつつあるようだ。

4 ──── 考察と課題

　本事例は地域住民からの通告から虐待を発見し，母親に自立生活支援を行うことで解決できた幸運なケースである。児童相談所のソーシャルワーカーの機能として，子どもや保護者からの相談に応じ，専門的技術に基づいて必要な指導を行うことがあるが，その際には児童福祉に関する関係機関と協力

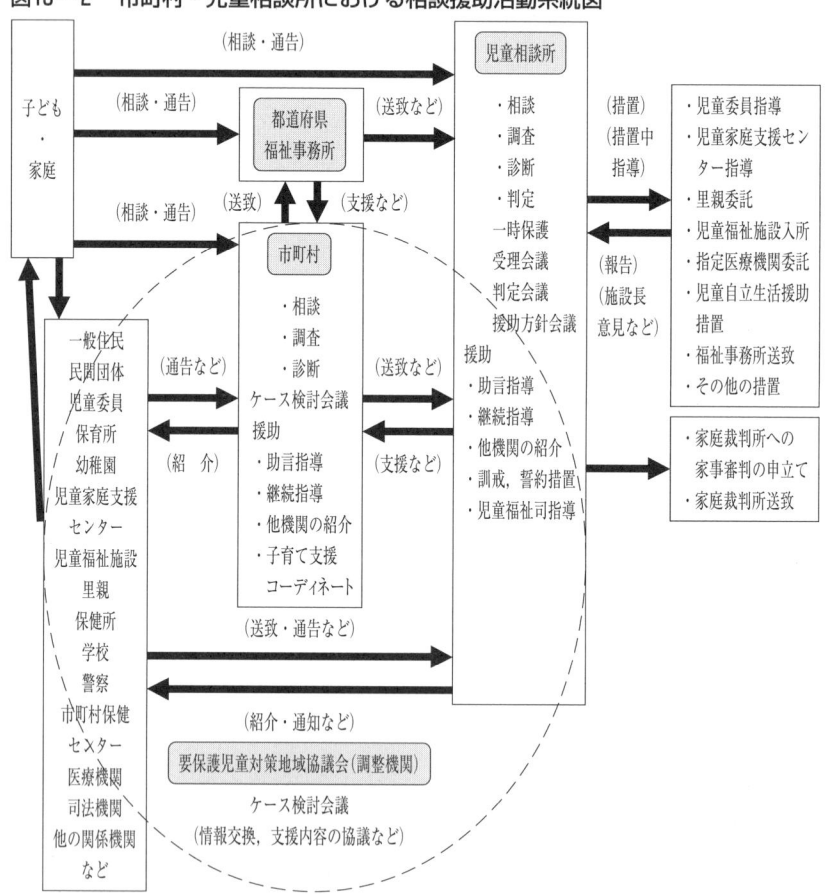

図13−2　市町村・児童相談所における相談援助活動系統図

```
                          (相談・通告)
    ┌─────────────────────────────────────→ ┌─────────┐
    │                                        │ 児童相談所│
    │  (相談・通告)   ┌─────────┐ (送致など)  │ ・相談   │ (措置)    ┌──────────────┐
子ども├──────────────→│都道府県 │──────────→│ ・調査   │(措置中    │・児童委員指導 │
・家庭│                │福祉事務所│           │ ・診断   │ 指導)     │・児童家庭支援セ│
    │                └─────────┘           │ ・判定   │←─────── │ンター指導    │
    │  (相談・通告)    (送致)   (支援など)    │ ・一時保護│           │・里親委託    │
    │─────────────→ ┌─────────┐           │ 受理会議 │ (報告)    │・児童福祉施設入所│
    │                │ 市町村  │           │ 判定会議 │(施設長    │・指定医療機関委託│
    │                │ ・相談  │           │援助方針会議│意見など)  │・児童自立生活援助│
    │                │ ・調査  │           │ 援助     │           │ 措置         │
 一般住民            │ ・診断  │(送致など)  │・助言指導 │           │・福祉事務所送致│
 民間団体  (通告など)│ケース検討会議│──────→│・継続指導 │           │・その他の措置 │
 児童委員──────────→│ 援助    │           │・他機関の紹介│         └──────────────┘
 保育所             │・助言指導│(支援など)  │・訓戒，誓約措置│       ┌──────────────┐
 幼稚園   (紹介)     │・継続指導│           │・児童福祉司指導│       │・家庭裁判所への│
 児童家庭支援       │・他機関の紹介│         └─────────┘──────→  │ 家事審判の申立て│
 センター           │・子育て支援│                                 │・家庭裁判所送致│
 児童福祉施設       │ コーディネート│                               └──────────────┘
 里親               └─────────┘
 保健所              (送致・通告など)
 学校   ──────────────────────────────────→
 警察
 市町村保健          (紹介・通知など)
 センター           ┌────────────────────────┐
 医療機関           │要保護児童対策地域協議会(調整機関)│
 司法機関           │ ケース検討会議          │
 他の関係機関        │ (情報交換，支援内容の協議など) │
 など               └────────────────────────┘
```

資料：厚生労働省ホームページ

し，必要な調査を行い，適切な情報を収集し，子ども，保護者，彼らを取り巻く関係機関を調整していくことが大切となる。これらのことがうまくいってこそ，家族が幸せに地域で生活していくことができるのである。

　2004（平成16）年の児童福祉法改正では，市町村に対し，子どもや妊産婦の福祉について，①必要な情報収集を行い，②家庭その他からの相談に応じ，③必要な指導やそれに伴う業務を行うことが義務づけられるようになった。子ども虐待を未然に防止し，早期に発見するためのさまざまな積極的取り組みが展開され，児童相談所の専門性の機能がいっそう強く求められるようになっている（図13－2）。都道府県や児童相談所設置市におかれている児童相談所のソーシャルワーカーはこういった業務を適切に行っていくためにも，関係機関をコーディネートしていく力量がますます問われるようになっているといえよう。

第 ④ 節　障害児へのソーシャルワーク

1──施設・機関の概要

　中央療育センター（仮称）は，肢体不自由児通園施設（40人定員）と知的障害児通園施設（60人定員）の2施設を設置し，A市では唯一の障害児通園施設である。低年齢児は母子通園が基本であるが，年齢によって単独通園を行っている。運営面では，両施設を統合的に運営している。通園児は0才児の超早期療育のクラスから，小学校就学前（5歳児）のクラスまである。

　中央療育センターのあるA市では，公立幼稚園へは希望すれば5歳児は全員入園できる。また保育所においても，積極的に障害児を受け入れており，地域の子育て支援センターの機能を担っている。したがって中央療育センターには，現状として重度，重複障害の園児が多く，また一方で広汎性発達

障害の園児も多く入所措置されている。

2───ソーシャルワーカーの業務

本事例にかかわったソーシャルワーカーは，児童指導員である。

中央療育センターの児童指導員の主な業務は，通園児の療育指導である。各クラスに母親担当の児童指導員がおり，母親の子育てについてグループや個別での相談を行っている。

また，中央療育センターには医師，看護師，保健師，PT，OT，ST，臨床検査技師，相談員（社会福祉士）などの多くの専門職がおり，通園児の状況に応じてチームを編成し，それぞれの専門領域からのサービス・アプローチがされ，児童指導員が担当する園児についてのキーパーソンを務め，またチーム構成員の専門職などのコーディネートも行っている。

3───事例

事例の概要

Eちゃん（女子，4歳）。父親は会社員（38歳），母親は専業主婦（39歳）。1歳6か月児健診で発達の遅れを指摘される。保健所が行っている母子通所教室に週1回でフォローされ，その後中央療育センター（知的障害児通園施設）に措置となる。

援助の展開

2001年5月26日　出生。在胎38週2535g。胎生期，出生期，新生児期異常なし。母乳にて授乳する。

2001年9月　Eちゃんの顔が真っ赤になって発疹が全体に出て，母親が慌てて近くの皮膚科受診。アトピー性皮膚炎の疑いで，専門外来のある総合病院のS病院を受診した。アレルギー児用の人工乳にするようにいわれる。

以後2か月に1回の間隔で受診。離乳食を始めるときにアレルゲンテストを行い，乳製品，卵，リンゴ，牛肉，豚肉を控えるように医師からいわれる。

2002年12月　保健所で1歳6か月児健診。発語4語。母親から保健師に人見知り，後追いがなかったことで相談がある。担当相談員（家庭児童相談室相談員）から中央療育センターでの療育を母に勧めるが拒否。1歳6か月児健診後のフォローグループの母子通所教室に週1回の通所となる（2004年3月まで）。

2004年2月　定期受診でS病院アレルギー外来受診。その際，担当医から，念のためにということで，同じ病院の小児科にある発達相談科受診を勧められ，翌週受診する。その折に医師より障害児施設での通所療育を勧められる。母親は母子通所教室のスタッフに相談したが，スタッフの強い勧めや医師からの勧めもあったので，かなり悩んだ末に通所療育を希望することとなった。母子通所教室のスタッフから児童相談所の担当ワーカーに連絡。中央療育センター通園のために付属診療所を受診する。

2004年3月25日　中央療育センター付属診療所を受診。精神発達遅滞（軽度）（疑い）の診断。落ち着きがなく，玩具への興味が長時間持続しない。また積み木を蛍光灯にかざして，振ってその感覚を楽しむ。日常生活動作の模倣は盛んであるが，人を交えてのやりとりの遊びにはならない。単語30語に増えたが，おうむがえしが多く，言葉でのやりとりには至っていない。

新版K式発達検査実施。(CA＜生活年齢＞2：9，DA＜発達年齢＞1：11，DQ＜発達指数＞70)。

2004年5月1日　知的障害児通園施設措置。クラスに入るとEちゃんは，すぐにおもちゃ棚に走っていき，次々と人形やおもちゃを引っぱり出す。興味が転々とし，一つのおもちゃでじっくりと遊べない。他児に対してやりとりをするでもない。「手遊び」「給食」などの設定場面において，落ち着きなく，じっと座っていることができない。行動を静止すると奇声を発し

てパニックになる。母親もEちゃんのパニックに陥る様子をみて，どうしてよいかわからないようで，ぼーっとしている様子がみられる。

2004年6月17日　療育方針のケース会議。担当児童指導員，看護師，医師が参加しケース会議が開かれ，次の2点をEちゃんに対する主な方針とした。

① 児童指導員（大人）とEちゃん（子ども）との1対1関係を基盤に遊びを媒介として，言葉の基本であるコミュニケーションの深化を図る。

② 遊び場面では順番を「待つ」こと，給食場面や手遊びなどの設定場面では，一定時間「座る」ことができるなど，静止場面を積み重ね，落ち着いた場面，クラスなどで展開される遊びや他児の様子などの外界を楽しみ，自分の世界に取り入れる。

また母親に対しては，Eちゃんへの育児に対する自信を失っている様子がうかがえるので，精神面でのサポートを目的に次の2点を対応の方針とした。

① 母親担当の児童指導員により，母親の悩みに対し個別に相談に応じていく。

② クラスでの母親教室で，他児の母親との話し合いや育児経験の交流によるサポートも積極的に行っていく。

2004年7月24日　Eちゃんは一つの遊びに集中しにくく，遊びが転々としがちであったが，担当の児童指導員がそばで遊びが継続するように関心を促すような声かけをしながらかかわることを療育場面で繰り返し行う。Eちゃんの遊びが徐々にではあるが，続くようになってきた。また，自発語が増え，「ジュース」「りんご」「テレビ」などの単語や，「おはよう」「ありがとう」「バイバイ」などの挨拶言葉が使えるようになってきた。

　母親はEちゃんの自発語が増えてきたことに安心してきているが，同年齢児に比べるとまだまだ遅れていると感じている。また，Eちゃんの落ち着きのなさについては，性格から来るものと考えているようである。今後も継続して母親担当の指導員が母親の不安や気持ちの揺れにつきあいなが

ら，Eちゃんの状況については，母子同室の療育のなかで体験的に把握してもらう。また母親への個別面談を実施して，Eちゃんの状態像を伝えていく。

2004年10月28日　母親から児童指導員に相談。母親から，来年度居住地域内の私立保育園へ入園させたいとの申し出があった。8月に実家に帰省した際，Eちゃんがいとこたちとの会話をしながら，いっしょに楽しく過ごせるようになってきたことから，保育園の子ども集団についていけるのではないかと考え，また，母親自身もパート就労したいと考えるようになってきたためである。

　すぐにクラス児童指導員，看護師，医師，園長による緊急ケース会議を実施。母親の申し出を受けて，積極的意味合いから保育園の子ども集団への参加がEちゃんにとって発達的にも意味があると判断する。児童相談所の担当ワーカーに連絡。Eちゃんの援助方針のためのケース会議開催の調整を行う。

2004年12月10日　援助方針のケース会議（児童相談所にて）。児童相談所担当ワーカー，家庭児童相談室担当ワーカー，私立F保育園園長，主任保育士，中央療育センター園長，医師，母親担当児童指導員，児童指導員などが出席してケース会議が行われる。

　Eちゃんと母親の希望に沿ったかたちでのEちゃんと母親のサポート体制が確保できるとの判断から，来年度4月より，私立F保育園への入所という方針が決定される。今後のこととして，またEちゃんの精神発達遅滞（疑い）についての診断を確定するために再度，付属診療所を受診するように勧める。

2005年1月　クラス担当の児童指導員による新版K式発達検査実施。新版K式発達検査結果（CA3：8，DA2：9，DQ75）。診療所受診では，対人関係の希薄さ，人称の逆転（本児の要求が通らないときに髪の毛を引っ張って，「どうしたの，どうしたの」という），広汎性発達障害（自閉症スペクトラム）の疑いで専門医である児童精神科の受診を勧める。

第13章　社会福祉援助活動の実際

2005年3月13日　児童精神科受診。ADD（注意欠陥障害）と診断され，母親に告知される。EEG（脳波検査）は異常なし。以後6か月に1回定期受診でフォローする予定となる。

2005年3月31日　私立F保育園入園のために知的障害児通園施設措置解除となる。4月1日より，私立F保育園入園。

2005年5月15日　クラス担当児童指導員，F保育園のEちゃん担当の保育士への引き継ぎのために保育園訪問。引き継ぎ中Eちゃんは，設定保育中も歩き回ることなく，いすに座っていた。保育士の話では，時折自分の意志が通らないときにはパニックになることがあるが，他児の様子をみて，お片付けなどもしているとのことであった。

2005年6月1日　児童相談所担当ワーカーなどとの今後の支援システムについてのケース会議が開催される（児童相談所にて）。児童相談所担当ワーカー，家庭児童相談室担当ワーカー，私立F保育園園長，主任保育士，中央療育センター園長，医師，母親担当児童指導員，児童指導員などが出席。F保育園でのEちゃんの様子が報告され，今後のフォローについて検討される。社会資源を有効に活用していくことが確認され，家庭児童相談室相談員とPT，OT，STなどによる巡回チームでフォローしていく。また母親への支援として，「地域療育等支援事業」を活用していくという方針が決定される。

4───考察と課題

　この事例では，母親はEちゃんに言葉の遅れがあることは認識しているものの，認知・操作，対人関係，社会性，日常生活習慣などの遅れが全般にわたって生じているとはとらえておらず，言葉さえ出てくれば，同年齢児に追いついてくれるだろうと思い，期待していた。また，多動に関しても性格から来るものだと理解していた。しかし，Eちゃんがパニックを起こした場合にどうすればよいのか，また日々どうかかわったらよいのかわからず，途方

第4節　障害児へのソーシャルワーク

にくれてしまうこともしばしばであった。

　特に幼児の場合，発達途上であるだけに，診断告知があっても障害を認め，受容するには長期を要するケースが多い。一方で児童指導員も発達の可能性を拠り所として，日々療育を積み重ねているのである。したがって，児童指導員は保護者の気持ちに沿いながら，Eちゃんの様子を保護者と共有することから始める姿勢が重要であるといえる。そして療育場面で指導員が対応している様子を母親にみてもらい，どのように対応していけばよいかをより具体的に理解していただくように心がけることが大切である。

　また事例では，中央療育センターへの通園が約1年足らずで保育園へと措置解除された。それは，この地域では，PTやOT，STなどが家庭児童相談室相談員とチームを編成して保育園へ，また，教育委員会とチームを編成して幼稚園や小学校，中学校等への巡回指導を行うといった取り組みがなされており，各関係機関間のネットワークが構築され，具体的事例における連携やフォローシステム，専門職による家族支援や地域療育システムが整備されていたために，スムーズに保育園へつなげることができたと考える。

　このように本事例では，①本児への療育指導と，②母親へのサポート，③保育園（地域社会資源）との連携体制，および④その後の専門職によるフォローシステム（地域療育システム）が整備されており，非常にうまく機能したといえる。しかし，このような地域療育システムなどの社会資源が整備されていない状況下では，これほどうまくスムーズにはいかなかったであろう。またこのような事例では，母親を中心とした家族の意志に沿ったサポート援助体制が提供できるようにするためには，母親に対しての関係機関の連携が不可欠ということができる。

第5節 ケアマネジメント

1────施設・機関の概要

　居宅介護支援事業所「ちどりケアマネジメント」は，特別養護老人ホームナーシングホーム智鳥の併設施設である在宅介護支援センターが母体となり，2000年の介護保険法施行と同時に居宅介護支援事業所の指定を受けた。当初は介護保険制度そのものを知らないという利用者や，介護認定は受けたもののサービスを利用しない（したくない）利用者も多く，もっぱらサービ

図13－3　市地域ケア会議とネットワーク図

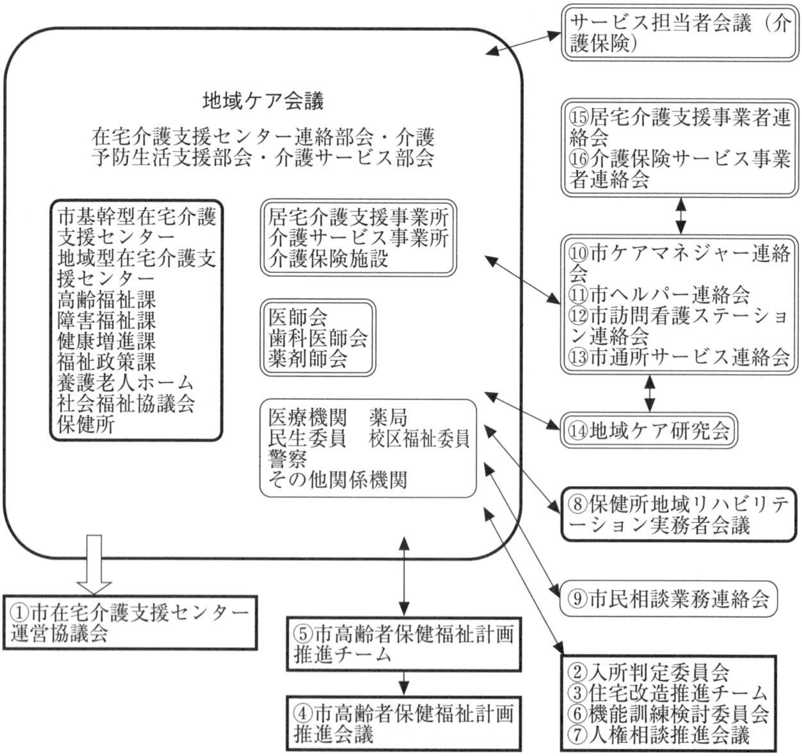

```
┌─────────────────────────────────┐                    ┌──────────────────┐
│          地域ケア会議            │───────────────────→│サービス担当者会議（介│
│  在宅介護支援センター連絡部会・介護│                    │護保険）           │
│  予防生活支援部会・介護サービス部会 │                    └──────────────────┘
│ ┌──────────┐ ┌──────────┐       │                    ┌──────────────────┐
│ │市基幹型在宅介護│ │居宅介護支援事業所│     │                   │⑮居宅介護支援事業者連│
│ │支援センター  │ │介護サービス事業所│←───┼──────────────────│絡会               │
│ │地域型在宅介護支│ │介護保険施設  │     │                   │⑯介護保険サービス事業│
│ │援センター   │ └──────────┘       │                    │者連絡会           │
│ │高齢福祉課   │ ┌──────────┐       │                    └──────────────────┘
│ │障害福祉課   │ │医師会     │       │                           ↕
│ │健康増進課   │ │歯科医師会  │←────┼──────────────────┐┌──────────────────┐
│ │福祉政策課   │ │薬剤師会   │     │                   ││⑩市ケアマネジャー連絡│
│ │養護老人ホーム │ └──────────┘       │                    │会               │
│ │社会福祉協議会 │ ┌──────────┐       │                    │⑪市ヘルパー連絡会    │
│ │保健所      │ │医療機関 薬局 │       │                    │⑫市訪問看護ステーショ│
│ └──────────┘ │民生委員 校区福祉委員│←┼──────────────────│ン連絡会           │
│             │警察       │     │                    │⑬市通所サービス連絡会│
│             │その他関係機関│     │                    └──────────────────┘
│             └──────────┘       │                    ┌──────────────────┐
│                              │←───────────────────│⑭地域ケア研究会    │
│                              │                    └──────────────────┘
│                              │                    ┌──────────────────┐
│                              │←───────────────────│⑧保健所地域リハビリテ│
│                              │                    │ーション実務者会議   │
└─────────────────────────────────┘                    └──────────────────┘
        │                            ↕                ┌──────────────────┐
        ▼                                             │⑨市民相談業務連絡会│
┌──────────────────┐        ┌──────────────────┐      └──────────────────┘
│①市在宅介護支援センター│        │⑤市高齢者保健福祉計画│      ┌──────────────────┐
│運営協議会          │        │推進チーム         │      │②入所判定委員会    │
└──────────────────┘        └──────────────────┘      │③住宅改造推進チーム │
                           ┌──────────────────┐      │⑥機能訓練検討委員会 │
                           │④市高齢者保健福祉計画│      │⑦人権相談推進会議   │
                           │推進会議          │      └──────────────────┘
                           └──────────────────┘
```

ス利用に結びついた利用者への支援や，未利用や他機関からの支援要請のあった利用者，また，いわゆる困難事例について併設兼務の在宅介護支援センター職員が中心になって対応していた。

　平成15年度に居宅介護支援事業所の運営基準が改正され，また前後して市主催の地域ケア会議が定期的に実施されるようになってきて，徐々に介護保険制度下におけるネットワーク体制が構築されるようになってきた（図13-3）。

高齢者虐待防止への取り組み

　地域においては介護保険法施行前から研究者や現場の保健師，ソーシャルワーカーらが高齢者虐待防止の研究会を組織し活動しており，平成15年度からは朝日新聞厚生文化事業団の支援を受け，府下3か所に高齢者虐待に関する常設相談窓口が設けられ，併設の在宅介護支援センター職員と居宅介護支援事業所職員が連携して相談を行うことになった。必要に応じて併設施設の入所機能を活用し，緊急一時保護やシェルター的な機関として相談3センターが連携して支援することもあった。2004年からはブランチ的な居宅介護支援事業所を法人で開設し，ケース分離し効率的にケアプランを担当するようになっている。

2 ── ケアマネジャーの業務

　前述のとおり，介護保険法施行当初は居宅介護支援事業所や介護支援専門員が少ないなか，主に，地域で受けきれないケアプランを吸収する役割を担っていた。事業所が増えてきた平成15年度以降については高齢者虐待と思われる事例を含め，多問題事例などについて担当するようになって現在に至っている。

　通常業務は，居宅介護支援に関するケアマネジメントはもちろんであるが，それにかかわらず地域で発見された事例が在宅介護支援センターから市

を経由して再度持ち込まれることもあり，居宅介護支援事業所としてはほかの事業所の二次的機関の役割を担う場合もあった。

　介護支援専門員に至る背景職種もさまざまで，看護師や社会福祉士，介護福祉士はもちろんのこと，歯科衛生士や管理栄養士，薬剤師，鍼灸師，柔道整復師，精神保健福祉士など幅広い専門分野に及んでいた。このため，介護支援専門員としての標準的な業務はもちろんのこと，アセスメントの際に専門的な知識が必要な場合には，時折関係分野が専門の担当者をつけるなども行っている。また，地域のネットワークづくりも業務には欠かせない。市域にはひとり暮らしの高齢者が多く，民生委員や自治会長，近隣支援関係者，また，サービス担当者や介護支援専門員同士のネットワークづくりも担う。このようにソーシャルワークのなかでもコミュニティケアの技術が，困難事例などを担当するには欠かせないといえる。

3────事例

「在宅介護支援センターに相談があり，緊急入所を必要とした事例」

基本情報

年齢・性別：Kさん（89歳・女性）
家族形態・介護者：長男（52歳）と二人暮らし　介護者は長男
要介護度：2，寝たきり老人自立度：A1，認知症老人自立度：Ⅱa
主な病気（既往歴，現病歴）：
　脳梗塞，骨粗しょう症，左大腿骨頸部骨折，高血圧症
　※最近は起居動作，歩行機能の低下がみられ，自宅での入浴がかなり困難な様子。

事例の概要

　Kさんは夫の死後，15年間A市に住む妹宅で同居していたが，数年前に軽

い脳梗塞を発症し，それからは身体機能も低下し室内を伝い歩きでやっと移動できる状態で，妹の支援を受けながら生活していた。しかしながら介護者の妹も高齢であり体調を崩し一時的に入院することになったのを機会に，2年前から本人の住民票があるD市の長男宅に引き取られ同居するようになった。

　長男は，本人の排泄援助などの際呼ぶようにいうものの，本人が呼ばずに一人で失敗し室内を汚すことについて，時折大声で怒ったりすることがみられた。また，本人も長男が怒ることについて反論して喧嘩になることもしばしばであった。喧嘩は徐々にエスカレートしていき，デイサービス利用時にあざのある状態であったり，また，近隣の人がデイサービス併設の地域型在宅介護支援センターに通報したりすることがみられるようになった。地域型在宅介護支援センターから担当の居宅介護支援事業所介護支援専門員経由で市の基幹型在宅介護支援センターに相談。長男の同意が得られたため，緊急的に特別養護老人ホーム入居となった。

かかわりの経緯

　居宅介護支援事業所は，KさんのD市への転居にあたり，Kさんが以前利用していた居宅介護支援事業所よりケアプラン作成の代行依頼を受け，かかわりが始まる。以前通所リハビリテーションに通っていたとのことで，当面通所系サービスの導入と，また，屋外移動が困難であるため車いすの貸与がプランに盛り込まれた。また，昼間ひとりであることが多いため，配食サービスの利用を希望された。

　当初は特に問題はみられなかったが，排泄や食器の後片付けなど自分一人ではできないことを行い，失禁したり台所で転倒することがあるとの状況が出始めた。長男はその都度自分にいうように注意するものの，本人は一向に聞こうとはしないとのことであった。このことから長男と本人との間で喧嘩が絶えないようになり，時には隣近所に聞こえるような大声で言い争うようになった。

第13章　社会福祉援助活動の実際

　1年程そのような状況が続くなか，Kさんが時折手に痣や傷をつくった状態で通所介護を利用するようになり，また，配食に職員が訪れた際，顔見知りとなった隣の人から「たまに大声で喧嘩をしている」との報告を受けることがみられるようになった。そのため，介護支援専門員がサービス担当者会議を緊急招集し，対応策を協議。その結果，市基幹型在宅介護支援センターと相談し，同センター保健師が通所介護利用中に本人と面接し事情を聞くこととなった。それによると，本人も長男にいろいろと細かいことをいわれて，自分でもできないことはわかっているがそれが情けないこともあってつい喧嘩をしてしまう，との話であった。

　このままで状況は落ち着いていくことも考えられたが，けがをするような事態に発展する可能性もあることと，以前に特別養護老人ホームに入所申請をしていることから，本人に入所を打診することとした。本人は入所については同意したため，長男と面接を行い，その結果長男も入所に同意した。

　これを受けてサービス担当者会議を開催。議論の結果，本人の要介護状況はまだ在宅で生活を継続できるレベルであるが，この先，長男との関係悪化がエスカレートする可能性があること，今は老人ホーム入所に同意しているが今後も同意し続けるかどうかはわからないこと等の状況から，入所依頼中の施設に緊急入所できないかを相談した。現在の入所順位は低いが市よりの措置または措置に準じる扱いの場合は最優先で入所可能とのことであった。このため，市の基幹型在宅介護支援センターより高齢福祉課経由で緊急入所の要請を施設に実施し，その結果，本人は特別養護老人ホームに入所となった。

アセスメント

　アセスメントにより把握された利用者の問題点・課題（ニーズ）は下記のとおりである。
① 　歩行機能や移乗動作，排泄動作が緩慢になり，時に間に合わないこともある。
② 　自宅の浴槽を使っての入浴は困難である。

③ 通院など屋外移動は困難である。
④ 要介護状況をめぐって長男と口論となることがある。
⑤ 昼間ひとりでいるため，食事や後片付けが困難である。

ケアプランによる対応

アセスメントで出てきた問題の解決のために，サービスや目標設定をし，ケアプランを作成した。

〈①への対応〉

福祉用具貸与（ギャッジベッド，手すり）・購入（ポータブルトイレ）と住宅改修（手すり設置）により動作性の改善を図る。

〈②への対応〉

自宅浴槽の改修も検討したが，現状の本人の状態と家族の介護力から考えて，改修を行っても使用できる可能性は少ないと判断。また，本人の希望も考慮して通所介護利用により入浴することとした。

〈③への対応〉

屋外移動用に福祉用具貸与（車いす）を利用した。

〈④への対応〉

この点については前述したが，両者別々に面接を行って意向を把握した後，サービス担当者会議の開催と基幹型在宅介護支援センターへの相談，必要に応じて介入を依頼。

〈⑤への対応〉

配食サービスや訪問介護（家事援助，身体介護）などのサービスで対応。おおむね以上のような内容で同意を得て実施していった。なお，このプランは④の問題が顕在化した際に変更したものであり，転居当初は②③のみのプランであった。

ケアプラン原案とサービス担当者会議の意見

サービス担当者会議では④の内容をどうするかが焦点となった。

ケアプランは家族にも交付する関係から「口論」としか記入できなかったが，本人がけがをして通所しているなど親子喧嘩といってもかなり激しいやりとりをしている様子であった。Kさんも長男のいうことには耳を貸さないようで，排泄の際に教えてほしいと長男がいっても「売り言葉に買い言葉」になってしまう様子である。本人はどうしても長男には排泄の介護をしてほしくないので呼ばないのであるが，結局失敗してしまい壁や床を汚し長男がすべて片付けざるをえなくなるのである。最近ではあまりにも大声で喧嘩が行われるため，近隣の人が心配し，利用している通所介護事業所併設の在宅介護支援センターへ相談が入る状態であることが報告された。なんとか緊急訪問したり，また，時には近隣から警察へ通報が入り訪問が行われたりということで対応されている状況である。

しかし，今のところ虐待というよりは親子喧嘩という経過であり，また，本人自身がやや意図的にその原因をつくってしまうところもあり，どのようにして安全確保を図るかについては効果的な意見が出なかった。

ちょうど同時期にケアマネジメントリーダー事業が行われ始めたところで，市基幹型在宅介護支援センターが介護支援専門員の相談窓口となっていたため，経過を説明し相談を行った。

その際に高齢者虐待については広い解釈で行うこと，特にどちらかが要介護状態であるなど体力差があきらかな場合などではもはや親子喧嘩とはいえず，虐待という意識で対応したほうがよいのではないかと助言を受ける。そして改めて両者に介護負担などを確認し，可能であれば特別養護老人ホーム入所というかたちで分離したほうがよいのではないかということであった。

以前転居時に特別養護老人ホームの入所申請は行っていたため，改めてその件について市基幹型在宅介護支援センター保健師と介護支援専門員で意向の確認を行う。その後の経過は，前述の「かかわりの経緯」のとおりである。

モニタリングと考察

1か月後再び介護支援専門員が両者を訪問し，状況を伺った。本人は施設

に馴染んでおり，落ち着いて過ごしている様子であった。長男と自宅に帰りたいかなどのことについても聞くが，もともと転居してきた所であったためか特に帰りたいという希望はなかった。また，長男のほうは以前は険しい表情であったのが，介護負担がなくなったからか少し落ち着いた様子もみられ，「明日面会に行きます」とのことであった。

このように，結果として緊急の施設入所による分離の方法がとられたが，はたしてこれが適切な方法だったのかという検証を行う必要がある。短期的には分離後の経過は順調であり，面会に行くという長男の言葉からも関係修復の兆しが伺える。しかし，長期的な視点に立てば，もう少し在宅のまま関係修復を図る方法はなかったのか，あるいはいったん入所したが今後一定の時期をみて再び同居をめざすべきか，その場合に関係悪化が再発する危険性はあるかなどの評価を実施し，今後の中長期的目標を再設定する必要があるだろう。

第6節　特別養護老人ホームにおけるソーシャルワーク

現在，筆者は介護福祉士養成施設の教員をしているが，特別養護老人ホーム（以下，「特養」という）の生活指導員，老人保健施設の生活相談員を合わせて16年間勤め，高齢者施設の高齢者の生活とかかわってきた。障害のため自立した生活ができない居宅の要介護高齢者にとって，特養は居宅に替わる「生活の場」として，時には「終の棲家」ともいえる役割を担っていた。今日の高齢者福祉制度のめまぐるしい変遷をみるにつけ，措置の時代の老人福祉現場である程度自由に働けたのは幸せだったと，つくづく思っている。

現在の老人福祉の様相は，30年前とは雲泥の差がある。逼迫した高齢社会の現実のなかで，資格制度の確立，老人福祉法の改正，ゴールドプランの実

第13章　社会福祉援助活動の実際

施，介護保険制度の成立など，矢継ぎ早の法的制度の変遷は福祉現場の混乱を招いたが，高齢者の周辺にはさまざまなサービス事業所が誕生した。そして資格をもった専門職が高齢者や家族の相談に乗り，ニーズに応じた自立支援の方法を探っている。今日，サービス機関の環境が整備されると同時に問題とされるのが，サービスの質である。どれだけ一人ひとりの高齢者の思いに沿って，人権に根ざした創造的な援助が行えるのか。ソーシャルワークやケアワークを上手に使いながら，どうしたら高齢者の立場に立った実践ができるのかは今後も大きな課題である。

介護保険制度以降の介護老人福祉施設では，ケアプラン作成をはじめとして事務量が膨大に増えている。その分サービスの質の向上は，よほど問題意識をもたないかぎり，事務作業のなかに埋没してしまいがちになる。そういう点で，一つひとつのケース検討は一人ひとりを大切にすることにつながり，援助のあり方，自立をめぐる人間観を闘わせる大切な議論を起こす場となり，職場の福祉の基礎となるものである。

前置きが長くなったが，これから二つの事例を取り上げ，今日の特養の抱えている問題を探り，解決に向けてのヒントを考えてみたい。

1———重度認知症における対応困難な事例

ケース概要

利用者：Aさん，81歳女性。要介護5。

家族構成：

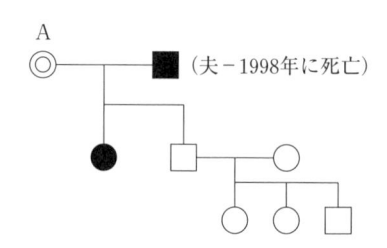

```
      A
      ◎────■　（夫－1998年に死亡）
       │
   ┌───┼───┐
   ●   □   ○
           │
        ┌──┼──┐
        ○  ○  □
```

病歴：① 認知症：柄澤式スケールでは，現在4段階中最高度（＋4）
　　　② 脳梗塞後遺症
生活歴：B町で1947年結婚。一男出産後，同町にある縫製工場に15年間勤務。その後農業に従事。1998年に夫が死亡し独居生活となるが，徐々に認知症の症状が出現。同年4月よりC市の長男夫婦と同居。

入所までの経過

　長男の嫁との折り合いが悪いことと嫁の介護疲れから，C市内の老人保健施設，D町のケアハウス，さらにE町の老人保健施設へと転々と移動する。その後2000年11月特養T荘へ入所となる。

入所時の様子

　脳梗塞後遺症の症状は比較的軽く，麻痺などの症状はない。ADLもほぼ自立。認知症の記銘力低下は中程度で，同じ話を何度も繰り返すが，長文の理解は可能であり意思疎通には支障はなかった。ただ，夜間に徘徊することがある。
　施設内の集団でのレクリエーションには積極的に参加。特に俳句は，かつて住んでいた地域でも評価は高かった。その他，習字，踊り，折り紙なども得意としていて趣味活動は広いものがある。今までの施設でも，どこにいっても明朗闊達な性格をエピソード交じりに紹介されている。

その後の経過

　入所当時は上記の様子が維持され，施設内でも特定の友人ができ，多くの場面で連れ立って歩いている姿がよく見受けられるようになった。しかし，長男夫婦の家に外出プランが計画，実行されるようになったころから，しだいに施設内での不穏・妄想が出るようになる。夜間不眠のため頻繁に徘徊が始まり，社会性は保たれていたが，認知症による「問題行動」が生じてきた。勘違い行動が頻繁に起こり，歩行の手引き誘導，トイレ誘導，食事・整容な

どの動作にも介助が必要となった。レクリエーション活動の場にせっかく誘導しても理解が不可能の様子で、その場から離れようとしたり、不穏になることが多く出現するようになった。

その後、認知症の進行とともに、行動障害も著明となり、夜間不眠、不穏興奮状態の出現、放尿・弄便などの頻発、暴言・暴力行為、幻聴・幻覚などの症状も現れ、要監視状態の対象者となった。

職員の対策としては、30分ごとの所在確認、行動を促すための声かけや不穏を回避するためのスキンシップ、睡眠確保のための誘導剤の処方など多くの対策をとってきた。睡眠剤投与に関しては、歩行時のふらつきや転倒もあり、その結果とりやめた。ユニットケア実施後も、特に夜間時の不眠によるほかの利用者への迷惑行為、放尿や不穏興奮、徘徊などは変わらない。精神的混乱のなかで、Aさんの体力の消耗が目立つようになってきた。再び睡眠薬および向精神薬の検討も念頭に置きながら、「問題行動」への対応を考えている。

考察

本事例の問題解決への一つの手がかりとして、認知症高齢者を対象にしているグループホームの実践をみてみよう。グループホームの認知症高齢者のケアの考え方は、そこが重度の認知症高齢者を受け入れているかどうかは別にして、施設の認知症高齢者のケアには随分と参考になる。

まず、「問題行動」と呼ばれている認知症独特の行動の現れ方には、職員のケアの質が大きく左右するということがあげられる。力ずくで押しつけるやり方は、精神的に不安定となり、逆の効果をもたらす。福祉施設では認知症そのものの治療はできないが、ケアの質をとらえ直すことで、問題行動を軽減することは可能である。混乱のない生活というのは、落ち着いた安心感のある生活から生まれてくるということである。「ここにいてもいいよ」という思いは、なんとなく楽しく心休まるものであり、ちょうど家庭でくつろぐ感じに似ている。

また，認知症高齢者は目的意識的なリハビリや創造的な趣味活動の開拓はできないかもしれないが，掃除や食事づくり，布団の上げ下げなどの役割をもつことで，小さな社会に参加することができる。手助けさえあれば自分がしたいことができるという実感は，言葉には表現できないかもしれないが，自分自身が尊重されているという心地よさとして，おそらく肌で感じているはずである。

住環境の整備も非常に重要である。住み慣れた生活環境が一変し，全く違う環境のなかに過ごすことになれば，だれでも恐怖感や不安感をもつからである。

高齢者福祉で特に主張されている生活の継続性・主体性・自己決定の原則の尊重などの概念は，グループホームの実践ケアから施設で働く職員へ問いかけられてくるのである。

本事例の場合，不仲の嫁が住んでいる家への外出が，後の「問題行動」の引き金になった。何のために外出プランを立て夫婦の家を訪ねたのか，その家で何が起こったのかは不明であるが，認知症高齢者を受け入れるには家族にも，それなりの心構えや認知症理解の一定の水準が必要となるであろう。外出一つにしても，認知症高齢者が地域で生きるためのコミュニティワークやコミュニティケアの視点が求められる。

Aさんは，認知症症状がだんだんひどくなっている状況である。確かに高度な認知症に対する対応はたいへん難しいものがある。時には手のほどこしようがないレベルにまで達している方もおられることだろう。しかし周囲の職員も大変かもしれないが，利用者本人はもっとつらい思いをしているのではないか。本人は，心から安心したいと思っているはずである。重度認知症と診断された認知症ケアの効果的具体的方法をどのようにつくり上げていくかは，実践でしか証明できない。ユニットで区切られた狭い空間が，かえって不安をかきたてている可能性もある。このケースは今一度，生活環境づくりとケアのかかわりを考えるためにも，認知症ケアの原点に立ちかえった仕切り直しが必要と思われる。

2 ──── ユニットケア導入事例―利用者の生活への効果的影響

ケース概要
利用者：Bさん，74歳男性。要介護3。
家族構成：

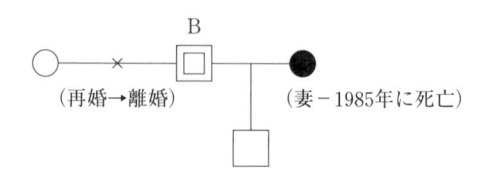

```
        ○ ── × ── □ ─────── ●
                  B
        (再婚→離婚)      (妻-1985年に死亡)
                  │
                  □
```

病歴：脳出血後遺症（右片麻痺，失語症）
生活歴：M市の紡績工場を定年退職。1976年より，M市の隣町N町へ転居。
　　　　1985年に妻死亡後は独居生活。1990年再婚するが，半月後協議離婚
　　　　し，再び独居生活。

入所までの経過
　1997年に自宅で倒れているのを発見され，M市の病院に搬送され脳出血の手術を受ける。その後同市内の病院に転院し，リハビリ訓練を行う。在宅復帰が困難なため1998年12月特養T荘に入所。

入所時の様子
　右上下肢麻痺であるが，車いすは自立。排せつ，入浴，更衣，整容などに介助を要する。
　重度の失語症のため，自発語はないが，理解力には問題はなく，職員ともコミュニケーションはある程度とれる。元来温厚な性格のためか，ほかの利用者ともトラブルはない。カラオケが趣味であったので，施設内のカラオケクラブや行事にも参加している。

第6節 特別養護老人ホームにおけるソーシャルワーク

その後の経過

　職員はBさんのニーズを把握したいときは，声かけを中心にしてあれこれ聞き出す方法をとっていたが，ほかの利用者とのコミュニケーションはほとんど困難な状態である。失語症による意思疎通の困難から生じるストレスからか，あれほど好きだったカラオケクラブ参加への足が遠のき，行事などへの参加が少なくなってきた。対人関係についても消極的な態度が目立つようになってきた。

　しかしそれでも，カラオケクラブに参加し自分から歌うことはできなくても，カラオケ映像を見ながら自分自身では歌っているような仕草がみえていた。

　そんな折に一つのトラブルが発生した。ある日いつものように会場にでかけたときのことである。車いすでの離合がうまくできず，ほかの利用者の車いすに接触したのである。その際相手の利用者から，Bさんがうまく話せないことに対して，ひどく叱られ，侮辱を与えられたのである。そのことがきっかけとなったのか，Bさんは施設内でその利用者の姿を見かけると不穏になり，車いすを追突させたり，大声で威嚇することが頻繁に行われるようになった。時には引っ張ったり，叩いたりして，暴力行為に及ぶまでにエスカレートしていった。その行為は，特定の利用者に向けられた行動パターンであったが，次第にその対象が拡大されていき，不特定多数にストレスがぶつけられることとなったのである。

　その対策として，居室の移動，ストレスを解消するための外出イベントへの参加，あるいは息子さんの車での外出などをケアプランに組み入れ実行していったものの，Bさんの精神を安定させるほどの効果は期待できなかった。

ユニットケア導入の効果

　特養T荘は，2004年2月ユニット方式を導入した。2階のフロア50名を二組に分割して，それぞれがリビングや食堂を設置。また生活環境づくりにも

手を加え，衝立や観葉植物を置いたり，畳や家具を配置し家庭的な雰囲気が出るように，また利用者の生活に落ち着きが出るような工夫を行うようになった。

　この改革のなかでBさんは，ほかの利用者との日常的接触が減少し，交流の質が変わったことで心理面にも変化が認められるようになった。失語症による意思疎通の困難さへの過干渉もなくなり，それによるストレスも緩和され，安定した状況が生み出されることになった。その後，あれほど嫌がっていた利用者の姿をみても特別な反応も示さず，クラブ活動にも顔を出すようになってきた。これは，Bさんの行動範囲が狭くなったことで，職員がその姿をみやすくなり，トラブルの予防を可能にした結果ともいえる。また，コミュニケーションの濃密さという点からも，Bさんの「ウン，ウン，アー」という言葉にも，職員がよく耳を傾け，その意味を理解しようとする場が増えた点も評価される。

　その後のBさんは，リビングや食堂の場で自分の居場所を確保したように見受けられる。施設内での会釈や挨拶をするようになったし，何より表情に安心した様子が見受けられるようになった。ご近所のみなさんや息子さんとの交流にもその影響が現れ，ドライブや外出にも積極的に参加するようになった。

考察

　ユニットとは小規模の生活単位という意味である。ここ数年で，ユニットケアは，特養だけでなく介護老人保健施設にもその導入が進められてきている。ユニットケアは，集団生活でのプライバシーのなさ，職員主導で何事も決まりがちであること等，限られた施設基準のなかで施設職員は時間に追われ，流れ作業のなかで利用者不在の介護になりがちという施設サービスのあり方の反省から生まれた，新しい方法である。

　ユニットケアの特徴として，以下の点が指摘できるだろう。職員が，利用者中心の時間がゆっくり流れるように努力していること。利用者はそれぞれ

固有の生活スタイルを保つことができていること。仲良しグループや自分の居場所が施設のどこかに確保されていること。職員と利用者のコミュニケーションがとれる雰囲気があり，職員は利用者が主人公であるという共通認識をもっていること。これらの特徴は，施設で暮らすどんな高齢者に対しても施設職員が留意してほしい事柄である。

しかしそれはユニット型の生活環境づくりを行うことで，すべて足りるということではない。施設職員の働きかけをおざなりにするということではない。むしろグループワークの原則や援助活動を積極的に活用しながら，職員と利用者の間に濃密な人間関係づくりの条件が生まれていると解釈すべきであろう。

Bさんのケースは，ユニットケアが効果を発揮した好例である。T荘のように，生活用具を組み合わせて狭い空間をつくり出すことは，自分の位置が確認しやすい。死角のなかで自分を取り戻すことができることを，このケースは教えている。確かに四六時中だれかの目に触れる施設生活は，ノーマライゼーションの観点からみるとおよそ人間の生活とはいえない。

人間の主体性は環境への働きかけから生まれてくることを考えると同時に，ソーシャルワークの視点から利用者の主体性を回復するためのさまざまなアプローチも考えられなければならない。ユニットケアを導入しなくても，高齢者の精神は安定し，満足な生活を送っている施設もある。ユニットケアのようないわば生活単位でくくられた制限のある集団へのワーカーの働きかけを，今一度生活プログラムのなかで考えてみるべきであろう。

Bさんは失語症でありながら，親密さを増した職員との交流のなかで自分を取り戻すチャンスをつかんだ。施設生活のなかで自信をもった意義は大きい。「温厚な性格」を大切にし，集団のなかで充実した日々の生活が送れるように，これからも目標を自ら見つけていく援助が求められる。

おわりに

介護福祉士はケアワーカーとして，要介護高齢者や障害者の介護の仕事に

つく。私は，彼らが介護技術士ではなく介護福祉士として，ソーシャルワークを身につけることに職業的意味を見いだしてほしいと願っている。彼らがつくる「家族会」は，利用者の立場を尊重し，家族の思いを尊重するものであってほしい。地域との交流もただイベントで終始するのではなく，なんらかの介護の社会的意味を見いだすものであってほしいのである。

　介護保険制度は，高齢者福祉の歴史のなかで大きな出来事であるに違いないが，果たして利用者にとってどんな意味が生まれたのか一言では語れない。ホテルコスト代などの利用料は増えていき，利用者の経済的負担は大きくなる。特養待機者も多いといわれながら，これからの利用者は利用を抑制しがちになることも考えられる。しかし一方契約制度によるものかどうかはわからないが，施設内には風通しの良い開放的な面もみられるようになった。

　措置の時代の個別処遇計画の計画案と介護保険制度の必須のケアプランを比較すると，後者のその科学性は評価できる。ただし職員による記録の加重負担，アセスメントの細分化のため利用者の全体像の把握が少々困難である点などは，今後の問題点としてあげられるだろう。

　私は実習生の指導の関係から，さまざまな高齢者施設を訪問するが，その度施設の高齢者の表情をついみてしまう。そこで暮らす高齢者の表情が楽しそうで，静かなくつろぎのなかにある施設は，だいたい職員の言動やケアは落ち着いたものとなっている。それは高齢者を放置しているということではなく，職員が過干渉せず自然な仕事の流れを感じさせる雰囲気にある。反対に高齢者の表情がうつろで，無表情で，活気が感じられない施設は，職員の動作もゆとりがなく機械的で，表情も無機質な場合が多い。傾聴，受容，共感などの感覚能力を十分に使い，高齢者にふれ合うことでニーズをつかむ独特のコミュニケーション労働は，援助過程こそを重視する。ソーシャルワークは意図的な目的をもって行われる援助である。介護保険施設がどの施設も同じような傾向を示して特色がなくなりつつある現在，社会福祉の長い伝統を誇るソーシャルワークは大いに活用されなくてはいけない。

ここで紹介した二つのケースは，いずれも特養Ｔ荘のケースカンファレンスで取り上げられた事例である。本節をまとめるにあたり，こころよく事例を提供していただいた関係者のみなさんに，深く感謝を述べたい。

第⑦節　社会福祉協議会におけるソーシャルワーク

1───機関の概要

枚方市は，大阪府北東部の生駒山地と天王山を切って淀川が大阪平野に注ぎ込む三川合流（桂川・宇治川・木津川）の地。江戸時代から京―大坂の中間に位置し京街道の中継地で，水陸交通の要所として栄えた。

2005年9月現在，人口40万8000人で高齢化率15.6％と全国平均からは若い市であるが，今後は2025年には3人に1人が高齢者の超高齢社会の到来が予測されている。

枚方市社会福祉協議会は，福祉のまちづくりを小学校区ごとの地区福祉委員会と進めるとともに，父子家庭や老人介護者家族，精神障害者本人・家族などの当事者組織化を推進し，同時に支援者組織化や関係機関ネットワーク化を行ってきた。1987年にほかの市町村社会福祉協議会に先駆けて地域福祉計画を策定。また，1997年には障害者や認知症高齢者への財産管理を行う地域福祉権利擁護事業（現在の福祉サービス利用援助事業）を開始した。一方で，支援費事業を中心にサービス提供事業や行政からの委託・補助事業も担ってきた。

枚方市に限らず，全国の市町村社会福祉協議会は，社会福祉法第109条に明記されているように「地域福祉の推進を目的とする」社会福祉法人である。住民とともに民間からのインフォーマルな福祉の構築と，介護保険事業・支援費事業などのフォーマルな福祉サービスの提供まで，さまざまなレベルで

福祉のまちづくりを進める地域福祉の中核機関・事業体として活動を展開している。

2 ── コミュニティソーシャルワーカーの業務

　枚方市社会福祉協議会（以下，「本会」という）のコミュニティワーカーは，地区福祉委員会活動を支援する担当者4名，ボランティアセンターに2名が配置されている。

　地区福祉委員会とは，小学校区を基本単位として社会福祉協議会とともに福祉のまちづくりを推進する住民主体の福祉活動組織である。したがって，地区福祉委員会活動を担当するコミュニティワーカーは，枚方市内45校区全てで福祉委員会の結成を働きかけ活動支援を行ってきた。地区福祉委員会活動の中心は小地域ネットワーク活動である。具体的には，地域内の独居高齢者の見守りや声かけを主に行う個別支援活動，高齢者を対象とした「ふれあい会食会」や「いきいきサロン」など仲間づくりの場の提供，子どもから高齢者までの「世代間交流」，乳幼児親子を対象とした「子育てサロン」といったグループ援助活動を行っている。

　その他，住民の福祉への理解を進める福祉学習として「福祉講座」の実施や，福祉情報提供を目的とした広報啓発活動「校区福祉だより」を発行している。

3 ── コミュニティワークとしての活動計画づくり

　そもそも，地域福祉とは，市民の暮らしの場である地域社会で起こるさまざまな福祉問題の解決や予防に対して，行政が行う施策・サービス（フォーマルケア）から市民の側からの主体的・自主的な取り組み（インフォーマルケア）までを含めた総体と位置づけられる。

　つまり，市町村社会福祉協議会は市民の立場から地域福祉を構築していく

第 7 節　社会福祉協議会におけるソーシャルワーク

ことが大きな役割となっている。先ほどふれた社会福祉法でも社会福祉を目的とする事業の企画・実施，活動への住民の参加援助，福祉に関する調査，普及，宣伝，連絡調整，助成や地域福祉の健全な発達を図る事業を明記している。

　ソーシャルワーク実践としてのコミュニティワークが社会福祉協議会の業務といっても過言ではない。

　本会では，1987年に「枚方市地域福祉計画」を，続いて1995年「第 2 次地域福祉計画」を策定し，第 1 次計画では住民主体の福祉のまちづくりを具体的に進めるために，暮らしの場における「福祉コミュニティの創出」を呼びかけた。第 2 次計画では，福祉コミュニティをさらに充実させた福祉社会の実現と，公私協働に基づいた自治型地域福祉を提唱してきた。

　地域福祉活動計画とは「社会福祉協議会が呼びかけて，住民，地域において社会福祉に関する活動を行う者，福祉サービス事業を経営する者が相互協力して策定する地域福祉の推進を目的とした民間の活動・行動計画」である。

　計画づくりは，策定を通じた活動の振り返りや見直し，暮らしの場から生起する問題を点検し目標を定めて遂行していくため，企画・連絡調整・調査・普及・参加促進といったコミュニティワークのあらゆる要素を含み，かつ，計画づくりの過程（プロセス）そのものが地域福祉活動にあたる。

4────ひらかた福祉のまちづくり計画2005

概要

　2003年から 2 年をかけて，本会で第 3 次計画となる『ひらかた福祉のまちづくり計画2005』を策定した。

　"市民参加による市民のための福祉のまちづくり計画"を目標に，地域福祉の推進主体を市民・地区福祉委員会・社会福祉協議会の三者から意見を募り，それぞれの活動計画を具体化していった。

第13章　社会福祉援助活動の実際

計画づくりのながれ

　具体的には，"ふくしのまちづくり"を実践する「地区福祉委員会」と，市民公募による"ふくしのまちづくり"を創造する「プランナー」によって，小学校区を基本に小地域からの"ふくしのまちづくり"を検討してもらった。

　また，地区福祉委員会の協力を得て，45校区ごとに100世帯を対象に地域生活実態アンケートを実施し，4312世帯（回収率95.8％）の市民から回答が得られた。指定パイロット校区（12校区）については，校区在住市民の参加を得て校区ごとの住民懇談会（写真①）を開き，地域の実情に応じた校区ごとの福祉活動計画が作成された。

　一方，公募市民46人によるプランナー会議では，枚方のもつ歴史や特徴を踏まえて小地域のあるべき姿（標準モデル）を仮想校区「くらわんか校区」として計画化していった。この指定校区とプランナーの合同会議（写真②）は２回開催され，互いの計画づくりの参考となった。

　そして，地区福祉委員会以外の関係団体に対してのヒアリングを行い，計画全般への意見の反映も図った。

　最後に，市民全般に計画づくりについて問いかけるシンポジウムを「くらわんか市民フォーラム」として，2004年７月と2005年３月に２回開催し，延べ１万数千人に及ぶ徹底した市民参加による計画化を行った（図13－４）。

市民が果たした役割

　市民参加について，合同会議の１回目は，プランナーから枚方市民として福祉のまちづくりに必要と考える課題提起を，指定校区からは現在取り組んでいる実践報告を行った。半年後の２回目は，互いの計画を持ち寄ったわけであるが，理想と現実がぶつかり合い白熱した意見交換が行われた。真剣な討論と迫力に職員も研究者も圧倒された。公募市民の参加による地区福祉委員会や市社協とは異なる視点からの計画構築の重要性を示す一例で，現状認識や課題抽出，その後の実施計画の策定を行ううえで大きな役割を果たしたといえる。

第7節　社会福祉協議会におけるソーシャルワーク

図13-4　第3次活動計画─指定校区計画─くらわんか校区計画の関係と位置づけ
計画づくりのながれ

```
第3次地域福祉活動計画        ←        策定委員会
    完成！！                          作業委員会で話し合われた内容を
                                      協議し決定します。
```

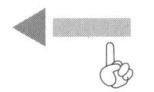

作業委員会
学識経験者・社会福祉協議会職員で構成されます。計画づくりの作業全般を行います。「プランナー会議」「指定校区会議」「合同会議」で話し合われたものを，全体計画にできるだけうまく盛り込むように，工夫します。

★生活実態アンケートの実施
★住民懇談会の実施
★団体ヒアリングの実施

小地域の現実 指定校区会議 （活動計画）	合同会議	小地域の理想 ふくしのまちづくり プランナー会議
「校区福祉委員会」として，日頃地域福祉活動に取り組んでいます。 　現実の取り組みの中から，現状の課題・目標を認識し，今後の地域における福祉活動をどのように進めていくのか，現実的な計画を作ります。	プランナー会議で話し合われた「くらわんか校区」活動計画と指定校区会議の「校区活動計画」を照らし合わせる場を持ちます。 　つまり，「理想」と「現実」を照らし合わせることにより，「校区活動計画」の参考にすると同時に，双方の計画を全体計画に生かします。	「くらわんか校区」という地域があることと仮定します。 　皆さんには，その「くらわんか校区」の住人として，枚方のまちのすがたや歴史をふまえて，本当に住みよい，理想の「ふくしのまちづくり」を考えていただきます。

写真①　住民懇談会

写真②　プランナー・指定校区合同会議

247

また，隔月の日曜開催を基本としたプランナー会議では，参加者が小学生から高齢者まで，そのなかに障害当事者もおられる。社協職員だけの会議進行は困難で，事前のニード聴取に基づいたガイドヘルパー・盲導犬・手話通訳者・要約筆記者・点訳者・イラストレーターなどの市民参加協力なしには成立しなかった。

5 ── 考察と課題

策定後の計画評価や進行管理も，市民参加を進めた枠組みを生かし学識経験者，地区福祉委員会，ふくしのまちづくりプランナー，福祉関係者の代表，行政で構成する『ふくしのまちづくり円卓会議』で行っている。

地区福祉委員会については，45校区中パイロット校区以外の残り33校区が，11校区ずつ3年をかけて校区福祉活動計画を順次策定する予定で，平成17年度は地域での住民懇談会を挟んで，策定を進めた。

"評価"の重要性

策定段階におけるしくみを，策定後の活動や評価・進行に活用していくことを想定し，初期段階からグランドデザインに組み込んでおくことが特に重要である。計画は策定すれば完成という誤解が多くみられるが，策定過程での関係性やかかわった市民・関係者自身が資源でありネットワークであり，コミュニティソーシャルワークに繋がっていることを意識した意図的な関与が必要である。

さらに言及すると，計画手順として構想計画（plan），課題計画（program），実施計画（do），評価（see）という四つの段階が相互に反映・活用されるべきとされている。策定の段階としても，策定の準備段階から現状・課題分析，基本構想・基本計画の策定，実施計画の策定，計画の進行管理と評価・見直しの4段階に整理されるが，実際には4番目の方法・手法は確立されていない。

第7節　社会福祉協議会におけるソーシャルワーク

　本会では円卓会議という市民参加の進行管理会議を設置したが，構成メンバー自体が前例のない試みであった。それ以上に，市民参加での評価（アセスメント・モニタリング）の手法は未着手の分野である。円卓会議において検討を始めているが，今後の実践と機会を改めた報告を願っている。

公私協働による地域福祉推進へ

　平成15年度より，行政による市町村「地域福祉計画」の策定が法定化された現在，地域福祉に関して市民・民間サイドから行政計画への提言・提案や具体化が図れるかは，地域社会における市民福祉の水準を分ける可能性をもつ。

　日常の地域福祉活動の充実を図るためにも，社会福祉協議会が呼びかけて「地域福祉活動計画」を市民・住民とともに策定することは，ソーシャルワーカーである社会福祉協議会職員が地域福祉力を推し量り，地域福祉の推進を実践する格好の機会である。

　本会も枚方市行政の地域福祉計画と同時期策定の好機を生かし，公私協働で役割や領域を明確にできなかった反省点を残した。『ふくしのまちづくり円卓会議』などの共同テーブルにおいて，残された課題として検討に努めている。

参考文献▶外山義監・高橋誠一ほか編『個室・ユニットで介護が変わる』中央法規出版，2004年。
　外山義編『グループホーム読本──痴呆性高齢者ケアの切り札』ミネルヴァ書房，2000年。
　二宮厚美『発達保障と教育・福祉労働──コミュニケーション労働の視点から』全障研出版，2005年。
　平野隆之・宮城孝・山口稔編『コミュニティとソーシャルワーク』〈社会福祉基礎シリーズ⑨・地域福祉論〉有斐閣，2001年。

第14章
ソーシャルワーク研究のための質的インタビュー法

　本章で取り上げるのは，ソーシャルワークそのものではないが，ソーシャルワークに関する卒業論文執筆時に必要な事柄とその際によく用いる質的インタビュー法についてである。第11章で取り上げた社会福祉調査法も卒業論文執筆時に役立つものであるが，その内容は主にアンケート調査を用いた量的研究法である。ここでは，福祉サービス利用者や社会福祉士・精神保健福祉士などのソーシャルワーカーに直接話を聞くことでデータを収集する，質的インタビューについて解説する。

第14章　ソーシャルワーク研究のための質的インタビュー法

第①節　ソーシャルワークを研究し，卒論にまとめる

1────卒業論文とは

　卒業論文とは一体どのような構成になっているかをまず知らなければならない。オーソドックスなかたちなら，「序論」・「本論」・「結論」ということになる。

　「序論」とは，読者を自分の文献の世界に引き入れる役割がある。「序」「緒論」「緒言」などと表現することもある。そこでは，テーマについてこれまでにどれだけの研究が積み重なっており，どのような学説が生まれ，そしてどのような未解決の問題があるかを簡潔に説明する。つまり，テーマに関する研究史の要約と問題の所在が書かれてある。

　また，序論とは別に，「序文」「まえがき」「はじめに」という短い文章を冒頭に記すこともある。その場合，その文献を執筆する動機，その文献の意図などが書かれていることが多い。

　「本論」は，その論文の大部分を占める核心部分である。しかし，本論という言葉がそのまま使われることは少なく，多くは，テーマに即した言葉で，本論に相当する部分をいくつかの章立てで構成する。本論には「方法」「結果」「考察」が必ず入る。「方法」には，実験・観察・調査・質問・資料の吟味などがある。「結果」は，執筆者が採用した「方法」を用いて，どう素材を処理したかということが書かれている。数字やグラフなどの文章以外で表されることもある。「考察」は，「結果」について検討・吟味し，議論を行うところである。これまでの諸説とどのように異なっているか，執筆者が発見した新しいところはどこか，新たな問題が提起されたか，残された課題は何か，などを論ずる。

　「結論」は，当然のことながら，「序論」での問題の所在と「本論」で展開した内容に導かれたものが書かれている。「本論」での「考察」部分をよ

第1節　ソーシャルワークを研究し，卒論にまとめる

図14-1　卒業論文の構成

- 序文 →「序文」・「まえがき」・「はじめに」
- 序論 →「序論」
- 本論 →「方法」
  　　　「結果」
  　　　「考察」
- 結論 →「結論」

り簡潔にして記すこともある。

　卒論の研究テーマを考える際，分量をまず念頭に置いてみる。通常なら400字詰原稿用紙50枚前後であろう。研究テーマが大きすぎると，単著もしくは何巻かの全集を出版しなければならないことになる。1年程度でその執筆に取り組まなければならないのであるから，おのずと研究テーマを絞り込む必要がある。

2────研究計画書の作成

　卒論を執筆するには，研究を行わなければならない。その研究を行う前に，「研究計画書」を作成してみることである。そこには，およそ次のことが記されている。

- 研究テーマ

第14章　ソーシャルワーク研究のための質的インタビュー法

- 研究テーマを取り上げた個人的動機や社会的背景
- 研究目的
- 研究（調査）対象
- リサーチクエスチョンまたは仮説
- 研究方法
  - データ収集方法（例えば，量的研究・質的研究・実験研究）
  - どのようなデータを収集するのか
  - どのように調査対象にアクセスし，調査協力を依頼するのかなどを記す
  - 収集するデータの種類とアクセス方法，分析方法
- データを収集する際の倫理的配慮

3───研究テーマの絞り込み方

卒論の研究テーマを絞り込むには，およそ次のことを行う。

① 知りたいこと，研究で明らかにしたいことを具体的に自分の言葉で書き出す（頭の中でグルグルと言葉を巡らすだけでなく，書き出すことが肝心である）。

② ①を繰り返し，他者（例えばゼミ生同士で）と話し合う。

③ 関心のある領域を絞り決定する。

④ 関心領域のなかで，自分の知りたいことを具体的に自分の言葉で書き出してみる（例えば，「精神障害者のリハビリテーションについて調べたい」という領域まではなんとか自力で決めることができるが，「では，精神障害者のリハビリテーションの何について調べたいのか？」という焦点づけられたものを問われると答えに窮することが多い。それゆえに，精神障害者のリハビリテーションに関する現状や最新動向などを，数多くの文献を読みこなしていくという作業が不可欠である）。

⑤ 関係文献を読みながら，繰り返し他者と話し合い，整理する。

⑥ 出来合いの言葉を安易に用いることなく，自分の言葉で研究テーマを

第1節　ソーシャルワークを研究し，卒論にまとめる

絞っていく。

なお，⑤の関係文献を読むという作業には，次のことが含まれる。ここで手を抜くと，よい卒論が書けないので，地道で丹念な作業が必要である。

(1) 研究テーマに関する文献を収集し，それをしっかり読み解いていく。
(2) あるキーワードを定めて，社会福祉文献だけに限らず，近隣学問領域（医学・看護・保健など）の文献まで広げて収集する。
(3) 文献巻末にある「参考・引用文献」を参考にする。そこに何度も繰り返して掲載される文献は，その研究テーマに関する基本文献である可能性が高い。初学者には簡単で確立性が高いやり方である。当初は芋づる方式で効率の悪い探し方になることが多いが，それなりの文献数を収集し読み解いていくと徐々に研究テーマに関する全体像がみえてくる。
(4) 全体像がみえてくるというのは，学習が進んでいる証拠である（目が肥えてきたということ）。ただし，この時期に大いに迷う。例えば，自分が取り組もうとする研究テーマはほんとうにこれでよいか，間違っているのではないかなどの迷いである。「知れば知るほど目が曇る」とでもいうべきか。でも，これはだれにでも必ず起こることであり，そしてこれは自らの問題意識に戻って深く考えていく過程（もちろんその努力を行うことが前提だが）を経て，しだいに解消していく。このことを克服した学生は，そう簡単には揺れない。反対に，悪いのは，そこで安易に「これは違う」と捨ててしまったり，その研究テーマに自分自身が固執し，筋道立てて考えていけなくなってしまうことである（事実に対する誠実な態度ではない）。
(5) もちろん，最初に設定した研究テーマ自体が間違っていたとか，ピントがずれていたなどもあるので，その場合は，勇気ある撤退をする。ただし，自分だけで勝手に判断するのではなく，指導教員にその旨を相談して，アドバイスを受けることをお勧めする。
(6) この撤退を何度も繰り返すようであるならば，結局つまみ食いの傾向があることを自覚する必要があるかもしれない。自分自身を振り返ってみることが必要である。これは指導教員に相談しないと解決できない場合が多

い。

4 ── 研究テーマにふさわしい研究デザインを考える

　研究テーマがほぼ固まったら，次にその研究テーマにふさわしい研究デザインを考える。ここでは四つの研究デザインを提示する。自ら選んだ研究テーマにふさわしい研究デザインかどうかを検討してみることが必要である。
① 　質的記述研究デザイン
　　この研究デザインは，まだよくわかっていない現象で，十分な文献・先行研究が存在しない場合に用いる。その現象を測定方法や数量化する方法が確立していない状況なので，「これは何？」という疑問形になる。このような場合，現象を丹念に質的に探究し，それを記述していく方法が選択されることが多い。このデザインでは，記述することが目的となるので仮説はない。事例研究，歴史研究，グラウンデッド・セオリー・アプローチ，エスノグラフィー，KJ法などが採用される（それぞれの方法についての説明は省略する。以下，同様）。
② 　量的記述研究デザイン
　　この研究デザインは，現象については少なくとも何であるかはわかっているが，どのような状況で起こっているのか，どのような事柄が関連して起こっているのか，などがわからない場合に用いる。先行研究から数量化や分類が可能であったり，関連要因もある程度の知識が蓄積されているので，現象を量的に探究し記述する方法を選択することが多い。このデザインでは，探索することが目的であるから仮説はない。実態調査研究や疫学的研究などが採用される。
③ 　仮説検証型研究デザイン
　　この研究デザインは，現象のなかで「何が起こっているのか」「どの要因が関連しているのか」について推論できる場合，それを検証しようとするものである。「何が起こっているのか」を自由に探索するのではない。例

えば，要因のAとBが関連しているという一般的な理論的知識を有していたり，ある程度の研究成果が蓄積されていることが条件になるが，AとBとの関係を推論した仮説を設定した研究である。したがって，仮説を検証しようとするものである。データ収集についても厳密な物差しが求められる。このデザインでは，説明することが目的となる。

④ 因果関係検証型研究デザイン

この研究デザインは，「Aが起きるためにはBをすればよい」という因果関係を探究し，それを検証しようとするものである。既存の理論や先行研究成果を踏まえて推論できることが条件になる。使用する物差しや測定用具は厳密でなければならない。このデザインでは，予測することが目的であり，実験研究や評価研究などが採用される。

5 ───研究方法を定める─量的研究と質的研究

「本論」のなかに「方法」(「調査」「質問」「実験」「観察」など) が位置づいていると述べた。卒論執筆には，これらの過程を経て，その「結果」を出し，その「結果」に基づいて「考察」すると「結論」が導かれる。したがって，きちんとした「方法」がとられていないと，「結果」も「考察」も不十分になるし，当然のことながら「結論」も導き出されない。

この「方法」について，「調査」「質問」などを量的研究と質的研究に区分して検討すると，次のように整理できる。

量的研究とは，データを数量化・数値化することにより研究テーマを解明していこうとする (質問紙などを用いた調査など) ものである。演繹法(『広辞苑』第五版によれば，「前提を認めるならば，結論もまた必然的に認めざるをえないもの。数学における証明はその典型」)を採用することが多い。そこでは，多数の対象，研究の対象となる事柄の一般法則を見いだしたり，仮説を設定し検証したりして，客観性・普遍性などを重視することになる。

質的研究とは，数量的・数値的表現が困難もしくは不適当なデータを質的

第14章　ソーシャルワーク研究のための質的インタビュー法

に整理し，文章による記述的表現をしていこうとする（インタビューを用いてデータを収集することが多い）ものである。帰納法（『広辞苑』第五版によれば，「個々の具体的事実から一般的な命題ないし法則を導き出すこと。特殊から普遍を導き出すこと」）を採用する。そこでは，少数の対象，調査者が自分の行為や社会現象に与えている意味を理解したりする。仮説は設定せず，仮説を生成することを目的とすることで，限定された領域での説明力豊かな理論を提示することになる。

　アメリカやわが国でもソーシャルワークの研究には，量的研究・演繹的研究・仮説検証型研究が主に用いられる。質的研究・帰納的研究・仮説生成型研究は徐々に積極的に取り組まれ始めている（ただし，福祉現場では質的研究は十分な理解を得ていないことが多い）。

第② 節　質的研究としての質的インタビュー

　第11章の社会福祉調査法は量的研究を中心に述べられているので，ここからは質的記述研究デザインを採用し，そこで最も多く用いる質的インタビューについて説明する。

　学問としては後発部隊である社会福祉学（特にソーシャルワーク研究）では，仮説を検証する演繹的な研究を推進することで普遍性などを示していくことは重要である。しかし，社会福祉現場で起こっている現象は経験的にわかっているが，これを他者にわかりやすく筋道立てて説明することもまた不十分である。その意味で，まず仮説を生成したり，帰納法的な研究を行う質的研究に取り組んでいく必要性が高いといえるし，このことが実践や学問の健全な発展につながるのではないかといえる（もちろん，質的研究により仮説を生成し，その質的研究を繰り返すことで多くの仮説を蓄積して，その後に量的研究・演繹的研究・仮説検証型研究を実施し，普遍化・一般化を行っ

ていく道筋もある。双方の研究法を身につけることが大切なのはいうまでもない)。

このように，社会福祉現場にはまだよくわかっていない現象がたくさんある。実践現場から理論を構築し，それを幾度ともなく実践現場・研究過程で鍛えていくことで精緻化していく試みが大事である。そのために現場で起こっている現象に密着し解明していく質的研究が求められているといえる。

1――リサーチクエスチョンを立ててみる

一体何について知りたいのかを疑問文のかたちでリストアップしたものがリサーチクエスチョンである。これは研究テーマとつながっていないといけない。例えば，「地域生活支援センターに所属する精神保健福祉士が行う地域生活支援とは何か」という研究テーマを設定すれば，「地域生活支援はどのような内容から構成されるのか」「精神保健福祉士はどのような文脈で地域生活支援のさまざまな内容を行っているのか」「それらの内容は，だれに対して，いつ，どのような場合に行っているのか，なぜそう感じたり，そう考えたり，判断したりしているのか」などのリサーチクエスチョンを設定することができる。

その際，自分自身の概念の枠組みに気づくことが重要である。調査者である自分自身の前提である視点や価値観に気づくことで，よいリサーチクエスチョンが立てやすくなる。例えば，障害者「家族」について質問したいと思ったら，自分の親や兄弟に対する思いや気持ちがどんなものであるかをよく吟味しておく。その思いや気持ちとは異なる家族像を調査対象者がもっている可能性もある。そのことに気づいていないと，リサーチクエスチョンからそのような家族像を最初から捨象してしまうことになるからである。

第14章 ソーシャルワーク研究のための質的インタビュー法

2──質的インタビューの種類

インタビューの種類は、「構造化インタビュー」と「非構造化インタビュー」、その中間にある「半構造化インタビュー」に分けられる。「構造化インタビュー」は、同一の質問・同じ順番・同じ言葉で、異なる調査対象者に行うものである。「非構造化インタビュー」は、決められた質問をあらかじめ設定せず、調査者と調査対象者が自由に語り合うものである。「半構造化インタビュー」は、一連の質問で構成されるインタビューガイドを用いてインタビューを行うが、そのなかで調査者が関心のある内容についてつっこんで質問していくものである（その意味で「中間」なのである）。

本章で取り上げる質的インタビューは、「半構造化インタビュー」が多く用いられる。なお、このインタビューガイドを作成する際、「研究テーマの絞り込み方」や「リサーチクエスチョン」が深く関与するので、これを参考にしてもらいたい。

3──インタビューガイドの作成と活用

インタビューガイドとは、簡単にいえば、具体的な質問リストのことである。リサーチクエスチョンの具体化でもある。

インタビューガイド作成にあたっては、どのように尋ねれば調査者が知りたいことを相手が語ってくれるかがポイントになる。作成当初は、研究テーマに関する枠組みや概念の構成要素にとらわれることが多く、抽象的なものしか考えられないことが多い（リサーチクエスチョンはその意味でインタビューガイドよりも抽象度が高い）。しかし、それでは調査対象者が答えにくいので、具体的な場面を想定しながら考えていくことになる。

インタビューガイドにのみこだわってしまうと、よいデータが集まらないことも多い。調査対象者の話に沿いながらインタビューを進めていくことは、確かに闇夜のなかでの灯台の役割を果たしてくれる。インタビューガイ

ドを念頭にしつつも，これを聞きたいというようにインタビューガイドから少し離れて聞くことで，思いがけないデータと出会うこともある（このことが質的インタビューの醍醐味でもある）。これには経験が必要である。

したがって，よいインタビューガイドを作成し活用しても，相手方から引き出す内容が違ってくる。インタビューを行った結果として，相手からデータが得られるのではない。その会話の流れに応じてさまざまな質問を繰り出すことで，豊富なデータが得られるのである。それゆえ，その会話の流れを妨げる言動や姿勢，態度，服装などは厳禁である（例えば，インタビューガイドばかり見て相手の顔を見ていない，相手に不快な印象を与える服装や態度など）。

なお，1回ごとに実施したインタビューを振り返り，インタビューガイドを修正することがよくある。構造化インタビューとは異なり，半構造化インタビューのよさでもある。

4ーーーインタビュー実施にあたっての倫理的配慮

質的インタビューは，対象者のプライバシーに深くかかわる。「人」を対象とする研究では，対象者の人権やプライバシーが侵される危険を避けるために，研究実施前に，研究計画書を大学内の研究倫理委員会（名称は各大学で異なる）に提出し，承諾を得なければならないことが増えている。大学院生の修士論文や博士論文ではあたりまえになってきているが，学生が行う質的インタビューも同様の傾向にある。

社会福祉研究は「人」一般を対象としていない。立場の弱いケアの受け手からデータを得ることが多いのである。データ収集の際，研究結果を発表する際，対象者の人権などの倫理的配慮を行わなくてはならない。そこでは，研究の意図やデータ収集のプロセス，所要時間などを説明し，事前に同意を得ることが求められる（事前に研究の全体像を知らせずに，その都度協力を得るようなやり方では，倫理的配慮がなされたとはいえない）。

5 ── インタビュー対象者への選定と依頼

　研究テーマ，研究目的などに即した調査対象者を選定しなければならない。また，量・質ともにできるだけ豊かなデータを収集することが必要であれば，そうしたデータを収集できる調査対象者になる（例えば，最低でも〇年以上の経験を有するソーシャルワーカーといった具合である）。

　しかし，この選定時によく起きる間違いは，目的的サンプリング（研究目的に即して対象者を選ぶこと）ではなく，便宜的サンプリング（調査に関係する身近な知り合いを選んでしまうこと）になってしまうことである。一般的に学生は福祉現場へのアクセスが難しいので，限られた時間と人脈のなかでサンプリングを行うしかない。しかし，これではよいデータを収集することができない。卒論担当教員に相談や指導を受けながら進めるしかない。

　依頼には，研究計画書を提示して説明する。質的インタビューの目的をきちんと説明しなければならないので，研究計画書をそのツールとして位置づける。調査とはアンケート調査であると相手に思われないように，質的インタビューであることをきちんと説明できるようにする。

6 ── インタビュー前日と当日

　前日にインタビューに必要な機材一式（録音機など）を整えておく。

　インタビューとは相手の考えを聞くことである。これを相手に理解されないとよいインタビューにならない（例えば，施設紹介パンフレットに記されていることをインタビューで語られても，よいデータではないだろう）。たとえよいインタビューガイドを用意して，質的インタビューの理解のある対象者と巡り会えても，それがよいインタビューになるとは限らない。調査者に十分な知識やlistening skillsがないといけない（やはり事前の準備と体験を経ていくことで得られる技能が不可欠であろう）。

　インタビューで「学生に共通する失敗は『萎縮』から来る」という[1]。忙し

い調査対象者にインタビューのために時間を割いてもらうことで，学生は「申し訳ない」と思って萎縮し，受け身になってしまう。学生の場合，「学生の属性がインタビューを難しくする場合」もある。[1]例えば，インタビューする学生が自分の息子（娘）と同じぐらいの年齢で，しかも福祉現場を経験していないということを知っていれば，何十年も経験を有しているソーシャルワーカーがほぼ初めて会ったばかりの学生に自分の悩みを話すことは少ない。だからといって，簡単に諦めるのではなく，学生という属性よりも調査者としてインタビュー・スキルを高めていく。そのことでこの問題を克服することが大事である。すなわち，インタビュー中に相手の言うことを要約して確かめたり，焦点から外れたことを話し続けるのを元に戻したりしていく，アクティブリスニング（active listening）ができるようになることである。

なお，常識的な礼儀作法は心得ていくことは言うまでもない（服装・態度など）。

第３節　まとめ

　質的インタビューを終えた後のテープ起こしやデータ分析などの方法については，これ以上は述べないが，卒論指導教員からの適切なアドバイスや指導を受けながら，最後まで粘って卒論を執筆していって欲しい。

　最後に，まとめとして次のことを述べておく。それはソーシャルワーク（特にケースワーク）と質的インタビューとの親和性である。傾聴の姿勢で受容しながら情報を得ていくことで，ニーズなどをアセスメントし，共同作業として援助計画を策定していくケースワーク過程と，ここまで述べてきた質的

---

[1] 岡知史「教育実践報告　質的調査法の指導：卒業論文およびゼミ論文指導の経験から」『上智大学社会福祉研究　平成11年度年報』，17～30頁，2000年。

第14章 ソーシャルワーク研究のための質的インタビュー法

インタビュー過程には重なっている内容が多いことに気づくであろう。両者は，対話を重視して，さまざまな情報を収集しながら相手を理解していこうとすることである。手間暇のかかるのが質的インタビューであるが，その方法や技術を身につけることで，質の高い情報を収集・分析できるソーシャルワーカーになることができる。卒論に質的インタビューを採用することでその準備訓練にもなる。ソーシャルワーカーの専門性をより高めていくツールの一つが質的インタビューということなのである。

参考文献▶久田則夫編『社会福祉の研究入門』中央法規出版，2003年。

井上幸子・平山朝子・金子道子編『看護における研究』(第2版)〈看護学大系10〉日本看護協会出版会，1999年。

住友雄資「演習の方法」『精神保健福祉援助技術演習』〈精神保健福祉士養成講座7〉中央法規出版，2004年。

高橋信行・三毛美予子・小山隆・岡知史「シンポジウム　質的研究法の諸課題」『社会福祉実践理論研究』14，2005年。

終章
社会福祉援助技術の課題

1────社会福祉をめぐる状況

　1990年代は社会全体にとって動乱と再編成の時代であったが，21世紀を迎えた現在もなお，その傾向は続いている。また，社会福祉の世界も少子高齢化の影響や社会全体の動向の影響を受けて大きく変化しようとしている。昨今の社会的な動向を理解するための重要なキーワードは「規制緩和」と「自己責任」であるが，これらはこれからの社会福祉をリードするキーワードでもあるという認識が重要である。社会福祉援助技術は社会の動向と関係なく個人を支援するものではなく，対象となる問題も社会的な影響を強く受ける。問題解決の目標や方法，技術も社会や社会福祉制度の動向とかなり密接な関係をもっているので，このような動向には無関心ではいられない。

終章 社会福祉援助技術の課題

福祉関係八法の改正

　社会福祉は人々の抱えるニーズの変化に対応して常に変化を遂げ，充実が図られてきたが，その行き着いたところは1989（平成元）年に発表された福祉関係三審議会による意見具申と老人福祉法など福祉関係八法の改正であった。それはノーマライゼーションの実現を目標に据え，住民に身近な市町村を中心に，それまでの入所施設中心の福祉を在宅中心の福祉に転換を図ろうとするものであった。また，福祉サービスの担い手を，それまでの国と地方自治体といった公的部門や，民間でも非営利団体やボランティアだけでなく，民間の営利部門にも拡大した。

　しかし，この改革は社会福祉の根本的な基盤には手をつけなかった。それは「措置」の制度である。第二次世界大戦以後の社会福祉は日本国憲法第25条に規定されている「生存権」を保障することを目的とした制度である。この生存権を保障するしくみが措置の制度であった。つまり，自分や家族で自立した生活が営めなくなった場合には，最終的に国が生活の責任を果たすというしくみである。したがって，社会福祉のサービスは，基本的に利用者が自分の意思で希望し費用を自分で負担して利用するものではなく，行政が必要だと認めた場合のみに利用できるものであった。つまり，社会福祉サービスの利用に関しては，われわれが普通にしている社会生活のルールが適用されていなかったのである。

措置から契約へ

　その後，福祉サービスの担い手を営利部門にも拡大する点など，従来の社会福祉の枠組みを打ち破る動向はすでに出ていたのであるが，1990年代後半の改革はこの措置の制度を廃止し，契約方式によるサービス利用への転換を一気に進めるものであった。

　そのきっかけとなったのが，1994（平成6）年に発表された「新たな高齢者介護システムの構築を目指して」という厚生省の報告書とその後の介護保険制度の導入であった。介護保険制度は従来の社会福祉という枠組みではな

く，社会保険制度を基盤にして介護サービスを提供しようとするものであるが，より重要な点は介護サービスを必要とする人は，行政の決定ではなく，自分の意思でサービスが利用できるという点である。

　介護保険制度は高齢者のみにかかわる制度であるが，その後，措置から契約への流れは，社会福祉の他分野においても検討が進められ，社会福祉事業法から社会福祉法への改正，一部の児童福祉施設の利用契約化などが行われた。

　このように社会福祉サービスは利用者の意思で利用されるサービスになっていくのである。これまでのサービス利用者はサービスを利用できるだけでありがたいと感じ，サービス提供者であるソーシャルワーカーに苦情を呈したり，注文をつけることは少なかったであろうが，これからは福祉は一方的に感謝される時代ではなくなる。よいサービスを提供して初めて利用してもらえるし，それによって収入も得られ，また感謝されるという時代の幕開けである。

2───社会福祉援助技術の課題

　上記のような社会福祉制度の基礎そのものが改革されつつあるなかで，社会福祉援助技術も伝統的な援助技術の枠組みから脱却し，新しい時代に生活する人々のニーズに対応することが必要である。ここでは，これからの課題として三つの点を検討するにとどまるが，これからも社会福祉援助技術はさまざまな課題に直面することになろうし，それらへの対応が今後とも重要となるであろう。

保健・医療との連携と社会福祉援助技術

　高齢者の介護問題が社会福祉の重要課題になるにつれて，保健や医療の専門機関や専門職との連携が重要な課題となってきた。また，従来の社会福祉援助技術はサービス利用者の生活の側面に注目して，心理・社会的なアプ

終章　社会福祉援助技術の課題

ローチをすることを特色としてきたし，保健・医療の専門職者もソーシャルワーカーにはそれを期待してきた。しかし，ケアマネジメントでは保健・医療の専門職者も生活に焦点を当てて援助しようとしており，ソーシャルワークの専門性が埋没しつつある。

このような動向のなかで，ケアマネジメントに取り組むソーシャルワーカーには特に次のような取り組みが求められる。

① 保健・医療の専門職者と対等な立場で連携をしていくためには，ソーシャルワーカーも医学的な知識や介護に関する知識を十分に身につけることが必要である。

② 高齢者の介護サービスはケアマネジメントに基づいてチームケアを基盤に提供される。チームケアにおいては保健・医療・福祉の専門職者が協働体制を組むことになる。ソーシャルワーカーはサービス利用者の生活支援とともにケアチームをまとめる役割が期待されることになる。したがって，多職種協働を進めていくための，例えば会議の運営や意思決定といった技術が必要となる。

③ ケアマネジメントは介護保険を基盤にして，既存の社会資源の活用を中心に展開されることになるが，ニーズは時代とともに量，種類ともに変化するものである。充足できないニーズがあれば，新しい社会資源の創設が必要である。このような視点からソーシャルワーカーには資源の開発機能が強く求められることとなる。そのような意味でコミュニティワークが今後ますます重要な援助技術となる可能性が高い。

社会福祉専門職制度の課題

社会福祉の専門職制度は第2章で概説がされているところであるが，ここでは専門職制度の今後の課題について若干ふれておく。わが国の社会福祉の専門職には社会福祉に関する相談援助を担う社会福祉士と，直接的な介助，介護を行う介護福祉士がある。さらに，1997（平成9）年には精神保健福祉士も制度化された。

終章　社会福祉援助技術の課題

　社会福祉士と精神保健福祉士はともにソーシャルワーカーであり，本来であればソーシャルワーカー資格は一つが望ましいし，理解もしやすいのであろうが，法律上は別資格として法制化された。精神保健福祉士はまだこれからの資格であるので，ここでは制度化されて約20年が経過した社会福祉士と介護福祉士制度についてこれからの課題のいくつかを示しておきたい。

① 　介護福祉士の仕事はよくわかるが，社会福祉士の仕事はよくわからないといわれている。それは外部の第三者の意見だけでなく，社会福祉士自身からも聞かれる意見である。法律では相談援助と明確に規定されているが，実際の援助活動となると，それだけでは済まずに，ソーシャルワーカーにはさまざまな仕事が課せられるところに，このような疑問が生じる原因の一つがあると思われる。したがって，理論面だけでなく，実際面にもソーシャルワークを根づかせる努力が今後とも必要であろう。

② 　社会福祉士の専門職制度は1987（昭和62）年に設立された。そのころには現在の援助技術の枠組みや養成制度は最も望ましいかたちが整えられたのであろうが，近年の社会福祉をめぐる動きは先にも述べたように急速であった。

　例えば，20年前にはケアマネジメントは，そのような言葉もなかったものが，今日ではケアマネジメントなしに社会福祉は語れないまでになっている。したがって，援助技術の枠組みとともに社会福祉士の養成についても，例えば医学や介護面の強化など，早急の対応が必要である。

③ 　介護福祉士は既に有資格者は40万人を突破し，専門職として一大勢力を形成している。介護福祉士は介護ニーズの拡大とともに今後とも増えていくことが予測できるが，専門職としての介護福祉士の発展のためには身辺の介助からケアマネジメントなどのソーシャルワーク的な業務も担えるような研修・訓練システムや養成教育システムの強化・改善が必要であろう。

終章　社会福祉援助技術の課題

ソーシャルワーカーの課題—人権擁護の担い手としてのソーシャルワーカー

　措置による社会福祉サービスの提供方式は，行政が最終的に生存権の保障をするものであるのに対して，昨今の社会福祉サービスは契約方式，すなわち自立した個人が自分の意思に基づいて自分の責任でサービスを購入するという方式が取り入れられている。この方式の前提は，サービス購入についてはサービス利用者が責任をもてるということである。

　社会福祉サービスの利用希望者の多く，例えば認知症高齢者や知的障害者などはサービス提供者と対等に話し合いができず，不利益を被る可能性が高い。これまではそのような人たちについては行政が責任をもつというのが原則であったが，社会福祉サービスが購入するものとなると，そのような人たちの権利を守るのに別のかたちの対応が必要となる。それが成年後見制度である。すなわち，ソーシャルワーカーなどが弱い立場のサービス利用者の代理人となる制度である。ソーシャルワーカーには今後この立場からの権利擁護に取り組むよう社会的な期待がますます高まる可能性が高い。

資料

ソーシャルワーカーの倫理綱領

2005年5月21日　特定非営利活動法人日本ソーシャルワーカー協会承認
2005年5月28日　社団法人日本医療社会事業協会可決承認
2005年6月3日　社団法人日本社会福祉士会採択
2005年6月10日　社団法人日本精神保健福祉士協会承認

前　文

　われわれソーシャルワーカーは，すべての人が人間としての尊厳を有し，価値ある存在であり，平等であることを深く認識する。われわれは平和を擁護し，人権と社会正義の原理に則り，サービス利用者本位の質の高い福祉サービスの開発と提供に努めることによって，社会福祉の推進とサービス利用者の自己実現をめざす専門職であることを言明する。

　われわれは，社会の進展に伴う社会変動が，ともすれば環境破壊及び人間疎外をもたらすことに着目する時，この専門職がこれからの福祉社会にとって不可欠の制度であることを自覚するとともに，専門職ソーシャルワーカーの職責についての一般社会及び市民の理解を深め，その啓発に努める。

　われわれは，われわれの加盟する国際ソーシャルワーカー連盟が採択した，次の「ソーシャルワークの定義」(2000年7月)を，ソーシャルワーク実践に適用され得るものとして認識し，その実践の拠り所とする。

ソーシャルワークの定義

　ソーシャルワークの専門職は，人間の福利（ウェルビーイング）の増進を目指して，社会の変革を進め，人間関係における問題解決を図り，人々のエンパワーメントと解放を促していく。ソーシャルワークは，人間の行動と社会システムに関する理論を利用して，人びとがその環境と相互に影響し合う接点に介入する。人権と社会正義の原理は，ソーシャルワークの

拠り所とする基盤である。

(IFSW；2000.7.)

　われわれは，ソーシャルワークの知識，技術の専門性と倫理性の維持，向上が専門職の職責であるだけでなく，サービス利用者は勿論，社会全体の利益に密接に関連していることを認識し，本綱領を制定してこれを遵守することを誓約する者により，専門職団体を組織する。

価値と原則
Ⅰ　（人間の尊厳）
　ソーシャルワーカーは，すべての人間を，出自，人種，性別，年齢，身体的精神的状況，宗教的文化的背景，社会的地位，経済状況等の違いにかかわらず，かけがえのない存在として尊重する。
Ⅱ　（社会正義）
　ソーシャルワーカーは，差別，貧困，抑圧，排除，暴力，環境破壊などの無い，自由，平等，共生に基づく社会正義の実現をめざす。
Ⅲ　（貢　献）
　ソーシャルワーカーは，人間の尊厳の尊重と社会正義の実現に貢献する。
Ⅳ　（誠　実）
　ソーシャルワーカーは，本倫理綱領に対して常に誠実である。
Ⅴ　（責任的力量）
　ソーシャルワーカーは，専門的力量を発揮し，その専門性を高める。

倫理基準
Ⅰ　利用者に対する倫理責任
1　（利用者との関係）
　ソーシャルワーカーは，利用者との専門的援助関係を最も大切にし，それを自己の利益のために利用しない。
2　（利用者の利益の最優先）

ソーシャルワーカーは，業務の遂行に際して，利用者の利益を最優先に考える。

3（受　容）

　　ソーシャルワーカーは，自らの先入観や偏見を排し，利用者をあるがままに受容する。

4（説明責任）

　　ソーシャルワーカーは，利用者に必要な情報を適切な方法・わかりやすい表現を用いて提供し，利用者の意思を確認する。

5（利用者の自己決定の尊重）

　　ソーシャルワーカーは，利用者の自己決定を尊重し，利用者がその権利を十分に理解し，活用していけるように援助する。

6（利用者の意思決定能力への対応）

　　ソーシャルワーカーは，意思決定能力の不十分な利用者に対して，常に最善の方法を用いて利益と権利を擁護する。

7（プライバシーの尊重）

　　ソーシャルワーカーは，利用者のプライバシーを最大限に尊重し，関係者から情報を得る場合，その利用者から同意を得る。

8（秘密の保持）

　　ソーシャルワーカーは，利用者や関係者から情報を得る場合，業務上必要な範囲にとどめ，その秘密を保持する。秘密の保持は，業務を退いた後も同様とする。

9（記録の開示）

　　ソーシャルワーカーは，利用者から記録の開示の要求があった場合，本人に記録を開示する。

10（情報の共有）

　　ソーシャルワーカーは，利用者の援助のために利用者に関する情報を関係機関・関係職員と共有する場合，その秘密を保持するよう最善の方策を用いる。

11（性的差別，虐待の禁止）

資料

　　ソーシャルワーカーは，利用者に対して，性別，性的指向等の違いから派生する差別やセクシュアル・ハラスメント，虐待をしない。
12（権利侵害の防止）
　　ソーシャルワーカーは，利用者を擁護し，あらゆる権利侵害の発生を防止する。
Ⅱ　実践現場における倫理責任
1（最良の実践を行う責務）
　　ソーシャルワーカーは，実践現場において，最良の業務を遂行するために，自らの専門的知識・技術を惜しみなく発揮する。
2（他の専門職等との連携・協働）
　　ソーシャルワーカーは，相互の専門性を尊重し，他の専門職等と連携・協働する。
3（実践現場と綱領の遵守）
　　ソーシャルワーカーは，実践現場との間で倫理上のジレンマが生じるような場合，実践現場が本綱領の原則を尊重し，その基本精神を遵守するよう働きかける。
4（業務改善の推進）
　　ソーシャルワーカーは，常に業務を点検し評価を行い，業務改善を推進する。
Ⅲ　社会に対する倫理責任
1（ソーシャル・インクルージョン）
　　ソーシャルワーカーは，人々をあらゆる差別，貧困，抑圧，排除，暴力，環境破壊などから守り，包含的な社会を目指すよう努める。
2（社会への働きかけ）
　　ソーシャルワーカーは，社会に見られる不正義の改善と利用者の問題解決のため，利用者や他の専門職等と連帯し，効果的な方法により社会に働きかける。
3（国際社会への働きかけ）
　　ソーシャルワーカーは，人権と社会正義に関する国際的問題を解決するた

め，全世界のソーシャルワーカーと連帯し，国際社会に働きかける。

Ⅳ 専門職としての倫理責任

1 （専門職の啓発）

　ソーシャルワーカーは，利用者・他の専門職・市民に専門職としての実践を伝え社会的信用を高める。

2 （信用失墜行為の禁止）

　ソーシャルワーカーは，その立場を利用した信用失墜行為を行わない。

3 （社会的信用の保持）

　ソーシャルワーカーは，他のソーシャルワーカーが専門職業の社会的信用を損なうような場合，本人にその事実を知らせ，必要な対応を促す。

4 （専門職の擁護）

　ソーシャルワーカーは，不当な批判を受けることがあれば，専門職として連帯し，その立場を擁護する。

5 （専門性の向上）

　ソーシャルワーカーは，最良の実践を行うために，スーパービジョン，教育・研修に参加し，援助方法の改善と専門性の向上を図る。

6 （教育・訓練・管理における責務）

　ソーシャルワーカーは教育・訓練・管理に携わる場合，相手の人権を尊重し，専門職としてのよりよい成長を促す。

7 （調査・研究）

　ソーシャルワーカーは，すべての調査・研究過程で利用者の人権を尊重し，倫理性を確保する。

索引

あ

アセスメント　87, 151
意図的な感情の表出　72
医療ソーシャルワーク　197
インタビューガイド　260
インテーク　84
ヴィンター, R.D.　99
NASW（全米ソーシャルワーカー協会）
　66, 99
援助計画　88
岡村重雄　5

か

介護支援専門員（ケアマネジャー）　27,
　160, 227
介護福祉士　25, 241
介護保険法　57
介入　89
カウンセリング　16
観察法　169
感情転移　80
間接援助技術　13
監督訓練者（スーパーバイザー）　183

規制緩和　135, 265
機能主義　48
虐待　213
逆転移　80
記録　125
グループスーパービジョン　185
グループワーク（集団援助技術）　51, 97,
　115
ケアプラン　155
ケアマネジメント　133, 145, 150, 158, 226
ケアマネジャー（介護支援専門員）
　27, 160, 227
ケースマネジメント　150
ケースワーカー　8
ケースワーク（個別援助技術）　45, 63
研究テーマ　254
コイル, G.L.　98
更生相談所　9
コーディング　177
国民保健サービスおよびコミュニティケア
　法　55
コノプカ, G.　98, 103
個別援助技術（ケースワーク）　45, 63
個別化　71
コミュニティ・オーガニゼーション　130

コミュニティソーシャルワーカー 244
コミュニティワーク(地域援助技術) 54,129
コンサルテーション 17

さ

COS(慈善組織協会) 45
自己責任 265
慈善組織協会(COS) 45
質的インタビュー 251
質的研究 257
質問紙法 167
児童指導員 27
児童心理司 211
児童相談所 8,211
児童福祉司 8,211
社会活動法(ソーシャルアクション) 15
社会計画法(ソーシャルプランニング) 15
社会資源 111
社会福祉 1,265
…の機関 7
…の専門職制度 22
…の専門職団体 30
…のニーズ 5
…の担い手 19
社会福祉運営管理(ソーシャルアドミニストレーション) 14
社会福祉援助活動 12,31
…の価値 32
…の実際 197
…の対象と目的 41
…の倫理 38
社会福祉援助技術(ソーシャルワーク) 1,13
…の課題 267
…の統合化 57

社会福祉基礎構造改革について(中間まとめ) 136
社会福祉協議会 10,243
社会福祉士 22
社会福祉施設 10
社会福祉従事者 21
社会福祉主事 8,26
社会福祉専門職制度の課題 268
社会福祉調査 163
社会保障制度 4
集計 177
集団援助技術(グループワーク) 51,97,115
自由面接法 168
守秘義務 78
受容 74
シュワルツ,W. 99
情報収集 86
事例調査法 165
診断主義 48
スーパーバイザー(監督訓練者) 183
スーパーバイジー(被訓練者) 183
スーパービジョン 183
精神科ソーシャルワーク 205
精神保健福祉士 24
セツルメント 51
全数調査 169
全米ソーシャルワーカー協会(NASW) 66
専門的マンパワー 20
ソーシャルアクション(社会活動法) 15
ソーシャルアドミニストレーション(社会福祉運営管理) 14
ソーシャルプランニング(社会計画法) 15
ソーシャルワーカーの倫理綱領 271
ソーシャルワーク(社会福祉援助技術) 1,13
…の課題 267

ソーシャルワーク実習　193
措置から契約へ　266

た

タスク・ゴール　142
地域援助技術（コミュニティワーク）
　54, 129
地域自立生活支援　132
地域包括支援センター　9
地区福祉委員会　244
地方分権　134
直接援助技術　13
トインビーホール　51
統御された情緒的関与　73
統計調査法　164
トレッカー, H.B.　101

な

ニーズ　153
ネットワーク　16, 228
ノーマライゼーション　132

は

パーソナリティ　65
パールマン, H.H.　66
配偶者暴力相談支援センター　9
バイステック, F.P.　70
ハル・ハウス　53

被訓練者（スーパーバイジー）　183
非審判的態度　76
非専門的マンパワー　21
評価　91
標本調査　170
福祉関係八法の改正　266
福祉事務所　7
婦人相談所　9
プロセス・ゴール　142
保育士　29
訪問介護員（ホームヘルパー）　28
ホームヘルパー（訪問介護員）　28

ま

六つのP　67
モニタリング　157

や

ユニットケア　240

ら

ライフ（生活）モデル　59
リサーチクエスチョン　259
リッチモンド, M.　47, 64
利用者の自己決定　77
量的研究　257
リレーションシップ・ゴール　142
ロス, M.　130

編者略歴

杉本敏夫（すぎもと・としお）
同志社大学大学院修士課程修了。さまざまな社会福祉の現場やPL学園女子短期大学助教授，岡山県立大学保健福祉学部助教授を経て，現在，関西福祉科学大学社会福祉学部社会福祉学科教授。主著は，『改訂版老人福祉論』（共著，晃洋書房，1995年），『ケアマネジメント』（訳，中央法規出版，1995年），『改訂コミュニティワーク入門』（共編著，中央法規出版，2003年）など，その他著書・論文多数。

住友雄資（すみとも・ゆうじ）
北海道医療大学大学院博士課程修了。博士（臨床福祉学）。精神障害者社会復帰施設「㈳やどかりの里」PSWや高知女子大学保育短期大学部助教授を経て，現在，高知女子大学社会福祉学部社会福祉学科教授。主著は，『新「福祉」をみる・考える・支える』（共編著，中央法規出版，2001年），『精神科ソーシャルワーク』（単著，中央法規出版，2001年）など，その他著書・論文多数。

執筆者一覧

第1章	杉本敏夫	編者略歴参照
第2章	日開野博	四国大学短期大学部生活科学科生活福祉専攻教授
第3章	住友雄資	編者略歴参照
第4章	山北勝寛	吉備国際大学社会福祉学部社会福祉学科教授
第5章	住友雄資	編者略歴参照
第6章	住友雄資	編者略歴参照
第7章	植田彌生	キリスト教社会福祉専門学校児童福祉科専任講師
第8章	植田彌生	キリスト教社会福祉専門学校児童福祉科専任講師
第9章	川上富雄	川崎医療福祉大学医療福祉学部医療福祉学科講師
第10章	杉本敏夫	編者略歴参照
第11章	井村圭壯	岡山県立大学保健福祉学部教授
第12章	重野勉	桃山学院大学教務部社会福祉実習指導室長
	大谷悟	大阪体育大学健康福祉学部健康福祉学科助教授
第13章 第1節	四方克尚	ノートルダム清心女子大学人間生活学科助教授
第2節	市川真千	高幡広域精神障害者地域生活支援センター社会復帰指導員
第3節	遠藤和佳子	関西福祉科学大学社会福祉学部社会福祉学科助教授
第4節	大西雅裕	華頂短期大学社会福祉学科教授
第5節	濵田和則	門真晋栄福祉会総合施設長
第6節	水野喜代志	松山東雲短期大学生活文化学科助教授
第7節	竹之下典祥	枚方市社会福祉協議会地域包括支援センター所長
第14章	住友雄資	編者略歴参照
終章	杉本敏夫	編者略歴参照

改訂 新しいソーシャルワーク
──社会福祉援助技術入門

2006年5月10日	初 版 発 行
2019年1月25日	初版第4刷発行

編　著　杉本敏夫・住友雄資

発行者　荘村明彦

発行所　中央法規出版株式会社
　　　　〒110-0016　東京都台東区台東3-29-1　中央法規ビル
　　　　営　　業　TEL03-3834-5817　FAX03-3837-8037
　　　　書店窓口　TEL03-3834-5815　FAX03-3837-8035
　　　　編　　集　TEL03-3834-5812　FAX03-3837-8032
　　　　https://www.chuohoki.co.jp/

印刷・製本　サンメッセ株式会社
装幀　守谷義明＋六月舎
ISBN978-4-8058-2718-5

定価はカバーに表示してあります。
乱丁本・落丁本はお取り替えいたします。
本書のコピー，スキャン，デジタル化等の無断複製は，著作権法上での例外を除き禁じられています。また，本書を代行業者等の第三者に依頼してコピー，スキャン，デジタル化することは，たとえ個人や家庭内での利用であっても著作権法違反です。